Judith Schicklinski

Migration und europäische Zuwanderungspolitik

Eine Studie über Einstellungen und Vorstellungen von Schüler(inne)n und Student(inn)en in Marokko, Frankreich und Deutschland

Judith Schicklinski

MIGRATION UND EUROPÄISCHE ZUWANDERUNGSPOLITIK

Eine Studie über Einstellungen und Vorstellungen von Schüler(inne)n und Student(inn)en in Marokko, Frankreich und Deutschland

ibidem-Verlag
Stuttgart

Bibliografische Information der Deutschen Nationalbibliothek
Die Deutsche Nationalbibliothek verzeichnet diese Publikation in der Deutschen Nationalbibliografie; detaillierte bibliografische Daten sind im Internet über http://dnb.d-nb.de abrufbar.

Bibliographic information published by the Deutsche Nationalbibliothek
Die Deutsche Nationalbibliothek lists this publication in the Deutsche Nationalbibliografie; detailed bibliographic data are available in the Internet at http://dnb.d-nb.de.

∞

Gedruckt auf alterungsbeständigem, säurefreien Papier
Printed on acid-free paper

ISBN-10: 3-89821-934-8

ISBN-13: 978-3-89821-934-1

Printed in Germany

Vorbemerkung

Ich möchte mich bei Herrn Enzio Wetzel und Frau Michaela Abdelhamid vom Goethe-Institut für die Möglichkeit bedanken, das Euro-Mediterrane Jugendparlament im Juni 2007 in Berlin vor Ort verfolgt haben zu können.
Des Weiteren möchte ich allen Umfrage-Teilnehmern sowie insbesondere folgenden Personen danken, ohne die die Umfrage und die Interviews nicht durchführbar gewesen wären: Abdillah und Meriem Ahrahrah, Younes Bouchara, Wafaa El Haddad, Prof. Aziz Kich, Nina Kollmann, Michèle Madiot, Sarah Messain, Ursula Philippi, Anne-Marie Schirmer und Abdilah Zouak.
Danken möchte ich außerdem Herrn Prof. Minuth für die Begleitung während des Verfassens und der Veröffentlichung der Arbeit sowie für die Ermöglichung der Teilnahme am Austauschprogramm mit dem Lehrerbildungsinstitut in Essaouira / Marokko, welche den Anstoß für die Beschäftigung mit diesem Thema gab.
Mein ganz spezieller Dank gilt meinem Vater Rupert Schicklinski und meinem Freund Ralf Johannsen, die mich in den vergangenen Monaten besonders unterstützt haben.

Heidelberg, den 07.01.2009
Judith Schicklinski

Vorwort

Seit vielen Jahren unterhält die Pädagogische Hochschule Heidelberg vertraglich geregelte, freundschaftliche und wissenschaftlich ergiebige Beziehungen mit zwei Lehr- und Forschungseinrichtungen in Marokko: dem *C. F. I. d'Essaouira* (*Centre de Formation d'Institutrices et d'Instituteurs*) und der *Université Cadi Ayyad – Marrakech.*
Seit Beginn der Partnerschaften haben Lehrende und Studierende die Gelegenheit bekommen, im Partnerland an Tagungen teilzunehmen, Praktika zu absolvieren oder ein Auslandssemester zu studieren. Viele persönliche Kontakte und wissenschaftliche Projekte sind seither entstanden.
Die Verfasserin dieses Buches gehörte zu den engagiertesten Teilnehmerinnen und Teilnehmern an diesen Austauschprogrammen. Ihre hier vorliegende Studie zu Migration und europäischer Zuwanderungspolitik – die ein Ergebnis ihrer Auslandsarbeit ist – zeigt in hervorragenden Weise und prägnant zugespitzt, wie wichtig die Kontakte mit den Staaten des Maghreb sind, welche Motive und Einstellungen junge Menschen der drei untersuchten Staaten haben und unter welchem Erwartungsdruck die europäische Zuwanderungspolitik steht.
Die Erkenntnisse, die von der Verfasserin auf der Grundlage ihrer eigenen Erfahrungen in Marokko hier erarbeitet werden, sind authentisch und sozusagen aus erster Hand, noch nicht durch eine ausschließlich theoretisch gefärbte Brille gesehen. Die Befragungen und ihre Ergebnisse stellen möglicherweise noch keine statistische relevanten Samples dar, sind aber sehr deutlich konturierte, qualitative Daten, die Impulse setzen und das gegenseitige Verstehen erleichtern. Ohne die zahlreichen Forschungsaufenthalte der Verfasserin in Marokko wäre deren Erhebung und Einordnung in einen europäischen Zusammenhang nicht möglich gewesen.
Das vorliegende Buch ist somit auch ein Beweis für die Bedeutung von Auslandspraktika und Auslandsstudien in einer Zeit, in der aufgrund hoher allgemeiner Belastungen von allen Seiten nach Studienzeitverkürzungen gerufen wird.
Ich wünsche dem Buch eine große Verbreitung und der Verfasserin viel Erfolg in ihrer wissenschaftlichen Karriere.

Prof. Dr. Christian Minuth
Institut für Fremdsprachen und ihre Didaktik
der Pädagogischen Hochschule Heidelberg

Inhaltsverzeichnis

Abbildungsverzeichnis

I. Einleitung

L'immigration est un sujet toujours d'actualité et très delicat. Des dors que l'on prendra ce sujet sans passion et avec objectivité, les choses s'amelioreront. Car de l'immigration il y en a eu, il y en a et il y en auras.[1] (Jugendlicher aus Frankreich)

Die Aussage dieses Jugendlichen steht zu Beginn dieses Buches, denn sie weist bereits auf wichtige Punkte hin: Seit die Erde von Menschen bevölkert wird, haben diese ihren Heimatort verlassen, um sich andernorts niederzulassen. Dies wird sich auch in Zukunft nicht ändern.

„Migration ist ein emotionales…[und] kontroverses Thema" (DGVN 2006, 10), denn es sind Menschen, die sich bewegen, und nicht „leblose…Dinge wie Kapital, Güter und Informationen" (DGVN 2006, 10). Sie verlassen aus unterschiedlichsten Gründen ihre Heimatregion und sind bereit „Opfer zu bringen und Gefahren einzugehen" (DGVN 2006, 10), um ihr Ziel zu erreichen.

Migration ist außerdem ein hochaktuelles Thema. Obwohl der prozentuale Anteil der Migranten an der Weltbevölkerung heutzutage nicht höher ist als in früheren Zeiten, hat, aufgrund der wachsenden Weltbevölkerung, der absolute Migrantenanteil zugenommen und wird weiter steigen. Demzufolge ist Migration zu einem „zentralen politischen Thema" (Bade o.J., 16) und einer der wichtigsten Herausforderungen des 21. Jahrhunderts geworden, für die effiziente Lösungen nur auf zwischenstaatlicher Ebene zu erreichen sind, da alle Staaten dieser Welt betroffen sind (vgl. DGVN 2006, 64).

Obwohl es zahlreiche Migrationsarten gibt, die Migration in die EU nur einen geringen Teil der weltweiten Migrationsströme ausmacht und heute fast so viele Migranten aus dem Osten wie aus dem Süden in die EU einwandern, haben viele Europäer bei Nennung der Begriffe „Migration" und „Einwanderung in die EU" als erstes das Bild schwarzafrikanischer Migranten vor Augen, die versuchen, die Grenzzäune der spanischen Exklaven Ceuta und Melilla in Nordmarokko zu stürmen oder in Booten auf die Kanarischen Inseln oder über die Meerenge von Gibraltar auf das spanische Festland überzusetzen. Bei der „Politisierung" (Riesch 2007, 79) des Themas und den zahlreichen Nachrichtenmeldungen über die irreguläre Migration aus Afrika in die

[1] Zitate der Befragten werden durch Kursivschrift markiert. Verstöße gegen die Rechtschreibnorm des Französischen bzw. Deutschen werden nicht korrigiert.

EU kann man es der breiten Öffentlichkeit nicht verdenken, dass der Eindruck entsteht, Europa werde von afrikanischen Einwanderern „überschwemmt“.

Diese Studie stellt die Vorstellungen von Menschen zu „Migration“ und „europäischer Zuwanderungspolitik“ in den Mittelpunkt, und zwar sowohl in der Einwanderungsregion Europa als auch in einem Emigrationsland. Wie unterscheiden sich die Sichtweisen, und wo gibt es Gemeinsamkeiten?
Da es gerade junge Menschen sind, die das Abenteuer „Auswanderung“ wagen, ist besonders die Meinung der unter 30-Jährigen von Interesse. Die Wahl fiel auf das Herkunftsland Marokko, da es als klassisches Emigrationsland in die EU und darüber hinaus als Transitland für Migranten aus anderen afrikanischen Staaten gilt. Außerdem fiel es durch persönliche Kontakte der Autorin nach Marokko leichter, Jugendliche zu finden, die bereit waren, an einer Befragung teilzunehmen. So wurden anhand eines Fragebogens Schüler und Studenten in Marokko, Frankreich und Deutschland befragt und je ein marokkanischer Student in Frankreich und Deutschland interviewt.

Im ersten Teil der Arbeit wird das Euro-Mediterrane Jugendparlament vorgestellt, an dem Jugendliche aus der Europäischen Union und zwölf Mittelmeeranrainerstaaten, darunter Marokko, teilnahmen, um aktuelle gesellschaftspolitische Fragen zu diskutieren und unter anderem eine Resolution zum Thema Migration zu erarbeiten.

Im zweiten Teil wird zunächst der Begriff „Migration“ erklärt. Die wichtigsten Zahlen und Migrationsströme werden genannt, bevor die verschiedenen Migrationsarten und -gründe erläutert werden.
Im dritten Kapitel wird der Fokus auf die Zuwanderung in die EU gelegt. Nach einer knappen Nennung von Zahlen, Migrationsströmen und von Migrationsarten- und gründen wird die demografische Situation der EU-Staaten und die Rolle der Zuwanderung für diese analysiert. Nach einem Exkurs zur Zuwanderung Hochqualifizierter werden die Etappen der europäischen Zuwanderungspolitik skizziert.
Im vierten Kapitel wird die Zuwanderung in die EU aus Marokko betrachtet. Nach Nennung von Zahlen, Migrationsströmen, Arten von und Gründen für die Zuwanderung aus Marokko in die EU wird in einem Exkurs die studentische Migration aus Marokko in die EU beleuchtet und anhand zweier Fallbeispiele illustriert.

Im dritten Teil werden zunächst die Umfrage selbst und dann die Ergebnisse in den drei Ländern dargestellt. Anschließend werden diese verglichen und interpretiert.

Im letzten Teil der Studie werden die Umfrageergebnisse mit der Resolution des Euro-Mediterranen Jugendparlaments verglichen und die gewonnenen Kernaussagen zusammengefasst.

Ziel ist es, ein Gesamtbild der Vorstellungen von Schülern und Studenten in Marokko, Frankreich und Deutschland zu Migration und europäischer Zuwanderungspolitik zu erhalten.

1 Ausgangspunkt: Das Euro-Mediterrane Jugendparlament

Im Frühjahr 2007 erfuhr die Autorin vom ersten Euro-Mediterranen Jugendparlament, einem Konzept, das auf die gemeinsame Idee des Goethe-Instituts und des Auswärtigen Amts während der deutschen EU-Ratspräsidentschaft im ersten Halbjahr 2007 zurückgeht. Spannend ist, dass hier zum ersten Mal Jugendliche aus der Europäischen Union und den Mittelmeeranrainerstaaten zusammentrafen, um gemeinsam Lösungsvorschläge zu aktuellen gesellschaftspolitischen Fragestellungen zu erarbeiten. Eines der dort bearbeiteten Themen war Migration.

Zwar gibt es bereits Jugendparlamente auf Länder- und EU-Ebene. Das Euro-Mediterrane Jugendparlament ist jedoch das erste Parlament, das Jugendliche aus der Europäischen Union mit Jugendlichen aus Drittstaaten zusammenbringt. 102 junge Menschen, die meisten Studenten[2], aus 38 Ländern[3] diskutierten vom 26. Mai bis zum dritten Juni 2007 in Berlin aktuelle politische, ökonomische und gesellschaftliche Fragen, erarbeiteten Vorschläge, die in Resolutionen mündeten, knüpften Netzwerke und schlugen Folgeprojekte der länderübergreifenden Zusammenarbeit vor. Die 43 Teilnehmer aus den nordafrikanischen Ländern und dem Nahen Osten hatten sich bereits vom zehnten bis 15. März 2007 zur Vorbereitung in Alexandria getroffen und im dortigen Goethe-Institut debattiert.

Das Euro-Mediterrane Jugendparlament hat inzwischen erste Früchte getragen. Ehemalige Parlamentsteilnehmer aus acht Mittelmeeranrainerstaaten trafen sich im September 2007 im Libanon und verkündeten die Gründung des ersten mediterranen Jugendparlaments, das Bildung und den kulturellen Austausch zwischen Jugendlichen der beteiligten Länder vorantreiben will.

---

2 Kriterium bei der Auswahl der Teilnehmer war gesellschaftspolitisches Engagement, so dass davon auszugehen ist, dass die Mehrzahl der Teilnehmer in ihren Heimatländern politisch oder gesellschaftlich aktiv ist.

3 Teilnehmer sind die 27 EU-Mitgliedstaaten sowie Algerien, Tunesien, Marokko, Ägypten, Syrien, Israel, Jordanien, Libanon, Palästina, Mauretanien und die Türkei.

1.1 Das Euro-Mediterrane Jugendparlament als Beispiel der euro-mediterranen Zusammenarbeit

Seit Beginn der 70er Jahre betreibt die Europäische Gemeinschaft eine aktive Mittelmeerpolitik. Die Zusammenarbeit zwischen der EU und den Nachbarländern im südlichen und östlichen Mittelmeerraum wurde ab 1995 durch den Barcelona-Prozess verstärkt. Auf der Euromediterranen Außenministerkonferenz in Barcelona wurde von den damaligen 15 EU-Staaten und zwölf Staaten des Mittelmeerbeckens (Algerien, Tunesien, Marokko, Ägypten, Syrien, Israel, Libanon, Palästinensische Autonomiegebiete, Jordanien[4], Türkei, Zypern und Malta), die, bis auf die letzten drei, von der Europäischen Union als nicht-europäische Staaten eingestuft wurden und deshalb keine EU-Beitrittsperspektive haben, die euromediterrane Partnerschaft gegründet.
Die Ziele dieser Partnerschaft sind Frieden, Stabilität und Wohlstand in der Mittelmeerregion. Durch regelmäßige Treffen von Regierungsvertretern und Parlamentariern soll die Zusammenarbeit auf (sicherheits-)politischer, wirtschaftlicher und kultureller Ebene verstärkt werden. 2003 wurde die Euro-Mediterrane Parlamentarierversammlung[5] gegründet, die sich aus 75 Mitgliedern der EU-Länderparlamente, 120 Mitgliedern der zehn Mittelmeeranrainerstaaten und 45 Mitgliedern des Europaparlaments zusammensetzt. Sie trifft sich mindestens einmal jährlich und hat beratende Funktion. Die Ziele des Barcelona-Prozesses lassen sich in die drei Bereiche (Körbe) „(Sicherheits-)politische Partnerschaft", „Wirtschaftliche und finanzielle Partnerschaft" und „Innere Sicherheit/Partnerschaft der Zivilgesellschaften" gliedern.
Hauptziele des ersten Korbes sind unter anderem die „Einführung rechtsstaatlicher und demokratischer Verhältnisse" (Schumacher 2005, 215) und die gemeinsame Bekämpfung des Terrorismus.
Leitlinien des zweiten Korbes sind eine nachhaltige Entwicklung und die Bekämpfung der Arbeitslosigkeit. Dies soll durch ausländische Direktinvestitionen und Finanzhilfen erreicht werden, womit vor allem kleine und mittlere Unternehmen unterstützt werden und die Infrastruktur verbessert werden soll, um das Nord-Süd-Wohlstandsgefälle zu reduzieren. Hauptelement des zweiten Korbes ist die schritt-

---

4 Jordanien wurde, obwohl kein Küstenanrainer, aufgrund seiner Bedeutung im Nahen Osten in die Euro-Mediterrane Partnerschaft integriert. Albanien, Ex-Jugoslawien und Libyen nehmen, obwohl sie Mittelmeeranrainer sind, nicht teil. Libyen hat einen Beobachterstatus.

5 Die Euro-Mediterrane Parlamentarierversammlung wird auch Euro-Mediterranes Parlament genannt.

weise Errichtung einer Freihandelszone bis 2010. Diese „stellt ein Novum in der Wirtschaftsgeschichte dar“ (Rhein 2006, 531), da nie zuvor eine „Freihandelszone zwischen Ländern mit so großen Unterschieden der menschlichen und technologischen Ressourcen, der Produktivität und des Pro-Kopf Einkommens“ (Rhein 2006, 531) existierte.
Zum dritten Korb gehören sowohl das Politikfeld der Inneren Sicherheit als auch die Annäherung und der Austausch auf gesellschaftlicher und kultureller Ebene, z.B. zwischen Jugendlichen, Gewerkschaften, Wissenschaftlern oder Medien. Bereits existierende Beispiele sind das Euro-Med-Youth-Action-Programm (EMYAP), das Jugendaustauschprogramme und Freiwilligendienste zwischen den beteiligen Ländern organisiert, das Stipendiatenprogramm ERASMUS MUNDUS oder Städtepartnerschaften (vgl. Lippert 2007, 46), z.B. zwischen Essaouira und La Rochelle. Gerade in diesem Korb wird die Völkerverständigung durch den kulturellen Austausch gefördert. Solche direkten zwischenmenschlichen Kontakte werden allerdings durch die geltenden europäischen Visabestimmungen erschwert.

Seit 2004 wird der Barcelona-Prozess durch die Europäische Nachbarschaftspolitik ergänzt, die „im Schnittpunkt von Außen- und Sicherheitspolitik, Erweiterungs- und Entwicklungspolitik“ (Frech 2007, 2) liegt. Die wirtschaftliche Entwicklung der europäischen Nachbarn soll durch die angestrebte Freihandelszone gefördert werden, wobei jedoch die Freizügigkeit von Personen erst auf lange Sicht eingerichtet werden soll (vgl. Schumacher 2005, 307f.). Dafür fordert die EU „stärkere Verpflichtungen im Hinblick auf demokratische Reformen und Marktwirtschaft“ (EK 2004, 18) und eine stärkere Zusammenarbeit bei der Bekämpfung der irregulären Migration.
Die Europäische Nachbarschaftspolitik umfasst auch bilaterale Beziehungen. So hat die EU mit fast allen Mittelmeeranrainerstaaten, zum Beispiel mit Marokko im Jahre 2000, Assoziierungsabkommen geschlossen (vgl. Riesch 2007, 85), die „ein wichtiges Mittel [sind]“, um „migrationsbezogene Fragestellungen zweier Staaten anzugehen“ (DGVN 2006, 68).

Während die „Kooperation... in den ersten beiden Körben... voranschritt, blieb der dritte Korb, dem in Barcelona auch die Migrationspolitik zugeordnet worden war, eine Art Anhängsel“ (Riesch 2007, 86). Insgesamt blieben die Ergebnisse des Barcelona-Prozesses hinter den Erwartungen zurück. Aus Sicht der EU gibt es weiterhin Defizite bei der Demokratisierung, der Rechtsstaatlichkeit und der Umsetzung der Menschenrechte; während die Mittelmeeranrainerstaaten die, aus ihrer Sicht, unzureichende Öffnung der europäischen Märkte bemängeln. „Der Prozess [der Freihandelszone] wird erst gegen 2015, nicht schon 2010 abgeschlossen sein" (Rhein 2006, 533) und wird von einigen Autoren kritisch gesehen. Die Freihandelszone ist „überwiegend auf die Bedürfnisse EU-europäischer Produzenten von Industriegütern zugeschnitten" (Schumacher 2005, 308), während sie für die Mittelmeeranrainerstaaten „im besten Falle mit geringe[n,]... im schlechtesten Falle... mit hohen ökonomischen und politischen Kosten" (Schumacher 2005, 295) einhergeht.

Trotz Stocken des Barcelona-Prozesses birgt gerade der dritte Korb ein enormes Potenzial für zivilgesellschaftliche Begegnungen und die Chance der Vernetzung gerade der Bürger, nicht nur der Politiker, auf beiden Seiten des Mittelmeers. Hier besteht für die vielen Nichtregierungsorganisationen die Möglichkeit, noch stärker als bisher zu kooperieren. Gerade die Zusammenarbeit auf gesellschaftlicher und kultureller Ebene ist ein Mittel gegen Fremdenfeindlichkeit, Rassismus und letztendlich Terrorismus. In grenzüberschreitenden Projekten lernt man andere Kulturen und deren Geschichte kennen und erlebt die kulturelle Vielfalt als Bereicherung.

In diesem Sinne stand das Euro-Mediterrane Jugendparlament, welches zum dritten Korb des Barcelona-Prozesses gehört, unter dem Motto: „Vielfalt. Dialog. Solidarität". Neben der Diskussion aktueller Zukunftsthemen sollten Vorurteile abgebaut werden und Freundschaften entstehen. Zum Erreichen dieser Ziele nahmen die Teilnehmer an Teambildungsseminaren teil und bildeten Workshops zu verschiedenen aktuellen gesellschaftspolitischen Themen[6]. Zu jedem Thema wurden Expertenreferate gehalten und eine Resolution erarbeitet. Höhepunkt der Woche war die parlamentarische Versammlung am ersten und zweiten Juni im Abgeordnetenhaus in Berlin. Nachdem die Resolutionen im Parlament debattiert wurden, wurden sie Politikern übergeben und im Internet veröffentlich.

---

6 Zu folgenden Themen wurden Resolutionen erarbeitet: *Migration, Beschäftigung, Die Rolle der Medien, Ein soziales Gesicht der Globalisierung?, Internationalisierung von Kunst und Kultur, Die Bedeutung der Energie für moderne Volkswirtschaften, Welche Art der Euro-Mediterranen Kooperation brauchen wir?, Bekämpfung der Korruption und ihrer Ursachen, Jugend und Politik* und *Das Bild des Anderen*.

1.2 Vorstellung der Resolution zum Thema Migration

Die Jugendlichen im Workshop Migration beschäftigten sich mit den Auswirkungen von Migration auf die betroffenen Staaten und erarbeiteten Vorschläge einer besseren Zusammenarbeit zwischen Herkunfts- und Aufnahmestaaten. Aus dieser Arbeit ist ein Resolutionspapier (vgl. Anhang I, S. 167) entstanden, dessen Grundgedanken im Folgenden dargestellt werden[7].

Zum Punkt der ***Integration*** macht das Parlament darauf aufmerksam, dass der Mangel an Integration soziale Probleme verursache (vgl. Punkt J, S. 167) und dass man Immigranten mit einer Aufenthaltserlaubnis erlauben sollte, auf Lokalebene an politischen Aktivitäten teilzunehmen, um die politische Integration zu fördern (vgl. Punkt 20, S. 169).

Die Jugendlichen äußern sich weiterhin zu ***Migrationsgründen***: Ihrer Meinung nach wird Migration vom wirtschaftlichen Ungleichgewicht zwischen dem Norden und dem Süden und von der Globalisierung beeinflusst: (vgl. Punkt A, S. 167). Die Haupt-Pushfaktoren[8] seien sowohl die Arbeitslosigkeit als auch die schnell anwachsende Bevölkerung in den Herkunftsländern (vgl. Punkt B, S. 167). Außerdem seien politische Unterdrückung, langfristige politische Instabilität und gewaltsame Konflikte fortdauernde Migrationsgründe (vgl. Punkt C, S. 167). Auch die fehlenden Bildungsmöglichkeiten und die fehlenden Möglichkeiten der sozialen Mobilität trügen zu verstärkten Migrationsströmen bei (vgl. Punkt E, S. 167). Migrantennetzwerke in den Aufnahmeländern seien ein Haupt-Pullfaktor[9] für Einwanderer aus der gleichen Region (vgl. Punkt G, S. 167).

Die ***Rücküberweisungen*** der Migranten haben ihrer Meinung nach positive Effekte auf die Wirtschaft sowohl der Aufnahmeländer als auch der Herkunftsländer (vgl. Punkt I, S. 167).

---

7 Dabei wird der Schwerpunkt auf die Punkte gelegt, die Gegenstand der Umfrage, die in Kapitel 5 beschrieben wird, waren.

8 „‚Push-Faktoren' (Druckfaktoren) [bezeichnen] all die Faktoren des Herkunftsortes bzw. -landes der Migranten, die diese zur Emigration (Auswanderung) zwingen" (Han 2005, 15).

9 „Unter den ‚Pull-Faktoren' (Sogfaktoren) werden all die Faktoren des Aufnahmeortes bzw. -landes der Migranten zusammengefasst, die diese zur Immigration (Einwanderung) anreizen" (Han 2005, 15).

In Bezug auf die ***Einwanderung in die EU*** nennen die Jugendlichen den günstigen Einfluss der Migration auf die alternde Bevölkerung der Aufnahmeländer (vgl. Punkt H, S. 167) und hoffen, dass auf lange Sicht die freie Zirkulation von Personen möglich sein wird (vgl. Punkt 23, S. 169).

Beim Thema ***Einwanderung Hochqualifizierter*** weisen sie darauf hin, dass der „brain drain" sowohl in Europa als auch in den MEDA-Ländern stattfinde (vgl. Punkt N, S. 168). Deshalb drängen sie die Regierungen dazu, durch Unterstützung von Forschung und Kooperation einem „brain drain" aus der EU vorzubeugen, während die Arbeitsbedingungen qualifizierter Arbeitskräfte in den MEDA-Ländern verbessert werden müssen (vgl. Punkt 13, S. 169).

Die Jugendlichen sind der Meinung, dass sich Aufnahme- und Herkunftsländer im Rahmen der ***Euro-mediterranen Zusammenarbeit*** die Verantwortung in der Migrationsfrage teilen sollten (vgl. Punkt O, S. 168).
Auf sicherheitspolitischer Ebene sollten in Bezug auf die irreguläre Einwanderung in der EU einheitliche Richtlinien gelten, die von einem gemeinsamen EU-Budget gedeckt werden (vgl. Punkt 3, S. 168). Außerdem sollten die Regierungen der Euro-Medstaaten die Möglichkeit prüfen, den Status irregulärer Migranten zu legalisieren (vgl. Punkt 4, S. 168). Um die Ausbeutung der irregulären Arbeitnehmer zu bekämpfen, solle außerdem die irreguläre Beschäftigung in den Aufnahmestaaten bekämpft werden (vgl. Punkt 15, S. 169).
Auf wirtschaftlicher Ebene solle die Migration mit Entwicklungshilfe eingedämmt werden und die Herkunftsländer dazu gedrängt werden, ihre Anstrengungen für Entwicklung auszuweiten (vgl. Punkt 1, S. 168), wobei gewährleistet werden solle, dass das existierende Budget effizient genutzt werde (vgl. Punkt 2, S. 168).
Auf kultureller Ebene empfehlen die Jugendlichen die Förderung des kulturellen Austauschs für Studenten, Schüler und Berufstätige sowie soziale Projekte (vgl. Punkt 6, S. 168).

Das Resolutionspapier schneidet bereits alle relevanten Themenbereiche von Migration an. Im folgenden Teil der Arbeit soll eine Einführung in die wichtigsten theoretischen Grundlagen von Migration und europäischer Zuwanderungspolitik gegeben werden.

II. Theoretische Grundlagen

2 Migration

„Migration ist ein relativ junges Forschungsfeld, das erst in den letzten zwei Jahrzehnten stark an Bedeutung zugenommen hat." (Süßmuth 2006, 68 f.) Diese Feststellung ist auf den ersten Blick überraschend, denn seit Beginn der Menschheitsgeschichte verlassen Menschen ihre Heimat, um andernorts zu leben. Das gestiegene Forschungsinteresse und die erhöhte Medienpräsenz des Themas in jüngster Zeit erklären sich durch den Anstieg der absoluten Migrantenzahlen in den letzten Jahrzehnten (vgl. Süßmuth 2006, 215), so dass in der Literatur bereits von einem „new age of migration" (Kelly 2005, 1) gesprochen wird. Dieses neue Migrationszeitalter drückt sich durch weltweite Migrantenströme aus, die verdeutlichen, dass Migration ein globales und komplexes Phänomen ist, von dem kein Staat der Welt unberührt bleibt. Deshalb kann es nicht isoliert, sondern nur im Zusammenhang mit anderen Bereichen wie Demografie, Wirtschaft, Entwicklung und Kultur (vgl. Sané 2006, 2 und DGVN 2006, 64) betrachtet werden.

2.1 Begriffsdefinition

„Der Begriff der Migration stammt von dem lateinischen Wort ‚migrare bzw. migratio' (wandern, wegziehen, Wanderung)... In den Sozialwissenschaften werden [darunter]... solche Bewegungen von Personen... im Raum... verstanden, die einen dauerhaften Wohnortwechsel... bedingen." (Han 2005, 7) Nach Empfehlung der Vereinten Nationen wird derjenige als Migrant bezeichnet, der für mindestens ein Jahr seinen ständigen Wohnsitz von seinem Herkunftsland in ein anderes Land verlegt (vgl. Han 2005, 7).

2.2 Weltweite Migranten und Migrationsströme in Zahlen

Bei einer derzeitigen Erdbevölkerung von 6,6 Milliarden Menschen liegt die Zahl der regulären[10] Migranten bei 191 Millionen (vgl. DSW 2006, 2), d.h. fast 3% der Welt-

[10] Die genannten Zahlen beziehen sich auf die regulären Migranten. Dies sind Migranten, die unter Befolgung der Einreisebestimmungen in ein Land einwandern. Unter Berücksichtigung der

bevölkerung bzw. einer von 35 Bewohnern ist ein Migrant. Damit gibt es prozentual gesehen heute nicht mehr Migranten als zu Beginn des zwanzigsten Jahrhunderts. Durch die Auswanderungswelle zwischen 1820 und 1914 von Europa nach Amerika betrug 1914 der Anteil der Migranten an der Weltbevölkerung mindestens 5%, soviel wie niemals zuvor und mehr als heute (vgl. Courrier de la Planète 2007, 80).
Die Zahl der Migranten verändert sich nicht nur durch Wanderungsbewegungen, sondern ebenso durch Staatenbildung oder -zerfall. Die Zahl der Nationalstaaten hat sich seit 1945 auf knapp 200 fast vervierfacht. So machte beispielsweise der Zerfall der Sowjetunion über Nacht Staatsbürger zu Ausländern. Die Zahl der Migranten wuchs, nicht weil diese abwanderten, sondern weil sich Staatsgrenzen verschoben (vgl. Bade o.J., 4).

Der durchschnittliche Migrant ist jung und männlich. „Etwa ein Drittel aller internationalen Migranten [sind] junge Menschen zwischen 10 und 24 Jahren“ (DSW 2006, 6), wobei heute „fast die Hälfte… Frauen“ (DSW 2006, 2) sind.

Die Zahlen zeigen, dass Migration die Ausnahme, nicht die Regel ist. Bedingt durch den exponentiellen Anstieg der Weltbevölkerung seit dem 19. Jahrhundert und beschleunigt durch Prozesse der Globalisierung seit den 80er Jahren des 20. Jahrhunderts (vgl. Gliederungspunkt 2.4.3) ist die absolute Migrantenzahl jedoch gestiegen: „Die Zahl der... Migranten [hat sich] in den letzten 25 Jahren verdoppelt“ (DGVN 2006, 5). Einigkeit besteht darüber, dass die absolute Zahl weiter steigen wird (vgl. DGVN 2006, 12), auch wenn die Prognosen stark voneinander abweichen. Die höchste Zahl nennt Tandonnet (2007, 11), der von einem Anstieg auf 400 Millionen bis 2030 ausgeht. Aufgrund der Komplexität der Migrationsgründe (vgl. Gliederungspunkt 2.4) kann die zukünftige Migrantenzahl nur prognostiziert werden.
„Zwischen 1980 und 2000 stieg die Zahl der in der entwickelten Welt lebenden Migranten von 48 Millionen auf 110 Millionen an, verglichen mit einem Anstieg von 52 Millionen auf 65 Millionen in den Entwicklungsländern“ (DGVN 2006, 84), so dass sich im Jahre 2005 die meisten Menschen, und zwar 62 Millionen, von der südlichen in die nördliche Hemisphäre bewegten.

---

irregulären Migranten, die unter Umgehung der geltenden Einreisebestimmungen einreisen, läge die weltweite Migrantenzahl deutlich höher (zur Unterscheidung der Arten von Migration vgl. Gliederungspunkt 2.3).

Das Volumen der Wanderungsbewegungen innerhalb des Südens lag im gleichen Jahr mit 61 Millionen allerdings fast genauso hoch, während die Bewegungen innerhalb des Nordens mit 53 Millionen einen etwas geringeren Umfang und die vom Norden in den Süden mit 14 Millionen einen sehr viel geringeren Umfang hatten (vgl. Courrier de la Planète 2007, 7).

Die großen Migrationsströme haben ihren Ursprung in Asien, Afrika und Lateinamerika. Menschen aus den asiatischen Ländern Indien, Indonesien und den Philippinen wandern hauptsächlich nach Japan, in die USA, die Golfstaaten und nach Europa. Menschen aus Afrika migrieren überwiegend nach Europa und die Mehrzahl der Migranten aus Lateinamerika geht nach Nordamerika[11] (vgl. Castles 2007, 8). Dabei ist Asien der Kontinent mit den größten Auswanderungsraten, gefolgt von Afrika (vgl. Van Eeckhout 2007, 71).

Die Zahlen zeigen, dass die meisten Menschen zwar von den ärmeren in die reicheren Ländern wandern, aber auch, dass die Zahl derer, die zwischen den Entwicklungsländern, vor allem in Asien und Afrika, migrieren, fast genauso hoch ist (vgl. Süßmuth 2006, 62).

Diese Bewegungen führten zu folgender Verteilung der weltweiten Migranten auf die Weltregionen im Jahre 2005: Die Mehrheit, d.h. 34% (64,1 Millionen) lebt in Europa, 28% (53,3 Millionen) leben in Asien, 23% (44,5 Millionen) in Nordamerika, 9% (17,1 Millionen) in Afrika und je 3% (6,6 Millionen) in Lateinamerika und der Karibik bzw. in Ozeanien (5 Millionen) (vgl. Courrier de la Planète 2007, 78). Demnach lebt zirka jeder vierte Migrant in Nordamerika und jeder dritte in Europa (vgl. Abb. 1).

[11] Mit „Nordamerika“ sind die USA und Kanada gemeint.

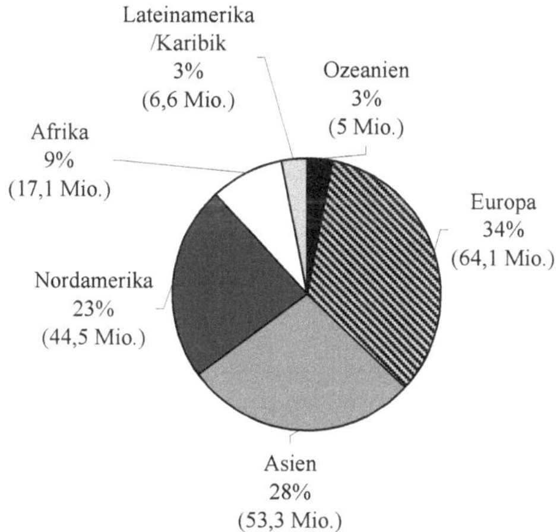

Abbildung 1: Migrantenzahlen nach Weltregionen 2005
(Darstellung nach Courrier de la Planète 2007, 78)

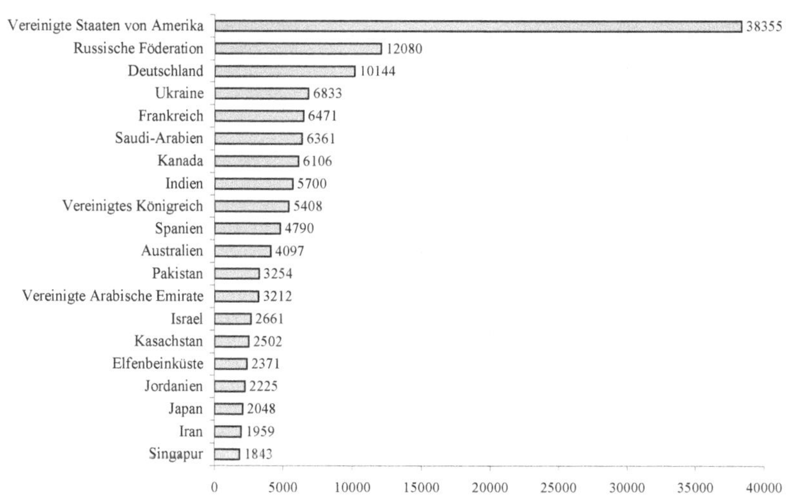

Abbildung 2: Länder mit der höchsten Migrantenzahl 2005
(Darstellung nach VN 2006, 1)

Richtet man den Blick auf die absoluten Migrantenzahlen in einzelnen Länder, so ergibt sich folgende Verteilung: Die USA beherbergen mit mehr als 38 Millionen

Migranten ein Fünftel der weltweiten Migranten, gefolgt von Russland mit mehr als 12 Millionen (6,3 Prozent), Deutschland mit mehr als 10 Millionen (5,3%), der Ukraine (fast 7 Millionen, 3,6 %) und Frankreich (mehr als 6 Millionen, 3,4%) (vgl. Abb. 2).

Betrachtet man jedoch den prozentualen Migrantenanteil an der Gesamtbevölkerung der Länder, ergibt sich eine andere Verteilung: Den prozentual höchsten Migrantenanteil an der Gesamtbevölkerung haben die Vereinigten Arabischen Emirate, gefolgt von Kuwait und Singapur (vgl. Abb. 3).

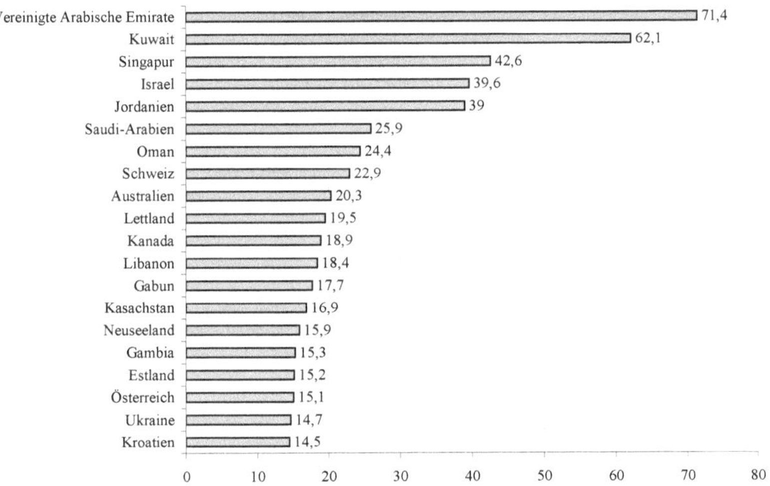

Abbildung 3: Länder (mit 1 Mio. oder mehr Einwohnern) mit dem höchsten Migrantenanteil an der Gesamtbevölkerung 2005 (Darstellung nach VN 2006, 1)

Auf die Weltregionen bezogen ist der prozentuale Anteil der Migranten an der Bevölkerung in Ozeanien mit 15% am höchsten, gefolgt von Nordamerika mit 13% und 9% in Europa (vgl. Courrier de la Planète 2007, 78). „60 Prozent aller Migranten sind in den reicheren…und 40 Prozent…in Entwicklungsregionen“ (DGVN 2006, 6) zu finden. Dies zeigt, dass trotz großer Wanderungsbewegungen innerhalb der sich entwickelnden Länder, die zum großen Teil auf der Südhalbkugel liegen, „die hochentwickelten Länder...Hauptziel der Migranten“ (Süßmuth 2006, 184) sind. Dabei ist die chinesische Diaspora mit 35 Millionen Menschen am größten, gefolgt von der indischen (20 Millionen) und der philippinischen (sieben Millionen) (vgl. DGVN 2006, 83). Der Anteil der Migranten aus Subsahara-Afrika, einer der ärmsten Weltregionen, beträgt, trotz eines Anstieges in den letzten Jahren, nur 5% der weltweiten Migrationsströme (vgl. Tandonnet 2005, 8). Die Mehrheit der Migranten kommt nicht aus den ärmsten Ländern, sondern aus Schwellenländern (vgl. Tandonnet 2007, 8).

Die Zahl der weltweiten Migranten „stieg im Laufe des letzten Jahrzehnts jährlich um sechs Millionen und nimmt damit schneller zu als das Wachstum der Weltbevölkerung" (Meier-Braun 2006, 261), so dass es wahrscheinlich ist, dass der prozentuale Anteil der Migranten an der Weltbevölkerung auf über 3% steigen wird.

2.3 Arten von Migration

Zunächst kann man die freiwillige von der unfreiwilligen Migration abgrenzen. Zur ersteren gehören die Arbeitsmigration und die Migration im Rahmen des Familiennachzugs[12] (vgl. Abb. 4).
Bei der Arbeitsmigration ist zwischen Hoch- und Geringqualifizierten zu unterscheiden. Die Migration der Hochqualifizierten und Fachkräfte, die auch die studentische Migration umfasst, hat durch die Globalisierung zwar seit Beginn der 90er Jahre zugenommen, macht aber nur 10-20% der weltweiten Migrationsbewegungen aus (vgl. Tandonnet 2007, 16).
Flüchtlinge sind unfreiwillige Migranten. Sie sehen sich durch Kriege und Konflikte und aufgrund von Verfolgung wegen ihrer Religion, Nationalität, Zugehörigkeit zu einer bestimmten sozialen oder ethnischen Gruppe oder ihrer politischen Ansichten gezwungen, ihre Heimatregion zu verlassen. Des Weiteren unterscheidet man Armuts-, Wirtschafts- und Umweltflüchtlinge[13]:
Armutsflüchtlinge versuchen durch Migration der extremen Armut zu entfliehen und ihre Existenz zu sichern, wohingegen die elementaren Lebensgrundlagen der Wirtschaftsflüchtlinge gesichert sind, sie aber auf der Suche nach besseren Ausbildungs-

---

12 Familiennachzug bedeutet, dass ein sich bereits im Aufnahmeland befindlicher Arbeitsmigrant ein oder mehrere Familienmitglieder aus dem Herkunftsland nachholt.

13 Diese fallen, genauso wenig wie Binnenflüchtlinge, die innerhalb ihres Heimatlandes fliehen, nicht unter den Flüchtlingsbegriff der Vereinten Nationen im Sinne der Genfer Flüchtlingskonvention von 1951. Im Folgenden bezeichnet der Begriff Flüchtling nur diejenigen Personen, die Flüchtlinge im Sinne dieser Konvention sind.

und Arbeitsmöglichkeiten ihre Heimat verlassen, um eine höhere materielle Sicherheit zu erlangen. Die Zahl der Umweltflüchtlinge lag 2001 mit geschätzten 25 Millionen zum ersten Mal höher als die der Kriegsflüchtlinge (vgl. Meier-Braun 2007, 262).

> „Die Häufigkeit großer Naturkatastrophen ist seit den 1960er Jahren auf etwa das Dreifache gestiegen... [, wobei] mit Ausnahme von Erdbeben...praktisch alle Naturkatastrophen wetterbedingt [sind und] die fortschreitende Erwärmung der Atmosphäre in den nächsten Jahrzehnten zu einem vermehrten Auftreten von Stürmen, Überschwemmungen und Dürren führen wird." (Baratta, von 2002, 1265)

Das Zitat verdeutlicht, dass die Zahl der Umweltflüchtlinge weiter steigen wird, da ihre Lebensgrundlagen zerstört werden (vgl. Han 2005, 105). Gemäß Woyke (2006, 321) sind bereits heute über eine Milliarde Menschen von Desertifikation betroffen.

Die Unterscheidung zwischen den einzelnen Gruppen ist schwierig, da Migration mehrere Ursachen hat, die sich gegenseitig bedingen können. So ist beispielsweise ein Umweltflüchtling, der seine Heimat wegen Desertifikation verlässt, auch als Armutsflüchtling zu bezeichnen, da er wegen der zerstörten landwirtschaftlichen Nutzfläche nicht mehr in der Lage ist, sich zu ernähren. Auch die Unterscheidung zwischen freiwilliger und unfreiwilliger Migration ist nicht immer trennscharf. Ein Wirtschaftsflüchtling, der aufgrund der schlechten wirtschaftlichen Verhältnisse in seinem Heimatland dieses verlässt und im Aufnahmeland eine Arbeit findet, gilt gleichzeitig als Arbeitsmigrant.

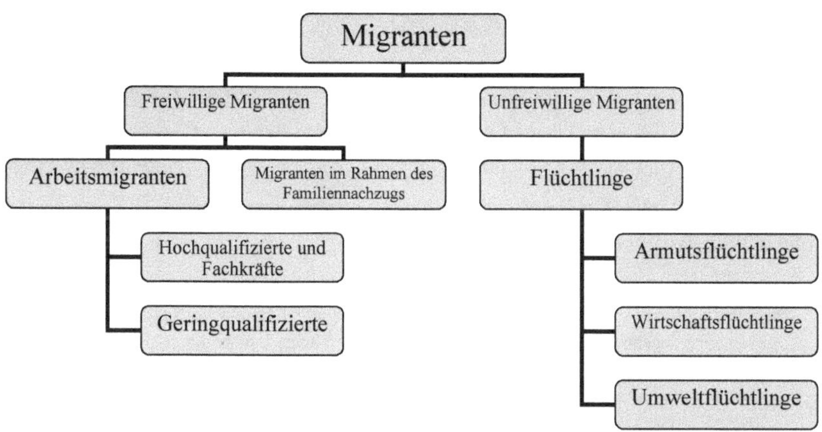

Abbildung 4: Verschiedene Arten von Migration (Eigene Darstellung)

Unter anderem durch schärfere Asylgesetze, die z.B. in vielen EU-Staaten in den 90er Jahren verabschiedet wurden, ist „zwischen 2000 und 2004…die weltweite Flüchtlingsbevölkerung um 24% gesunken“ (DGVN 2006, 85). Dafür nahm die Zahl der irregulären Migranten und Binnenflüchtlinge zu und übertrifft heute bereits die der Flüchtlinge (9,2 Millionen) (vgl. DGVN 2006, 85).
Fast drei Viertel der Flüchtlinge leben in Entwicklungsländern (vgl. DGVN 2006, 41) und fast 30% in Afrika (vgl. Courrier de la Planète 2006, 131), wobei neun Zehntel in ihren Heimatregionen bleiben (vgl. Süßmuth 2006, 16). „Der Anteil der Flüchtlinge an [den]...Migranten...[liegt] in Asien...bei 23%, in Afrika bei 22% und in Europa bei 5%“ (DGVN 2006, 85).

Weiterhin lassen sich Migranten nach dem Kriterium der Legalität unterscheiden. Als irreguläre Migration bezeichnet man Migration, „die unter Umgehung rechtlicher Ein- und Auswanderungsbestimmungen stattfindet“ (Han 2005, 124). Es ist schwierig, die seit Jahren steigende Zahl der irregulären Migranten zu ermitteln. Schätzungen der Vereinten Nationen belaufen sich auf 30 Millionen, wobei die tatsächliche Zahl höher liegen dürfte (vgl. Tandonnet 2005, 71). Die Mehrheit dieser Migranten lebt in Indien (20 Millionen), gefolgt von den USA (10 Millionen) und Europa (5 Millionen) (vgl. DGVN 2006, 85). Illegale Schleuserorganisationen machen mit dieser „modernen Form der Sklaverei“ (Tandonnet 2007, 75) ein großes Geschäft.

Unter den genannten Migrationsarten überwiegen die Arbeitsmigranten und die Wirtschaftsflüchtlinge (vgl. Meier-Braun 2006, 261 und Woyke 2007, 322). Die Ärmsten der Armen verbleiben im Regelfall heimatnah, da sie sich eine Migration in weiter entfernte Regionen nicht leisten können und keinen Kontakt zu Migrantennetzwerken (vgl. Gliederungspunkt 2.5.2) im Zielland haben (vgl. Tandonnet 2007, 15 und Van Eeckhout 2007, 69). Am Beispiel der Migrationsströme von Afrika nach Europa wird dieser Sachverhalt verdeutlicht.

> „Fest steht, dass die meisten Flüchtlinge aus Afrika, die es bis Nordafrika schaffen, Wirtschaftsflüchtlinge sind. Die... Menschen, die [sich] wegen Krieg und Verfolgung... auf lange Märsche begeben, finden fast nie den Weg zum Mittelmeer... nicht die Ärmsten und Ungebildeten... [wollen] auswandern...sondern meistens diejenigen, die eine Ausbildung genießen konnten, aber keine Zukunftsperspektiven mehr in ihrer Heimat sehen." (Knemeyer 2004)

Menschen migrieren „nicht ziellos..., sondern vornehmlich zwischen Staaten, die enge historische, kulturelle oder wirtschaftliche Verbindungen miteinander haben" (Riesch 2007, 22). Dabei spielen die Migranten im Zielland eine große Rolle, da sie „ihren Familienangehörigen oder Bekannten... [die Migration] ermöglichen" (Han 2005, 13), in dem sie diese sowohl vor der Ausreise als auch in der Anfangsphase im Zielland finanziell unterstützen und mit Informationen versorgen (vgl. Han 2005, 13). Dies löst die Kettenmigration aus einer bestimmten Herkunfts- in eine bestimmte Zielregion aus.

„Die Migrationsmuster haben sich erheblich verändert" (Süßmuth 2006, 13). Früher wanderten die meisten Migranten vom Herkunfts- ins Aufnahmeland und blieben dort für eine sehr lange Zeit oder für immer. Heute gibt es verstärkt temporäre Migration, sei es in Form der Pendelmigration zwischen Herkunfts- und Aufnahmeland oder der zirkulären Migration. Letztere beschreibt Wanderungsprozesse durch mehrere Staaten vor dem endgültigen Niederlassen in einem Zielland oder der Rückkehr ins Herkunftsland (vgl. Süßmuth 2006, 13). Folglich sind immer mehr Länder von Migration betroffen, da sie zugleich Aus-, Einwanderungs- und Transitländer sind (vgl. DGVN 2006, 5). Die Migrationsströme werden komplexer und diversifizieren sich (vgl. Van Eeckhout 2007, 70).

2.4 Gründe für Migration

Die weltweiten Migrationsströme sind Ausdruck der politischen, demografischen und wirtschaftlichen Ungleichgewichte auf der Welt.

2.4.1 Politische Ungleichgewichte

Fast 40% der fast 200 Staaten auf der Welt haben keine demokratische Staatsform (vgl. Woyke 2007, 166). Viele dieser Staaten sind „durch schlechte Regierungsführung, einen geringen Grad an menschlicher Sicherheit, Korruption, Autoritarismus, Menschenrechtsverletzungen und bewaffnete Konflikte gekennzeichnet“ (DGVN 2006, 6). Dies trifft besonders auf Staaten im subsaharischen Afrika zu. 60% der über 100.000 pro Jahr in regionalen Konflikten Getöteten stammen aus dieser Region (vgl. Tandonnet 2007, 16).

2.4.2 Demografische Ungleichgewichte

Aufgrund des medizinischen Fortschritts, der dadurch gestiegenen Lebenserwartung und einer zwar rückläufigen, aber nicht im entsprechenden Maß abgesunkenen Geburtenrate, wächst die Weltbevölkerung derzeit jährlich um 1,6%, und nach Angaben der Vereinten Nationen wird sie von heute 6,9 Milliarden auf fast neun Milliarden im Jahre 2050 steigen (vgl. Andersen 2005, 13 und Süßmuth 2005, 10), wobei bereits heute die Mehrheit der Weltbevölkerung in Entwicklungsländern lebt.

Die Verteilung der Weltbevölkerung auf die Weltregionen wird sich voraussichtlich folgendermaßen verschieben: „Die Bevölkerung Europas [wird] nach Schätzungen der UN bis zum Jahr 2050 um 17% abnehmen, während die Bevölkerung in Asien um 44%, in Afrika um 140% und in Lateinamerika um 51% ansteigen wird“ (Süßmuth 2006, 46). Afrika ist demnach am stärksten von der Bevölkerungsexplosion betroffen, wobei hier noch zwischen dem gesamten afrikanischen Kontinent und der Subsahara-Region zu differenzieren ist, denn „die Bevölkerung Subsahara-Afrikas ist in den vergangenen 40 Jahren schneller gewachsen als die in allen anderen Regionen“ (DGVN 2006, 14).

Steigt in den Entwicklungsländern die Bevölkerungszahl wie angenommen, dann kommt es zu „dramatischen Versorgungsproblemen vor allem bei Nahrungsmitteln,

Wasser, Wohnung [und] medizinischer Grundsorgung" (Han 2005, 147). Mehr Menschen als bisher werden ihre Heimatregion verlassen, um ihre Existenz zu sichern und Schutz vor extremer Armut zu finden. In der heutigen Zeit migrieren die meisten Menschen wegen besseren Ausbildungs- und Arbeitsmöglichkeiten und materieller Sicherheit. Aber auch die Arbeitsmigration wird weiterhin eine sehr wichtige Rolle spielen, da die

> „Lastenquote...der Erwerbstätigen, d.h. die Anzahl der abhängigen Menschen, die auf je 100 Erwerbspersonen entfällt,...in den Industrieländern durch die sinkende Geburtenrate und Überalterung der Bevölkerung zunehmend größer werden, während sie in den Entwicklungsländern umgekehrt durch die deutlich jüngere Altersstruktur und geringere Lebenserwartung der Bevölkerung kleiner werden wird." (Han 2005, 164)

Dies bedeutet, dass viele Menschen aus ärmeren Ländern versuchen werden, Arbeit in reichen Ländern zu finden. Eine schrumpfende und alternde Bevölkerung in entwickelten Ländern steht einer wachsenden und auf kurze und mittlere Sicht sich verjüngenden in den Entwicklungsländern gegenüber, so dass der Migrationsdruck durch die Bevölkerungsentwicklung weiter steigen wird.

2.4.3 Wirtschaftliche Ungleichgewichte

Die Unterschiede in den Lebensstandards zwischen Menschen in reichen und armen Staaten werden immer größer. 1975 war das Bruttoinlandsprodukt pro Kopf in den reichsten Ländern achtmal höher als in Ländern mit mittleren Einkommen und 41 Mal höher als in den ärmsten Ländern, während es heute bereits 14 Mal höher als in Ländern mit mittleren Einkommen und 66 Mal höher als in den ärmsten Ländern ist (vgl. DGVN 2006, 12). Die zunehmenden wirtschaftlichen Unterschiede sind auch am Durchschnittsgehalt ablesbar. Dieses beträgt in Ländern mit hohem Einkommen bereits das 20-30-fache von dem in Ländern mit niedrigem Einkommen (vgl. Süßmuth 2006, 74).

Aus dieser Situation resultiert der Nord-Süd-Konflikt, den Woyke (2007, 391) als „strukturelle[s] Konfliktverhältnis zwischen Entwicklungs- und Industrieländern [bezeichnet], das sich aus den unterschiedlichen wirtschaftlichen, sozialen und politischen Entwicklungschancen von Entwicklungsgesellschaften einerseits und Industriegesellschaften andererseits ergibt". Die Aufteilung in reiche Nord- und ärmere Südstaaten ist jedoch unzulänglich. Erstens finden sich auch Industrieländer, beispielsweise Australien, auf der Südhalbkugel und Entwicklungsländer, z.B. China,

auf der Nordhalbkugel, und zweitens gibt es innerhalb der Gruppe der Entwicklungsländer sehr große Unterschiede.
Nach Angaben der Vereinten Nationen lassen sich zwei Untergruppen bilden, zum einen die Schwellenländer (z.B. China, Indien, Mexiko oder die Maghreb-Staaten) und zum anderen die am wenigsten entwickelten Länder. 34 der 53 ärmsten 148 Entwicklungsländer befinden sich in Subsahara-Afrika (vgl. Weltbank 2008). Diese Länder haben mit einer hohen Auslandsverschuldung zu kämpfen, so dass es nicht verwundert, dass zwei Drittel der Einkommen aus afrikanischen Exporten zur Schuldentilgung verwendet werden (vgl. Adepoju 2006, 54).
Diese ärmsten Staaten der Weltgemeinschaft werden bereits als Vierte Welt bezeichnet, da sie sowohl wirtschaftlich als auch politisch in der Weltgemeinschaft nur eine marginale Rolle spielen, während die Mehrzahl ihrer Bürger unter der absoluten Armutsgrenze[14] lebt und häufig unter Kriegen oder Konflikten leidet.

Die Globalisierung der letzten drei Jahrzehnte hat einerseits den Welthandel und die Finanzmärkte liberalisiert und Beschränkungen des internationalen Güter-, Dienstleistungs- und Kapitalverkehrs abgebaut, so dass der Welthandel zugenommen hat (vgl. Turek 2006, 402). Andererseits hat sie aber auch zu einer wirtschaftlichen Marginalisierung der 49 ärmsten Länder geführt, die nur geringfügig am Welthandel beteiligt sind. „Fast alle Ländergruppen [werden] irgendwie von der Liberalisierung des Welthandels profitieren – mit Ausnahme der Rohstoffländer des subsaharischen Afrika“ (BPB 1997, 440). Die Globalisierung hat die Entwicklungsunterschiede zwischen den Entwicklungsländern verstärkt. Während Schwellenländer wie z.B. Marokko insgesamt zu den Gewinnern gehören, gehört beispielsweise die Mehrheit der Subsahara-Staaten zu den Verlierern.

Die Menschen reagieren auf die Verarmung mit Migration: Sie wandern vom Land zunächst in die großen Städte. Die Urbanisierung nimmt zu. Während 1970 23% der Weltbevölkerung in Städten lebte, wird es 2025 voraussichtlich schon mehr als die Hälfte sein (vgl. Tandonnet 2007, 37). Viele wandern dann, wenn sie die finanziellen Möglichkeiten und Kontakte zu Migrationsnetzwerken (vgl. Gliederungspunkt 2.5.2) haben, weiter ins Ausland.

---

[14] Menschen, die pro Tag weniger als einen US-Dollar zur Verfügung haben und sich folglich keine angemessene Mindesternährung oder lebenswichtige Artikel des täglichen Bedarfs leisten können, leben unter der absoluten Armutsgrenze (vgl. Baratta von 2002, 17).

Zu den „Push-Faktoren“ kommen die „Pull-Faktoren“, wie beispielsweise „politische Stabilität, demokratische Sozialstruktur, religiöse Glaubensfreiheit…[oder] bessere Ausbildungs- und Verdienstmöglichkeiten“ (Han 2005, 15).

Der weitläufigen Annahme, dass der gegenwärtige wirtschaftliche Aufschwung der Schwellenländer kurz- und mittelfristig zu einer Verringerung der Migration führen wird, wird in der Literatur widersprochen. Entwicklung und Emigration sind komplementär (vgl. Pécoud/Guchteneire 2006, 17). Dies ist folgendermaßen zu erklären. Wie unter Gliederungspunkt 2.3 dargelegt, überwiegt weltweit die Arbeitsmigration. Verbessert sich die wirtschaftliche Lage eines Landes, steigt die Zahl derer, die die Mittel haben, sich über Migrationsmöglichkeiten zu informieren, und die die Migrationskosten aufbringen können. Durch die sozio-ökonomische Entwicklung des Herkunftslandes und damit einhergehender erhöhter Einkommen, besserer Bildung und verstärktem Zugang zu Informationen eröffnet sich für die Menschen, die zuvor zu arm waren, sich zu informieren oder eine Migration zu finanzieren, erst die Migration als Chance auf noch bessere Lebensbedingungen (vgl. Tandonnet 2007, 39).
In der Vergangenheit wurde, z.B. am Beispiel Spaniens und Portugals, beobachtet, dass sich die Zahl der Migranten erst auf lange Sicht, nach mehreren Dekaden des Wachstums und einer Angleichung der Einkommen von Herkunfts- und Zielländern, deutlich verringert. Die Entwicklungsunterschiede zu den Industriestaaten werden sich erst auf lange Sicht soweit annähern, dass Emigration als weniger lohnend erscheint als das Verbleiben im Heimatland. Das durchschnittliche Gehalt eines Arbeiters in den Industrieländern ist immer noch doppelt so hoch wie in Ländern mit mittlerem Einkommen und fünfmal so hoch wie in Ländern mit geringem Einkommen (vgl. Courrier de la Planète 2006, 101).
Aus diesen Gründen wird ein wirtschaftlicher Aufschwung in Entwicklungsländern, herbeigeführt entweder durch positive Effekte der Globalisierung, bessere Handelsbedingungen oder durch verstärkte Entwicklungshilfe, die Zahl der weltweiten Migranten nicht deutlich verringern. Die mit der Errichtung einer Euro-Mediterranen Freihandelszone geplanten Handelsliberalisierungen werden Migrationsbewegungen auf kurze und mittlere Sicht zunächst verstärken.

Zusammenfassend lässt sich sagen, dass das wachsende Wohlstandsgefälle auf der Welt die Hauptursache für die zunehmende Migration ist.

Nach Betrachtung der wirtschaftlichen Ungleichgewichte muss man sich jedoch die Frage stellen, warum die Zahl der Migranten nicht noch viel höher liegt. Gäbe es nur wirtschaftliche Gründe für Migration, dann müsste zirka die halbe Menschheit migrieren (vgl. Riesch 2007, 19). Da aber nur 3% der Weltbevölkerung Migranten sind, ist das Wohlstandsgefälle zwar „notwendige, aber nicht ausreichende Bedingung“ (Riesch 2007, 20) für die Entscheidung zur Migration.

„Menschen sind [im Grunde] sesshaft“ (Süßmuth 2005, 45) und migrieren hauptsächlich, wenn die Umstände es erfordern. Sei es, dass sie durch Kriege, Konflikte, politische Systeme, Umweltkatastrophen oder Armut dazu gezwungen werden, oder dass sie zwar in ihrem Herkunftsland zurechtkommen, sich aber anderswo bessere Ausbildungs- und Arbeitsmöglichkeiten ergeben. Migration ist psychisch und finanziell belastend (vgl. Riesch 2007, 20), und deshalb ist der „Wunsch nach einem angenehmen und erträglichen Leben in der Heimat“ (Riesch 2007, 20) bei den meisten Menschen stärker als ein „gewinnbringenderes Leben in der Fremde“ (Riesch 2007, 20).

2.5 Einflussfaktoren auf die Entscheidung zur Migration

Die Entscheidung zur Migration hängt nicht nur von den unter Gliederungspunkt 2.4 dargestellten Gründen ab, sondern wird außerdem von den rechtlichen Regelungen, von Informationen und Beziehungen und von den finanziellen Möglichkeiten der potenziellen Migranten (vgl. Riesch 2007, 20) beeinflusst.

2.5.1 Rechtliche Regelungen

Wir leben zwar im Zeitalter der Globalisierung, dennoch muss der Begriff des „globalen Arbeitsmarkts“ (DGVN 2006, 1) relativiert werden, da dem „freieren Verkehr von Kapital, Gütern, Dienstleistungen und Informationen über Staatsgrenzen hinweg“ (DGVN 2006, 1) eine viel geringere Mobilität von Menschen gegenübersteht. Diese wird durch bestehende Einreisebeschränkungen aufrechterhalten, die die Nationalstaaten bzw. der Staatenverbund der Europäischen Union (vgl. Gliederungspunkt 3.5) festsetzen. Beispiel hierfür ist die Errichtung einer euro-mediterranen Freihandelszone, die zwar den freien Kapital-, Güter-, Dienstleistungs- und Informationsfluss zum Ziel hat, die Mobilität von Arbeitskräften vorerst jedoch nicht vorsieht. Bieten sich den potenziellen Migranten keine legalen Einreisemöglichkeiten in reiche Industrieländer, wählen viele von ihnen den Weg der risikoreicheren irregulären Migration.

2.5.2 Informationen und Beziehungen

Die Globalisierung hat den potenziellen Migranten bessere „Informations-, Kommunikations- und Transportmöglichkeiten" (Han 2005, 15) gebracht, so dass sie sich gezielter und einfacher informieren und die Transportwege weniger beschwerlich zurücklegen können. Informationen erhalten sie einerseits aus den Medien, andererseits durch den Kontakt zu bereits Emigrierten. Zwischen Ursprungs- und Zielregion bilden sich Migrationsnetzwerke, d.h. „interpersonelle…Verbindungen von ehemaligen Migranten, Nicht-Migranten und Migranten zwischen Ursprungs- und Zielregion" (Riesch 2007, 49), die weitere Migrationsbewegungen begünstigen. Die bereits Emigrierten im Zielland ermöglichen den nachfolgenden Migranten eine „vorbereitete und relativ risikofreie Migration" (Han 2007, 14), indem sie diese finanziell unterstützen, wichtige Informationen liefern und gerade in der Anfangsphase im Zielland unterstützend zur Seite stehen. Diese „Brückenfunktion" (Süßmuth 2005, 62) der Migranten fördert neue Migration aus dem Herkunfts- ins Zielland (vgl. Gliederungspunkt 2.3).

Das entstandene Migrationsnetzwerk kann eine „Migrationskultur" (Riesch 2007, 23) im Herkunftsland entstehen lassen. Dies bedeutet, dass „Migration in die Werte der Gemeinschaft und der Familie integriert" (Riesch 2007, 53) wird, so dass sie zu einem „erstrebenswerten Gesellschaftsziel" (Riesch 2007, 23) wird. „Die Existenz einer Migrationskultur trägt dazu bei, dass die Migration als einzige und oftmals attraktivste Lösung zur Verbesserung oder Veränderung der individuellen Situation wahrgenommen wird" (Riesch 2007, 95). Durch die großen Lohnunterschiede zwischen den Herkunfts- und Aufnahmestaaten steigt die „relative Benachteiligung von Familien, die kein Familienmitglied im Ausland haben" (Riesch 2007, 44).

Van der Erf und Heering (2002, 54-58) haben für Marokko herausgefunden, dass die Intention auszuwandern mehr als doppelt so oft bei Personen vorzufinden ist, die die finanzielle Situation ihres Haushaltes als schlechter einschätzen als die der anderen Haushalte. So entsteht ein sozialer Wettbewerb, den nur die Familien gewinnen können, in denen ein Familienmitglied emigriert und Geld nach Hause schickt. Migranten auf Heimaturlaub vermitteln zudem das Bild des erfolgreichen Auswanderers. Die Studie von Van der Erf/Heering (2002, 50f.) in Marokko zeigt, dass Migranten sowohl unter Menschen, die vorhaben zu migrieren, als auch unter Menschen, die dies nicht beabsichtigen, höher angesehen sind als Nicht-Migranten. Dabei ist die Zustimmung zur Aussage „Migranten genießen ein höheres Ansehen als Nicht-Migranten“ in der Gruppe der Migranten am höchsten.

2.5.3 Finanzielle Möglichkeiten und die Rolle der Rücküberweisungen

Da es in vielen Herkunftsländern keine oder nur schlecht ausgebaute „staatliche Sozialsicherungssysteme“ (Riesch 2007, 20f.) gibt und die wirtschaftlichen und politischen Rahmenbedingungen insgesamt unsicher sind, gilt Migration als Möglichkeit, sich und seine Familie „gegen abrupte Veränderungen der Marktbedingungen, politische Krisen, bewaffnete Konflikte und sonstige Risiken ab[zu]sichern.“ (DGVN 2006, 14). Arbeitsmigranten unterstützen ihre Familien im Herkunftsland durch Rücküberweisungen und finanzieren die Migration nachfolgender Familienmitglieder. Zwar überweisen Migranten weniger Geld, je länger sie im Ausland und je qualifizierter sie sind, trotzdem ist die Summe der Rücküberweisungen seit Anfang der 70er Jahre stets angestiegen (vgl. Courrier de la Planète 2006, 98). 2005 betrug sie weltweit zirka 232 Milliarden US-Dollar, wovon 167 Milliarden in Entwicklungsländer gingen (vgl. DSW 2006, 2), wobei nach Schätzungen der Weltbank zusätzlich 300 Milliarden unter Umgehung der offiziellen Banksysteme transferiert wurden (vgl. Süßmuth 2006, 58). Damit sind die offiziellen Transferleistungen fast dreimal so hoch wie die bilaterale und multilaterale staatliche Entwicklungshilfe und bilden nach den ausländischen Direktinvestitionen die zweitgrößte externe Finanzquelle der Entwicklungsländer (vgl. DGVN 2006, 26). Jedoch stammen fast 50% dieser Überweisungen nicht etwa aus Industrieländern, sondern flossen zwischen Entwicklungsländern, wobei der geringste Teil an Subsahara-Afrika ging (vgl. DGVN 2006, 26).

Auf nationaler Ebene wirken sich die Rücküberweisungen positiv auf die Wirtschaft der Emigrationsländer aus, da sie eine „Quelle für den Devisenverkehr der Empfängerländer...[sind], den Finanzsektor ankurbeln...[und] dabei helfen, Investitionen zu fördern und Kapital für staatliche Kredite bereit[zu]stellen“ (DGVN 2006, 26). Auf lokaler Ebene machen sie die Schul- oder Berufsausbildung von Kindern und Jugendlichen möglich, verbessern die Gesundheitsvorsorge und ermöglichen Kleinunternehmern die Existenzgründung (vgl. DGVN 2006, 26).

Folglich leisten Migranten durch Rücküberweisungen an ihre Familien in den Herkunftsländern einen beträchtlichen Beitrag zur Entwicklung dieser Länder. Jedoch birgt der Geldtransfer auch die Gefahr der Abhängigkeit. Er darf nicht dazu führen, dass Wirtschaftsreformen nicht in Angriff genommen werden (vgl. DGVN 2006, 29). Das Entstehen einer „Migrationskultur" kann zur Folge haben, „dass junge Menschen übertriebene Hoffnungen auf die Möglichkeit setzen, ins Ausland abzuwandern" (DGVN 2006, 29), anstatt dass ihre Fähigkeiten dem Herkunftsland zu Gute kommen (vgl. DGVN 2006, 31).

Die Herkunftsländer stehen in der Verantwortung, „ein für das Wirtschaftswachstum förderliches Umfeld [zu] schaffen" (DGVN 2006, 23). Dazu ist ein „investitionsförderliches Klima" (DGVN 2006, 28) Voraussetzung, welches durch „stabile Währungen,...eine ehrliche Verwaltung" (DGVN 2006, 28), „intakte rechtliche Rahmenwerke, effiziente Banksysteme...und eine funktionierende physische und finanzielle Infrastruktur" (DGVN 2006, 30) erreicht wird. Nur durch die Schaffung notwendiger Rahmenbedingungen in den Herkunftsländern können Rücküberweisungen die Entwicklung vorantreiben, um potenziellen Migranten auf lange Sicht Perspektiven im eigenen Land bieten zu können.

Die Politikfelder Migration und Entwicklung müssen stärker miteinander verzahnt werden. Migration muss zum Katalysator von Entwicklung in den Herkunftsländern werden, so dass sich durch die Hilfe der Migranten für die Zurückbleibenden eine Alternative zur Migration eröffnet (vgl. Süßmuth 2006, 217).

Dies kann durch die Nutzung von Migrationsnetzwerken für Entwicklungsprojekte geschehen. Qualifizierte Migranten können zum Beispiel den Kontakt zwischen ihren Arbeitgebern im Aufnahmeland und Firmenniederlassungen im Herkunftsland herstellen (vgl. Eeckhout 2007, 83). Migrantenvereinigungen können soziale Projekte in ihrer Herkunftsregion durchführen (vgl. Riesch 2007, 78). Ein Beispiel für Koentwicklung[15] liefert die von marokkanischen Migranten gegründete Nichtregierungsorganisation „Migration et Développement" (M&D), die in der Anti-Atlas-Region im Zentrum Marokkos, einer starken Auswanderungsregion, seit 20 Jahren Entwick-

[15] Koentwicklung bezeichnet die Verknüpfung von Migrations- mit Entwicklungspolitik, d.h. konkret die Initiierung von Projekten durch Migranten in ihrer Herkunftsregion.

lungsprojekte durchführt. Dabei wird den Bewohnern, auch den Frauen, das Wissen vermittelt, sich selbst zu helfen, wobei die errichtete Infrastruktur, z.B. die Wasser- und Elektrizitätsversorgung, von allen Bewohnern genutzt werden kann, aber bezahlt werden muss. Marokkanische Emigranten in Frankreich aus dieser Region gründeten die Vereinigung, die mittlerweile finanzielle Unterstützung vom französischen Außenministerium erhält und die marokkanischen Behörden veranlasste, sich an der Elektrizitätsversorgung zu beteiligen. Seit zwei Jahren gehen junge marokkanische Akademiker in ihre Heimatorte zurück, um dort zu arbeiten (vgl. Ould-Aoudia 2006, 95).

Dieses Beispiel zeigt, dass die Herkunftsländer ein soziales, ökonomisches und politisch attraktives Klima schaffen müssen, das die Migranten motiviert, Kontakt zu halten, regelmäßig zurückzukehren und in ihr Heimatland zu investieren, damit solche Projekte möglich werden. Die Migranten müssen „am Ausbau von Handelsbeziehungen, von Investitionen, von Bildung, an der Entwicklung der Infrastruktur, am Ausbau demokratischer Strukturen...und an der Entwicklung einer Zivilgesellschaft" (Süßmuth 2005, 12) beteiligt werden.
Die Aufnahmeländer sollten dies erleichtern, indem sie zirkuläre Arbeitsmigration ermöglichen und die Kosten für Rücküberweisungen senken (vgl. Süßmuth 2005, 80) und z.B., wie die französische Regierung 2007, ein günstiges „Sparbuch für Co-Entwicklung" einführen, das nur von Ausländern, die aus einem Entwicklungsland stammen und einen französischen Aufenthaltstitel von der Mindestdauer eines Jahres vorweisen können, eröffnet werden kann (vgl. BAMF 2007c, 8).

Zusammenfassend lässt sich festhalten, dass Migration meist mehrere Gründe hat, die sich gegenseitig bedingen. Ausschlaggebend können die politischen, demografischen und wirtschaftlichen Ungleichgewichte zwischen Herkunfts- und Aufnahmeland sein. Die Entscheidung zur Migration wird letztendlich aber auch von den geltenden rechtlichen Regelungen, der Möglichkeit der Informationsbeschaffung, von Beziehungen zu bereits Migrierten und von den finanziellen Möglichkeiten der potenziellen Migranten beeinflusst.

Nach Betrachtung der Migrationsgründe ist zu erwarten, dass die Zahl der weltweiten Migranten „in den kommenden Jahren auf Grund von Entwicklungs- und demografischen Unterschieden sowie von Differenzen in der Regierungsqualität steigen" (DGVN 2006, 35) wird.

3 Zuwanderung in die EU

3.1 Zuwanderer und Migrationsströme in Zahlen

Europa entwickelte sich im 20. Jahrhundert vom Auswanderungs- zum Einwanderungskontinent. Während im Zeitraum von 1820 bis 1920 50-60 Millionen Europäer nach Amerika auswanderten (vgl. Blanc-Chaléard 2006, 47) und der Migrationssaldo[16] bis 1960 noch negativ war, zeichnete sich ab den 60er Jahren die „migratorische Wende" (Bade o.J., 16) ab: Bis 1970 war der Migrationssaldo leicht positiv und vergrößerte sich ab 1970 trotz des offiziellen Einwanderungsstopps von 1974[17] entscheidend (vgl. Blanc-Chaléard 2006: 48).
Heute lebt die Mehrzahl der weltweiten Migranten in Europa (vgl. Gliederungspunkt 2.2). „Inzwischen [sind] alle [15] EU-Länder zu Einwanderungsstaaten geworden" (Märker 2001, 3), wobei Deutschland seit den 80er Jahren das europäische Land ist, in das die meisten Menschen zuwandern (vgl. Han 2005, 3). Gleichwohl verzeichnete Deutschland 2006 die geringste Zuwanderung seit der Wiedervereinigung (661.855 Personen). Im gleichen Jahr gab es mit 639.064 Fortzügen fast genauso viele Auswanderer, so dass der Wanderungssaldo bei nur 22.791 Personen lag (vgl. BAMF 2007, 7).

Am Beispiel Frankreichs und Deutschlands wird die „Diversifizierung der Herkunftsländer" (Angenendt 2006, 360) im Laufe des 20. Jahrhunderts deutlich, die in allen EU-Staaten zu verzeichnen ist. Nach Frankreich wanderten von den 30er bis in die 60er Jahre vor allem Europäer (Polen, Italiener, Spanier und Portugiesen) ein, während nach Deutschland nach Ende des Zweiten Weltkrieges zunächst die Flüchtlinge aus den verlorenen Staatsgebieten kamen.
In Frankreich stieg die Zahl der maghrebinischen Arbeitsmigranten ab 1960 sprunghaft an, während in Deutschland in den 60er und 70er Jahren Gastarbeiter, welche erst aus Südeuropa, dann aus Mittel- und Osteuropa (hauptsächlich aus Ex-

---

16 Der Migrationssaldo erfasst die „Gewinne und Verluste, die eine Bevölkerung eines bestimmten Gebietes in einer bestimmten Zeit durch die Migration erfährt" (Han 2005, 11), während das Migrationsvolumen die „Summe der Zu- und Abwanderungen der Menschen innerhalb eines Gebietes und einer bestimmten Zeit" (Han 2005, 11) bezeichnet.

17 Der Einwanderungsstopp von 1974 in allen „westeuropäischen Einwanderungsländern" (Riesch 2007, 39) beendete die offizielle Anwerbepolitik von Arbeitsmigranten dieser Länder.

Jugoslawien und der Türkei) angeworben wurden, entscheidend zur wirtschaftlichen Entwicklung beitrugen.
Nach Frankreich kamen ab den 70er Jahren viele Menschen aus Ländern Subsahara-Afrikas (z.B. Mali, Sénégal, Elfenbeinküste) und aus Asien (z.B. Vietnam, China), während nach Deutschland die ersten Spätaussiedler[18] kamen (vgl. DFJW 2007: III).
In den neunziger Jahren stiegen in Frankreich und Deutschland die Einwanderungszahlen von Einwanderern aus dem Maghreb, und nach Deutschland kamen verstärkt Menschen aus dem Mittleren Osten und aus osteuropäischen Staaten. Insgesamt stieg in den 1990er Jahren „die Süd-Nord-Migration nach Europa…um weniger als 2%, die Ost-West-Migration hingegen um mehr als zwanzig Prozent“ (Bade o.J., 20). Deshalb ist zu erwarten, dass die meisten Zuwanderer in die EU bald aus dem Osten und nicht mehr wie bisher aus dem südlichen Mittelmeerraum (vgl. BAMF 2007b, 13) kommen werden.

Nichtsdestotrotz bilden heute noch vier bis fünf Millionen Einwanderer aus Asien (z.B. Indien, Pakistan, Sri-Lanka, Afghanistan, China und Vietnam) die größte Migrantengruppe in Westeuropa.
An zweiter und dritter Stelle stehen vier Millionen Türken und drei Millionen Migranten aus Südosteuropa (z.B. aus Russland, der Ukraine, aus Bosnien oder Albanien), von denen die meisten in Deutschland leben.
Zwei bis drei Millionen Migranten aus Subsahara-Afrika leben hauptsächlich in Frankreich und Großbritannien, während sich zweieinhalb Millionen Maghrebiner (davon 1,4 Millionen Marokkaner) hauptsächlich in Frankreich, Deutschland, den Niederlanden und Belgien niedergelassen haben, wobei die Migration von Marokkanern nach Spanien und Italien in den letzten Jahren stark zugenommen hat.
Die zwei Millionen lateinamerikanischen Immigranten (z.B. aus Uruguay, Kolumbien und Argentinien) leben überwiegend in Spanien (vgl. Tandonnet 2005, 13).

---

18 Spätaussiedler sind Nachkommen im 18. Jahrhundert nach Russland ausgewanderter Deutscher, die aus den Republiken der ehemaligen Sowjetunion ab 1993 nach Deutschland einwandern. Sie bilden die „privilegierteste Zuwanderergruppe“ (Han 2005, 115), da sie Anspruch auf Einbürgerung haben, wobei sie dafür Kenntnisse der deutschen Sprache nachweisen müssen.

3.2 Arten von und Gründe für Zuwanderung in die EU

Die meisten europäischen Industriestaaten, z.B. Frankreich und Deutschland, warben wegen des Arbeitskräftemangels in Zeiten des wirtschaftlichen Aufschwungs nach dem Zweiten Weltkrieg (meist geringqualifizierte) Arbeitsmigranten an.
Diese „Phase aktiver Anwerbepolitik" (Riesch 2007, 79) wurde durch den Anwerbestopp von 1974 beendet, der zur Folge hatte, dass Migranten, die ursprünglich in ihre Heimatländer zurückkehren wollten, im Land blieben und ihre Familien nachholten, da ihnen Pendelmigration (vgl. Gliederungspunkt 2.3) verwehrt wurde.

Infolge des Anwerbestopps nahm „die Zahl der neu zugewanderten Arbeitsmigranten in fast allen EU-Staaten bis Mitte der 1990er Jahre zunächst deutlich ab...und ist erst seitdem wieder gestiegen" (Angenendt 2006, 360). Er bewirkte außerdem eine Zunahme der Zahl der Asylbewerber, da viele Arbeitsmigranten auf diese Form der Zuwanderung auswichen. Dies führte dazu, dass Familiennachzug und Asylrecht für 70% der Migrationsströme in die EU der letzten 30 Jahre verantwortlich sind (vgl. Tandonnet 2007, 19).

In den 90er Jahren wurde das Asylrecht in den westeuropäischen Ländern verschärft. Dies drückte zum einen die Zahl der Asylbewerber nach unten (heute sind lediglich 5% aller in Europa lebenden Migranten Flüchtlinge (vgl. Gliederungspunkt 2.3)). Zum anderen erhöhte sich dadurch die Zahl der irregulären Migranten.

Heute stellt der Familiennachzug nach Europa die zahlenmäßig größte Einwanderungsform dar. An zweiter Stelle steht die Gruppe der Einwanderer, die geschichtlich bedingte Beziehungen zum Zielland haben und deshalb privilegiert werden (z.B. die postkolonialen Migranten in Frankreich aus Algerien oder Minderheiten, z. B. die Spätaussiedler und Juden aus der ehemaligen Sowjetunion). Die Arbeitsmigranten stehen erst an dritter Stelle, gefolgt von den Flüchtlingen, die Asyl erhalten (vgl. Bade/Oltmer 2004, 122).

Zu den regulären kommen die irregulären Migranten. Die Europäische Kommission schätzt die Zahl der in der EU lebenden irregulären Migranten auf viereinhalb bis acht Millionen (vgl. Haase/Jugl 2007, 3f.). Die Zahl der jährlich neu einreisenden irregulären Migranten wird auf eine halbe Million beziffert (vgl. DGVN 2006, 32). Die meisten dieser Einwanderer halten sich in Italien auf, gefolgt von Spanien und Großbritannien (vgl. Tandonnet 2007, 72).

Migrationsentschlossene Menschen, denen die legalen Möglichkeiten der Einreise verwehrt bleiben, weichen auf irreguläre Migration aus. Dabei verschulden sie sich häufig, um die hohen Preise der Schleuserorganisationen zu zahlen, für die dies ein lukratives Geschäft ist. Die irreguläre Migration ist sehr oft lebensgefährlich und führt zu Todesfällen, wie das Beispiel der irregulären Einwanderung vom afrikanischen Kontinent in die EU verdeutlicht: Nach Schätzungen des Internationalen Zentrums für die Entwicklung von Migrationspolitik sterben jedes Jahr zirka 2000 Migranten bei der Überquerung des Mittelmeers von Afrika nach Europa (vgl. DGVN 2006, 34), und im September 2005 starben sechs Irreguläre bei dem Versuch, den Grenzzaun der spanischen Exklave Ceuta zu überklettern (vgl. Adepoju 2006, 56). Kermani (2005, 3) drückt die Situation mit noch deutlicheren Worten aus: „Geht man davon aus, dass nur jede dritte Leiche gefunden und registriert wird, sind allein im Umkreis der Meerenge von Gibraltar in den letzten 15 Jahren 13000 bis 15000 Flüchtlinge gestorben. Die Meerenge ist damit das größte Massengrab Europas."

Von der irregulären Migration aus Afrika sind Italien und Spanien am meisten betroffen. Das Problem ist dennoch ein gesamteuropäisches, da die Migranten, einmal in der Europäischen Union angekommen, sich in allen Schengen-Mitgliedstaaten (vgl. Gliederungspunkt 3.5) ohne Grenzkontrollen frei bewegen können.
Zirka drei Viertel der irregulären Einwanderer in Europa arbeiten illegal (vgl. Boswell/Straubhaar 2004, 4). Sie tragen damit entscheidend zur wirtschaftlichen Entwicklung in den europäischen Staaten bei. So wurde „in Frankreich...schätzungsweise ein Drittel der Autobahnen von ‚Illegalen' gebaut" (Bade o.J., 32). Die irreguläre Migration funktioniert nach dem Prinzip Angebot und Nachfrage. Solange europäische Arbeitgeber, die Arbeitnehmer illegal beschäftigen, nicht durch strengere Gesetze sanktioniert werden, wird das Problem bestehen bleiben.
Der steigende Zuwanderungsdruck auf die reicheren Länder (vgl. Gliederungspunkt 2.4) trifft auf rigide Zuwanderungsregeln derselben[19], so dass viele Migranten den

[19] Beispiele hierfür sind der, wenngleich durch zahlreiche Ausnahmeregelungen gelockerte, bis heute geltende Anwerbestopp für Arbeitsmigranten von 1974 in den meisten westeuropäischen Staaten, die Verschärfung des Asylrechts in den westeuropäischen Staaten in den 90er Jahren

Weg der irregulären Migration wählen. Neben den Push-Faktoren der Herkunftsländer sind aber auch die Pull-Faktoren der Aufnahmeländer entscheidend. In den Industrieländern besteht eine große Nachfrage nach irregulären Arbeitskräften.

Der weitläufigen Annahme, die meisten irregulären Migranten seien Armutsflüchtlinge, ist zu widersprechen. Die Ärmsten der Armen können sich die hohen Schleuserkosten nicht leisten. Wie die reguläre Migration ist die irreguläre meist gut geplant und muss finanziert werden. Die Mehrzahl der irregulären Migranten ist, wie die regulären Migranten, auf der Suche nach besseren Ausbildungs- und Arbeitsmöglichkeiten und materieller Sicherheit. Da ihnen die legale Einreise verwehrt bleibt, weichen sie auf diese Migrationsform aus. Nach Elwert (2002, 20) fliehen „60-90% der illegalen Fernmigranten nicht primär vor Verfolgung, Verarmung oder Hunger..., sondern [kommen] wegen ihnen angebotener Arbeitsplätze in Deutschland...Motiv dieser Zuwanderung sind die Möglichkeiten, Überschüsse zu erwirtschaften, die später in der Heimat als Kapital eingesetzt werden sollen".

Neben der Bekämpfung der Migrationsursachen in den Herkunftsländern ist deshalb eine stärkere Sanktionierung der Arbeitgeber notwendig, die Irreguläre beschäftigen. Die bestehende Nachfrage nach Arbeitskräften sollte durch eine kontrollierte Öffnung der Zuwanderung für bestimmte Bereiche gedeckt werden, denn „die Abschottung [der Arbeitsmärkte] zwingt dieser Zuwanderung die Form illegaler Netzwerke auf" (Elwert 2002, 20). Außerdem sind „Aufklärungskampagnen...[in den Herkunftsländern wichtig], die auf die Gefahren illegaler Migration hinweisen und Möglichkeiten legaler Auswanderung nach Europa aufzeigen" (Riesch 2005, 99).

3.3 Demografische Situation und die Rolle der Zuwanderung

Die EU hat sich im Jahre 2000 in Lissabon das Ziel gesetzt, zum wettbewerbsfähigsten Wirtschaftsraum der Welt zu werden. Der bereits „größte... zusammenhängende...Wirtschaftsraum der industrialisierten Welt" (vgl. PIB 2007, 5) mit einer Bevölkerung, die mit 490 Millionen Menschen in 27 Mitgliedstaaten (vgl. EU 2008) größer ist als die der USA und Russland zusammen, hat einen „Anteil von über 30% an der Produktion aller weltweit erzeugten Güter und von 20% am Welthandel" (Woyke

und die Einschränkung des Familiennachzugs in Frankreich durch die Einwanderungsgesetze von 2003 und 2006.

2006, 122). Somit haben 7% der Weltbevölkerung einen Anteil von einem Fünftel am Welthandel. Im Folgenden wird analysiert, warum die EU auf Zuwanderung angewiesen ist, um diese privilegierte Position halten und das in Lissabon gesteckte Ziel erreichen zu können.

Die Weltbevölkerung wächst und altert. Nach Schätzungen der Vereinten Nationen werden im Jahre 2050 nicht mehr 6,6 Milliarden sondern bereits neun Milliarden Menschen die Erde bevölkern (vgl. UNFPA 2007, 90). Während heute 11% der Weltbevölkerung über 60 Jahre alt ist, werden es, aufgrund sinkender Geburtenraten bei steigender Lebenserwartung 2050 schon 22% sein (vgl. VN 2007a). Die steigende Lebenserwartung sowohl in Industrie- als auch in Entwicklungsländern führt zur Alterung in den reicheren und ärmeren Weltregionen.

Aufgrund höherer Geburtenraten in Entwicklungsländern findet das Wachstum der Weltbevölkerung fast ausschließlich in den ärmeren Weltregionen statt (vgl. Weltkommission 2005, 13), auch wenn in Schwellenländern die Geburtenrate seit einigen Jahren rückläufig ist. Nach Angaben der Vereinten Nationen wird die Bevölkerung fast aller EU-Staaten altern und ohne Zuwanderung zudem abnehmen (vgl. Meier-Braun 2006, 260). Im Gegensatz dazu führt die vergleichsweise hohe Geburtenrate in Entwicklungsländern zu einer sehr viel jüngeren Bevölkerungsstruktur. Diese ist pyramidenförmig, d.h. es gibt mehr junge als alte Menschen. Aufgrund zurückgehender Geburtenraten und steigender Lebenserwartung altert die Bevölkerung in Entwicklungsländern zwar auch, aber sehr viel langsamer als in Industrieländern.
Die Bevölkerung Europas altert am schnellsten, da, im Gegensatz zu anderen Weltregionen, die europäische Geburtenrate[20] sehr weit unter der Reproduktionsrate liegt. Sie liegt soweit darunter, dass die Zuwanderung erheblich zur Bevölkerungsentwicklung der EU bei[trägt]: „In der EU-25 ist...seit 1990 der Wanderungssaldo die Hauptkomponente des Bevölkerungswachstums. Seit 2000 entfallen über drei Viertel des

[20] Zur Berechnung der Geburtenrate werden die jährlichen Geburten durch die aktuelle Bevölkerungszahl geteilt, während sie zur Berechnung der Fertilitätsrate durch die Gesamtzahl der Frauen im gebärfähigen Alter (15-49) geteilt wird. Die Reproduktionsrate bezeichnet die Geburtenrate, die nötig ist, um den aktuellen Bevölkerungsstand ohne Zuwanderung zu sichern. Diese lag im europäischen Durchschnitt mit 1,25 weit unter der Reproduktionsrate von 2,12 (vgl. BAMF 2007a, 210 und DGVN 2006, 13).

gesamten Bevölkerungswachstums in der EU-25 auf die Zuwanderung" (BAMF 2007a, 209) (vgl. Abb. 5).
Deutschland ist innerhalb der Europäischen Union am stärksten von dieser Situation betroffen: Der Bevölkerungsrückgang [konnte 2004] „durch die Nettozuwanderung nicht vollständig ausgeglichen" (BAMF 2007a, 209f.) werden.
„Zwischen 1990 und 2000 waren 56% des Bevölkerungswachstum in den Industrieländern, aber nur 3% in den entwickelteren Ländern der Welt auf internationale Migration zurückzuführen" (DGVN 2006, 84). Ohne weitere Zuwanderung würde die Bevölkerung der EU bis 2050 auf weniger als 400 Millionen Menschen schrumpfen (vgl. Annan 2004, 3).

Die skizzierte demografische Entwicklung hat Auswirkungen auf die Wirtschafts- und Sozialsysteme: „Am Ende des Jahrzehnts [werden] etwa 86% der Erwerbstätigen weltweit aus Entwicklungsländern kommen" (DGVN 2006, 13). „Nach den Berechnungen der Europäischen Kommission verliert die EU ab 2005 20 Millionen Menschen im erwerbsfähigen Alter" (Süßmuth 2006, 127). In den Entwicklungsländern drängen die geburtenstarken Jahrgänge auf den Arbeitsmarkt, der zu wenig Arbeitsplätze bereithält, während die EU auf mehr Arbeitskräfte angewiesen ist, weil die geburtenstarke Nachkriegsgeneration in Rente geht und die Geburtenraten niedriger als die Sterberaten sind (vgl. Süßmuth 2006, 127).

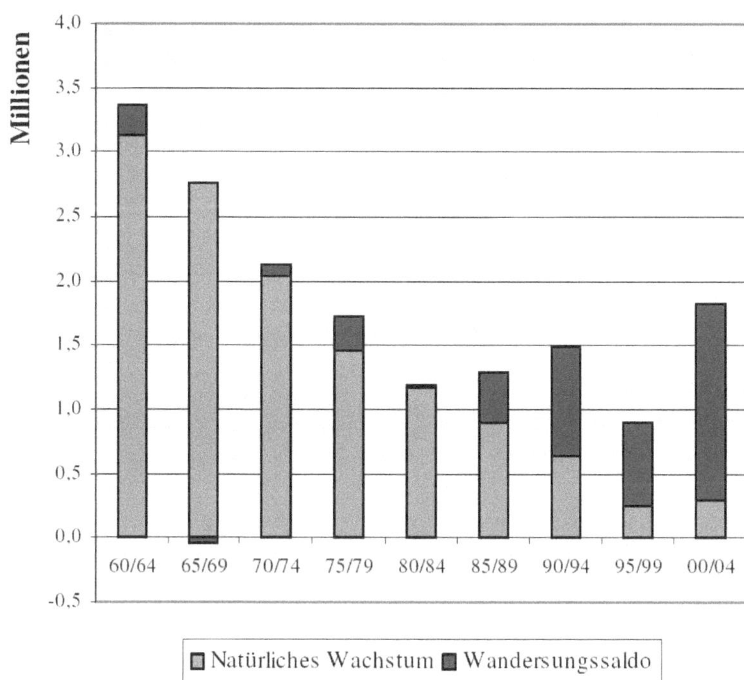

Abbildung 5: Komponenten des Bevölkerungswachstums in der EU-25 1960–2004 (Quelle: EK/Eurostat 2006, 46. In: BAMF 2007a, 209)

Den Vereinten Nationen zufolge (vgl. VN 2001, 89-91) lag die durchschnittliche jährliche Nettomigration für die EU 1990 bis 1998 bei 857.000 Personen. Um die Bevölkerungszahl bis 2050 auf dem Niveau des Jahres 2000 zu halten, müsste die durchschnittliche jährliche Nettomigration bei 949.000 Personen liegen. Um jedoch die Zahl der Personen im arbeitsfähigen Alter im gleichen Zeitraum konstant zu halten, ist bis 2050 eine durchschnittliche jährliche Nettomigration von 1,4 Millionen Menschen nötig. Um darüber hinaus das 1995 geltende Verhältnis von 4,3 15- bis 64-Jährigen auf eine Person über 65 Jahren aufrechtzuerhalten, wäre eine durchschnittliche jährliche Nettomigration von 12,7 Millionen Migranten erforderlich.

Die Zahlen der derzeitigen und der benötigten Nettomigration liegen sehr nahe beieinander, so dass die heutige Zuwanderung ausreicht, um die EU-Bevölkerung nicht schrumpfen zu lassen. Um jedoch einen Rückgang der Zahl der Personen im erwerbsfähigen Alter zu verhindern, müsste die Nettomigration fast verdoppelt werden.

Es ist schwierig, verbindliche Vorhersagen zur Bevölkerungsentwicklung zu machen, da diese von den drei Faktoren Geburten- und Sterberate und dem Migrationsvolumen beeinflusst wird. Diese Faktoren unterliegen wiederum vielen verschiedenen Einflüssen, wie zum Beispiel der Arbeitsmarktsituation oder einer kinderfreundlichen Politik.
Unbestritten ist jedoch, dass die Bevölkerungszahl der Europäischen Union ohne Zuwanderung sinken wird. Dies hätte schwerwiegende Auswirkungen auf die Wirtschaft und die Sozialsysteme. In einer schrumpfenden und alternden Bevölkerung stehen einem immer kleineren Teil der Erwerbsbevölkerung immer größere Teile einer nichterwerbstätigen Bevölkerung gegenüber. Will man „das derzeitige Niveau wirtschaftlicher Produktivität aufrecht…erhalten...[und die] Renten- und Sozialversicherungssysteme weiter…finanzieren“ (DGVN 2006, 6), dann muss der Anteil der Erwerbstätigen erhöht werden.

Bevölkerungs- und beschäftigungspolitisch gibt es dazu folgende Optionen: eine Erhöhung der Zuwanderung, die Steigerung der Geburtenrate, eine bessere Integration von Arbeitslosen in den Arbeitsmarkt oder die Verlängerung der Lebensarbeitszeit.

Während eine Erhöhung der Arbeitsmigration sofortige Auswirkungen auf die Zahl der Erwerbstätigen hat, wirkt sich eine Erhöhung der Geburtenzahl erst zirka zwei Jahrzehnte später auf den Arbeitsmarkt aus. Einige Autoren sind der Ansicht, dass hochentwickelte Wirtschaften auf Zuwanderung angewiesen sind, um dem durch die Globalisierung verursachten immer rascheren Strukturwandel mit kurzfristigen Anpassungsprozessen begegnen zu können. Der aktuelle Versorgungsengpass einiger Branchen müsse kurzfristig durch Zuwanderung gedeckt werden, da man nicht warten könne, bis einheimische Fachkräfte ausgebildet seien (vgl. Süßmuth 2006, 124). Eine Erhöhung der Geburtenziffer lässt sich zudem in Demokratien nicht verordnen, sondern kann nur durch eine aktive Familienpolitik erreicht werden (z.B. finanzielle Erleichterungen für Familien oder bessere staatliche Betreuungsangebote für Kinder).

Die Wiederbeschäftigung von (Langzeit-)arbeitslosen und die Verlängerung der Lebensarbeitszeit durch Straffung der Ausbildung und Anhebung des Rentenalters stellen weitere Optionen zur Erhöhung der Zahl der Erwerbstätigen dar (vgl. DGVN 2006, 16). Jedoch gibt es gegen die Erhöhung des Rentenalters, z.B. in Frankreich, bereits heute große gesellschaftliche Widerstände.

Am Beispiel Deutschlands wird die Notwendigkeit der Zuwanderung deutlich: „Nach den Schätzungen der Vereinten Nationen müsste die in Deutschland lebende Bevölkerung auf 180 Millionen Personen anwachsen, damit die Altersstruktur der deutschen Bevölkerung konstant gehalten werden kann" (Brücker 2006, 242). Ein solcher Anstieg ist auch mit einer aktiveren Familienpolitik nicht erreichbar.
Hinzu kommt die erhöhte Migrationsbereitschaft der Deutschen, besonders der Hochqualifizierten. „Laut einer Forsa-Umfrage vom Februar 2006 denken 71 Prozent aller Deutschen an Auswanderung für den Fall, dass sie in ihrer Heimat keine Arbeit mehr finden und auf Arbeitslosengeld angewiesen wären" (Süßmuth 2006, 46). 2005 emigrierten so viele Deutsche wie seit den 50er Jahren nicht mehr, nämlich 145.000 (vgl. Süßmuth 2006, 47). „Ohne Zuzug von Ausländern...würde die Bevölkerung ...auf...39,5 Mio. im Jahre 2050 schrumpfen [und] die Zahl der 15 bis 25jährigen würde um 30% auf vier Millionen sinken" (Herbert 2003, 334).

Die Sicherung des derzeitigen Niveaus wirtschaftlicher Produktivität und der bestehenden Renten- und Sozialversicherungssysteme kann nur durch eine geregelte Zuwanderungspolitik erreicht werden. Die EU braucht Zuwanderung, weil sie nur so ihren wirtschaftlichen und sozialen Standard halten kann (vgl. Märkert 2001, 5). „Der Bedarf an Zuwanderern [wird] steigen..., wenn die europäischen Staaten weiterhin Wohlstand und Prosperität sichern wollen" (Angenendt 2006, 377). Zwar unterscheiden sich die EU-Staaten in ihrer wirtschaftlichen Lage, sind aber in ihrer Bevölkerungsstruktur vergleichbar (vgl. Süßmuth 2006, 128). Han (2005, 364) nennt die Öffnung des Arbeitsmarkts für Einwanderer eine „wirtschafts- und arbeitsmarktpolitische Notwendigkeit, um den Wohlstand volkswirtschaftlich [zu] sichern und die Kosten der Bevölkerungsalterung finanzieren zu können". Dies verdeutlicht auch die Vorsitzende der Zuwanderungskommission und Vertreterin Deutschlands in der Globalen Kommission zu internationaler Migration[21] Süßmuth. Um die „Folgen der Schrumpfung und Alterung...kurzfristig...abzumildern" (Süßmuth 2006, 136), plä-

[21] Die Globale Kommission zur internationaler Migration, „die Ende 2003 von UN-Generalsekretär Kofi Annan...einberufen wurde" (Süßmuth 2006, 66), hatte 19 Mitglieder aus fünf Weltregionen und die Aufgabe „als unabhängiges Expertengremium Defizite der bisherigen Migrationspolitik [zu] analysieren, daraus politische Empfehlungen ab[zu]leiten und die notwendige globale Debatte zwischen den Staaten und dem zivilen Sektor [zu] initiieren" (Süßmuth 2006, 66).

diert sie jedoch nicht für das Wegfallen jeglicher Einreisebeschränkungen, sondern für eine „begrenzte und gesteuerte Zuwanderung“ (Süßmuth 2006, 136).

Eine solche liberale Einwanderungspolitik entspricht sowohl den Interessen der EU-Staaten als auch der Herkunftsländer: Während die Industrieländer einen Mangel an Personen im erwerbsfähigen Alter verzeichnen, besteht in den Entwicklungsländern aufgrund der jungen Bevölkerungsstruktur ein Arbeitskräfteüberschuss. Wegen des internationalen Kostendrucks des globalen Arbeitsmarktes benötigen die Industrieländer billige Arbeitskräfte.

Zudem besteht in einzelnen Berufsbranchen ein Defizit an Hochqualifizierten und Fachkräften (vgl. Süßmuth 2006, 17) und Stellen für Geringqualifizierte können oft aus mangelndem Interesse nicht mit Einheimischen besetzt werden.

Deshalb würde „eine…gut regulierte…Liberalisierung des globalen Arbeitsmarkts…zu einem bessere[n] Gleichgewicht zwischen Angebot und Nachfrage an Arbeitsmigranten“ (DGVN 2006, 17) beitragen. „Bürger südlicher Länder [hätten] besseren Zugang zu den Arbeitsmärkten der Länder im Norden..., wodurch sie…zur Entwicklung ihrer eigenen Länder bei...tragen (DGVN 2006, 17) könnten. Die derzeitigen Einreisebedingungen der EU-Staaten (vgl. Gliederungspunkt 3.5) ermöglichen die Arbeitsmigration in die EU jedoch nur in einem geringen Umfang.

Da die Nachfrage nach Arbeitskräften in den reichen Industrieländern und der Auswanderungsdruck in den Entwicklungsländern aber bestehen bleibt, „läuft ein großer Teil der heute stattfindenden Migration aus den ärmeren in reichere Länder irregulär ab“ (DGVN 2006, 15), um bestehende Marktlücken zu schließen. Hier liegt es im Eigeninteresse der Staaten, den „Bedarf an ausländischen Arbeitskräften auf reguläre und organisierte Weise“ (DGVN 2006, 16) zu decken, denn nur reguläre Arbeitnehmer zahlen Steuern und Beiträge in die Sozial- und Rentenkassen ein.

Zuwanderung kann zwar den größten Teil zur Lösung des demografisch-ökonomischen Problems in Europa beitragen, aber gilt nicht als Allheilmittel und darf nicht dazu führen, dass notwendige innenpolitische Reformen nicht in Angriff genommen werden.

Durch Zuwanderung kann kurzfristig die Zahl der Erwerbstätigen erhöht werden, aber um die Entwicklung zu einer immer älter werdenden Bevölkerung in Europa rückgängig machen zu können, müsste man nur noch Kinder einwandern lassen:

Auch Einwanderer werden älter, da sich ihre Geburtenraten mit der Zeit der des Aufnahmelandes anpassen und auch in den meisten Herkunftsländern die Geburtenraten sinken und die Lebenserwartung steigt (vgl. Frech 2006, 203). „Ein positiver Wanderungssaldo...[kann] bereits ab etwa 2025 das negative Bevölkerungswachstum nicht mehr ausgleichen" (BAMF 2007, 231), dessen Hauptursache die „anhaltend niedrige Fertilität ist" (BAMF 2007, 231).

Der Trend zur Alterung kann durch die Einwanderung Erwerbstätiger jedoch verlangsamt werden und bietet somit ein größeres Zeitfenster zur Umsetzung innenpolitischer Reformen, z.B. in der Familienpolitik. Dabei kann der Bevorzugung von Arbeitsmigranten vor inländischen Bewerbern mit einer Prüfung des inländischen Arbeitsmarkts, die der Zuwanderung von Arbeitsmigranten vorausgeht, begegnet werden.

Die Angst vor einer Öffnung der Grenzen für Arbeitskräfte hat sich in der Vergangenheit als unbegründet erwiesen. Nach dem Beitritt der im Vergleich zu den damaligen EG-Staaten wirtschaftlich schwächeren Staaten Griechenland, Irland, Portugal und Spanien hat die Migration aus letzteren in erstere ab- und nicht zugenommen.

Eine Öffnung der Grenzen für die Arbeitsmigration ermöglicht temporäre Migration (vgl. Gliederungspunkt 2.3). Die Einrichtung „zeitlich befristeter Arbeitsmigrationsprogramme" (DGVN 2006, 17) erlaubt es Migranten, in ihre Herkunftsländer zurückzukehren, anstatt dauerhaft abzuwandern. Unter solchen Bedingungen können Einwanderer mit ihrer „billige[n] und flexible[n] Arbeitskraft" (DGNV 2006, 13) kurzfristige Arbeitsmarktlücken schließen. Durch die stärkere Öffnung der Grenzen für eine legale geregelte Zuwanderung nimmt zudem die irreguläre Migration ab.

3.4 Exkurs: Zuwanderung Hochqualifizierter und Fachkräfte

Die klassischen Einwanderungsländer Kanada, USA und Australien haben den Nutzen der Einwanderung längst erkannt und wählen sich seit langem ihre Migranten nach selbst gesetzten Kriterien aus. Hochqualifizierte ziehen diese Staaten der Europäischen Union vor. Nach Angaben der Europäischen Kommission leben 54% der Einwanderer aus dem Mittleren Osten und Nordafrika mit Universitätsdiplom in Kanada oder den Vereinigten Staaten, während 87% derjenigen, die keinen Schul- oder

Universitätsabschluss haben, in Europa leben (vgl. Tandonnet 2007, 21). Bei der Einwanderung Hochqualifizierter ist ein „weltweite[r] Wettbewerb um die besten Köpfe" (Böhmer 2006, 212) entbrannt, den nur die Staaten gewinnen können, die die besten Bedingungen für diese Migrantengruppe bereithalten. Angesichts der

> „weltwirtschaftlichen Verflechtung der EU-Staaten [werden] die Qualifikation und das Wissen der Menschen immer wichtiger für die internationale Wettbewerbsfähigkeit,... [weshalb] zunehmend Wissen importiert und der internationale Austausch gestärkt werden muss, um den Wohlstand auch langfristig zu sichern" (Angenendt 2006, 362).

In Europa besteht ein wachsender Bedarf an Hochqualifizierten, da die Globalisierung Spitzenkräfte in allen Branchen erfordert, um im internationalen Wettbewerb bestehen zu können, aber viele Hochqualifizierte aus Europa abwandern und Europa von hochqualifizierten Migranten aus Drittstaaten als Zielland nicht präferiert wird, so dass die europäischen Staaten „mit einem Mangel an Personal in hochwertigen und wissensbasierten Wirtschaftsbereichen wie dem Gesundheitssektor, dem Bildungssektor oder dem Informationstechnologiesektor konfrontiert" (DGVN 2006, 13) sind.

So haben sich beispielsweise im Jahre 2005 nur 700-900 hochqualifizierte Arbeitnehmer in Deutschland niedergelassen (vgl. Böhmer 2006, 212). Gleichzeitig droht wegen der niedrigen Geburtenrate ein Fachkräftemangel. Süßmuth (2006, 133) plädiert deshalb für eine „stärkere Anwerbung von qualifizierten Fachkräften und Selbstständigen", da diese „mehr Wirtschaftswachstum und...Arbeitsplätze" schaffen.

Europa ist demzufolge dringend auf Hochqualifizierte und Fachkräfte für bestimmte Branchen angewiesen. Welche Auswirkungen aber hat die Abwanderung dieser Migranten für die Herkunftsregionen? In der Regel migrieren nicht die älteren, schlechter qualifizierten und weniger dynamischen Menschen, sondern die jüngeren, besser qualifizierten und risikofreudigeren. Während das „Humankapital" in Aufnahmeländern dadurch erhöht wird, sinkt es in den Herkunftsregionen. Der „Verlust an Human- und Entwicklungspotenzial" (Süßmuth 2006, 68) in den Herkunftsländern wird als „brain drain" (vgl. Süßmuth 2006, 68) bezeichnet, der die Entwicklung des Herkunftslandes hemmt. Dieser steht dem Wirtschaftswachstum und dem Gewinn an „Humankapital" („brain gain") in den Aufnahmestaaten gegenüber.

Die Migration von Hochqualifizierten und Fachkräften kann somit zu noch größeren ökonomischen Divergenzen führen, da die Herkunftsländer „produktive Arbeitskräfte" (Han 2005, 31) verlieren. So hat beispielsweise die Emigration von Ärzten aus

Afrika nach Europa teils katastrophale Auswirkungen auf das Gesundheitswesen ihrer Herkunftsländer.

Die Wahrscheinlichkeit, dass der „brain drain“ auch zu einem „brain gain“ für die Herkunftsländer wird, ist umso größer, je einfacher die Modalitäten für Rücküberweisungen werden, Migrationspolitik mit Entwicklungspolitik verbunden und Migration temporär wird (vgl. Gliederungspunkt 2.5.3). Wenn Aufnahme- und Herkunftsländer verstärkt zusammenarbeiten, qualifizierten Emigranten die Möglichkeit eröffnet wird, zwischen Herkunfts- und Aufnahmeland hin- und herzupendeln, in ersteres zu investieren und Handelsbeziehungen aufzubauen, wirkt sich ihr Knowhow und ihre finanziellen Investitionen positiv auf die Entwicklung ihres Herkunftslandes aus. Durch die Erleichterung der Reisebedingungen für Migranten trüge die somit ermöglichte temporäre Migration (vgl. Gliederungspunkt 2.3) zum Wohl der Aufnahme- wie auch der Herkunftsländer bei.

Im Moment erschweren jedoch noch „27 unterschiedliche und manchmal widersprüchliche Einreiseregelungen...hoch qualifizierten Einwanderern die Entscheidung für Europa“ (BAMF 2007c, 9). Während „in Australien 9,9%, in Kanada 7,3% und in den USA 3,5% der Hochqualifizierten aus Drittstaaten stammen, [sind es] in Europa...lediglich 0,9%“ (BAMF 2007c, 9).

Um mehr Hochqualifizierte nach Europa zu holen, hat die EU-Kommission 2007 einen Vorschlag veröffentlicht, der als Voraussetzung für die Einreise „das Vorliegen eines Arbeitsvertrages, eines akademischen oder beruflichen Ausbildungsabschlusses sowie eines Gehalt, das dem dreifachen des Mindestlohn bzw. der Sozialhilfeschwelle im Gastland entspricht“ (BAMF 2007c, 9), vorsieht. Er soll „zunächst auf zwei Jahre befristet werden mit der Option auf Verlängerung ...[und] nach Rückkehr ins Herkunftsland soll das Recht bestehen bleiben, wieder in die EU einzureisen...[, um] dem ‚Brain drain'...vorzubeugen“ (BAMF 2007c, 9). Abzuwarten bleibt, wie schnell dieser Vorschlag umgesetzt wird.

3.5 Etappen europäischer Zuwanderungspolitik

Die Zuwanderungspolitik der Europäischen Union gehört zum Politikbereich Justiz und Inneres und damit zum Kernbereich nationaler Souveränität. Dies macht eine

Übertragung von Kompetenzen auf EU-Ebene schwierig, da die Staaten „auf ihre nationale Zuständigkeit größten Wert legen" (Süßmuth 2006, 215).

Im Vergemeinschaftungsprozess der Europäischen Zuwanderungspolitik lassen sich drei Phasen unterscheiden. In der ersten Phase (1957-1990) lag die alleinige Zuständigkeit bei den Nationalstaaten. Von 1990 bis 1999 gelang eine Vergemeinschaftung des Teilbereichs der Asylpolitik und von Teilen der Visapolitik, und seit 1999 entwickelt die EU eine einheitliche Zuwanderungspolitik[22].
Im Folgenden werden die Etappen des Vergemeinschaftungsprozesses der europäischen Zuwanderungspolitik dargestellt, an dessen Ende zwar weiterhin eine restriktive Zuwanderungspolitik steht, aber auch Konzepte der Öffnung diskutiert und teilweise umgesetzt werden und die Zuwanderungspolitik zunehmend mit anderen Politikbereichen verknüpft wird.

Die ersten Schritte in Richtung einer vergemeinschafteten Zuwanderungspolitik sind die Einheitliche Europäische Akte und das Schengener Übereinkommen von 1986, ergänzt durch das Schengener Durchführungsabkommen 1990.
„Die Einheitliche Europäische Akte...legte fest, den Binnenmarkt bis 1992 zu vollenden" (Riesch 2007, 80) und gleichzeitig die Personenkontrollen an den Außengrenzen der damaligen Europäischen Gemeinschaften zu verstärken.

Das Schengener Abkommen, das 1995 in Deutschland, Frankreich, den Beneluxstaaten, Spanien und Portugal in Kraft tritt und an dem bis heute 24 Staaten[23] teilnehmen, hat ebenfalls den Abbau der innereuropäischen Grenzkontrollen zum Ziel, außerdem werden die Visavorschriften angeglichen und geregelt, dass die Entscheidung eines Mitgliedstaats über einen Asylantrag von den anderen Staaten anerkannt wird. Das Abkommen ermöglicht dementsprechend zum ersten Mal „gemeinsame Vorschriften bezüglich der Erteilung von Visa, des Asylrechts und der Kontrolle der Außengrenze" (Riesch 2007, 81). Es entsteht als zwischenstaatliches Abkommen außerhalb des

---

[22] Diese Einteilung nimmt Andreas Hieronymus in seinem Vortrag „Europäische Apartheid oder Einwanderungsland Europa? Reflexionen zu Diskursen, Fakten und Regelungen der Migration in und nach Europa 1990-2005" auf der Konferenz „Europa: Entwicklung durch Migration und Integration" vor, die am 10.5.2007 vom Goethe-Institut Paris in Zusammenarbeit mit der UNESCO und der Friedrich-Ebert-Stiftung veranstaltet wurde.

[23] Zum Schengen-Raum gehören Norwegen, Island und alle EU-Staaten außer Großbritannien, Irland, Zypern, Bulgarien und Rumänien.

damaligen EG-Rechtsrahmens, wird aber mit Inkrafttreten des Amsterdamer Vertrages 1999 in das EU-Vertragswerk integriert (vgl. Han 2005, 202). 1997 wird es durch das Dubliner Abkommen und 2003 durch die Dublin II-Verordnung ergänzt (vgl. Gusy/Schewe 2006, 352), in denen bestimmt wird, welcher europäische Staat für die Prüfung eines Asylantrages zuständig ist, um das durch Schengen möglich gewordene Stellen von Asylanträgen in mehreren Ländern zu unterbinden.

Im Gründungsvertrag der Europäischen Union, dem Vertrag von Maastricht, der 1993 in Kraft tritt, werden Fragen der Zuwanderungspolitik als „Angelegenheiten von gemeinsamem Interesse" festgelegt (vgl. Han 2005, 201). Damit wird zum ersten Mal eine „allgemeine vertragsrechtliche Grundlage für die migrationspolitische Zusammenarbeit geschaffen" (Angenendt 2006, 364). Die Zuwanderungspolitik gehört allerdings als Politikfeld des Bereichs „Justiz und Inneres" zum dritten Pfeiler des Vertrags und steht somit außerhalb des EG-Rechts der ersten Säule[24].
Nur in der Visapolitik „wurde zum Teil vergemeinschaftet" (Angenendt 2006, 365). „Der Rat bestimmt auf Vorschlag der Kommission und nach Anhörung des EP [Europäischen Parlaments] mit qualifizierter Mehrheit die Drittländer, deren Staatsangehörige beim Überschreiten der EU-Außengrenzen im Besitz eines Visums sein müssen" (Baratta von 2002, 1045). Durch den Vertrag von Maastricht wird die Zuwanderungspolitik demnach zwar zum Gemeinschaftsrecht, durch die intergouvernementale Zusammenarbeit behalten die Staaten jedoch ihre volle Souveränität (vgl. Oger 2006, 21).
Mit dem Amsterdamer Vertrag, der 1999 in Kraft tritt, werden weitere Bestimmungen aus der Zuwanderungspolitik von der dritten in die erste Säule verschoben und damit in den Gemeinschaftsrahmen des EU-Rechts überführt (vgl. Gusy/Schewe 2006, 342). Nichtsdestotrotz gilt hier bis 2005 (mit Ausnahme der Visapolitik, s.o.)

[24] Der Vertrag von Maastricht basiert auf drei Säulen, wobei die erste Säule die Europäische Gemeinschaft (Europäische Gemeinschaft für Kohle und Stahl, Europäische Wirtschaftsgemeinschaft und Europäische Atomgemeinschaft und die Europäische Währungsunion) umfasst. Zur zweiten Säule gehört die Gemeinsame Außen- und Sicherheitspolitik (GASP) und zur dritten die Innen- und Rechtspolitik (darunter die Asyl-, Einwanderungs- und Visapolitik). Im Gegensatz zu Politikfeldern der ersten Säule, können Entscheidungen in Politikfeldern der zweiten und dritten Säule nur einstimmig getroffen werden, da Politikfelder der dritten Säule auf „intergouvernementaler Zusammenarbeit [basieren,] mit nur sehr eingeschränkter Beteiligung von Europäischem Parlament und Kommission" (Riesch 2007, 82). Entscheidungen hängen „von der Kooperationsbereitschaft der Mitgliedstaaten" (Angenendt 2006, 365) ab.

weiter das Prinzip der Einstimmigkeit. Ab 2005 ist bei Fragen zum Asyl und zur irregulären Einwanderung eine qualifizierte Mehrheit im Ministerrat und im Europäischen Parlament ausreichend, um Entscheidungen zu treffen. Bei Fragen zur regulären Einwanderung muss der Ministerrat aber weiterhin einstimmig entscheiden (vgl. Van Eeckhout 2007, 63).
Der Vertrag legt die „Entwicklung einer gemeinsamen Zuwanderungspolitik" (Gusy/Schewe 2006, 350) fest. „Die Migrationsströme [sollen] besser gesteuert werden" (Gusy/Schewe 2006, 350) und zum ersten Mal wird „eine Partnerschaft mit den Herkunftsländern" (Gusy/Schewe 2006, 350) angestrebt. Die Bekämpfung von Migrationsgründen findet allerdings noch keine Beachtung. Einigkeit besteht nur in den Abwehrmaßnahmen der Zuwanderung. Von einer koordinierten oder konstruktiven Einwanderungspolitik auf europäischer Ebene kann noch nicht gesprochen werden.
In der zweiten Hälfte der 90er Jahre wird der integrierte Migrationsansatz entwickelt, der dem Europäischen Rat auf dem Gipfeltreffen in Tampere/Finnland im Oktober 1999 präsentiert wird (vgl. Riesch 2007, 74). Ausgehend von Analysen zu Migrationsursachen werden Aktionspläne für sechs Hauptemigrationsländer in die EU, u.a. für Marokko, entwickelt. Der integrierte Migrationsansatz gilt als erste „politische Antwort auf die Ursachen von Migration" (Riesch 2007, 67). Es ist der erste „säulenübergreifende…Ansatz in der Migrationspolitik" (Riesch 2007, 85), da zum ersten Mal die Politikbereiche „Justiz und Inneres", „Außenbeziehungen" und „Entwicklung" verknüpft werden (vgl. Riesch 2007, 79).
In Tampere wird allerdings am Einstimmigkeitsprinzip bei Fragen zur regulären Einwanderung festgehalten und es werden „weder eine Einigung über ein konkretes Einwanderungskonzept, das gemeinsame Kriterien für die legale Zuwanderung vorsah, noch über eine Zuwanderungspolitik, die der demografischen Überalterung in den Mitgliedsstaaten entgegenwirken könnte" (Angenendt 2006, 368) erzielt.

Nichtsdestotrotz gilt Tampere als Geburtsstunde der europäischen Zuwanderungspolitik, da zum ersten Mal die „Einbeziehung von Migrationsbelangen in die Außenbeziehungen der EU und die damit verbundene Berücksichtigung von Migrationsursachen" (Riesch 2007, 100) hervorgehoben werden. Vorgesehen ist, zur besseren Steuerung der Migrationsströme, die Grenzen für die Arbeitsmigration und die Migration im Rahmen des Familiennachzugs zu öffnen und gleichzeitig den Kampf gegen die irreguläre Migration nicht nur durch Abschottungsmaßnahmen sondern auch durch Bekämpfung der Migrationsursachen fortzuführen.

Dieses „Klima der Öffnung“ zu Beginn der dritten Phase im Vergemeinschaftungsprozess der europäischen Zuwanderung findet sein Ende jedoch durch die terroristischen Anschläge 2001 in New York, 2004 in Madrid und 2005 in London. Diese führen zu einer Verschärfung der Einwanderungsbestimmungen in einer Reihe von EU-Mitgliedstaaten, da Migranten seitdem häufig „als Sicherheitsproblem“ (Süßmuth 2006, 7) betrachtet werden. Das zuvor vorherrschende Interesse der Staaten an Öffnung und internationalem Austausch im Zuge der Globalisierung wird von ihrem Sicherheitsbedürfnis überdeckt, welches sich in einer restriktiven Zuwanderungspolitik auswirkt.
Da diese Politik aber nicht die Migrationsursachen bekämpft, verstärkt sie die irreguläre Migration, auf die die Migranten ausweichen. Die Problematik der irregulären Migration ist ein Grund, aus dem „Migration in den Außenbeziehungen der EU eine immer bedeutendere Rolle spielt“ (Süßmuth 2006, 128).

Entgegen der Zielsetzungen des Gipfeltreffens von Tampere konzentrieren sich die nachfolgenden Treffen bis 2004 auf die Kontrolle der Außengrenzen und die Bekämpfung der irregulären Zuwanderung, während die Bekämpfung der Migrationsursachen und die Öffnung der Grenzen für die reguläre Einwanderung in den Hintergrund treten. Dazu schreiben Bade/Oltmer (2005, 139): „Solange es...statt eines europäischen Migrationskonzepts nur eine negative Koalition der Abwehr gegen unerwünschte Zuwanderungen gibt, so lange wirkt Europa selbst mit an der Illegalisierung der Zuwanderung und am Feindbild der ‚illegalen Einwanderung'“.

Der seit 2003 geltende Vertrag von Nizza sieht keine Neuerungen in der Einwanderungspolitik vor.

Das Haager Programm aus dem Jahre 2004 regelt die europäische Zuwanderungspolitik für die Jahre 2005-2010. Die Tatsache, dass unter anderem Migration und Terrorismus in einem Politikfeld behandelt werden und somit explizit eine Verbindung zwischen den Handlungsfeldern hergestellt wird, zeigt, dass das Sicherheitsinteresse der Staaten primär ist und der Schwerpunkt in der Zusammenarbeit auf der Bekämpfung der irregulären Einwanderung[25] (vgl. Riesch 2007, 67) und nicht auf der Öffnung der Grenzen für reguläre Migration liegt.

Die schon im Amsterdamer Vertrag vorgesehene Zusammenarbeit mit den Herkunftsstaaten und die in Tampere vorgeschlagene Verknüpfung der Migrationspolitik mit anderen Politikfeldern führt im Jahre 2006 zu den ersten afrikanisch-europäischen Konferenzen von Rabat und Tripolis zu „Migration und Entwicklung", bei denen es zum ersten Mal zu einem Dialog zwischen Herkunfts-, Transit- und Zielländern kommt[26]. Es werden gemeinsame Schwerpunkte in der Migrationspolitik festgelegt und zum ersten Mal der Zusammenhang zwischen Entwicklung und Migration thematisiert. Der Aktionsplan von Rabat fordert u.a. „eine gezielte Förderung von Projekten in arbeitsintensiven Sektoren der Hauptauswanderungsgebiete" (NME 2006, 5) sowie „eine Vereinfachung der legalen Einwanderung auf der Grundlage bilateraler Abkommen" (NME 2006, 6). Außerdem „sollen Rücküberweisungen von Migranten in ihre Heimatländer kostengünstiger werden" (NME 2006, 5).
Die Europäische Verfassung, die durch die Referenden in Frankreich und den Niederlanden 2005 zu Fall gebracht wird, sieht eine vergemeinschaftete Zuwanderungspolitik basierend auf qualifizierten Mehrheitsentscheidungen im Ministerrat und einem Mitentscheidungsrecht des Europäischen Parlaments in allen Fragen der Zuwanderungspolitik vor.

Bis zum Inkrafttreten des Vertrags von Lissabon 2009, dem die Ratifizierung in den Mitgliedstaaten vorausgeht, basiert die europäische Zuwanderungspolitik „auf den Schlussfolgerungen des Europäischen Rates von Tampere, dem Haager Programm von 2004 und dem 2005 angenommenen Gesamtansatz zur Migrationsfrage" (EK 2006, 5).

Die im „integrierten Migrationskonzept" geforderte Verknüpfung der Zuwanderungspolitik mit anderen Politikfeldern zeigt sich beispielsweise bereits in der Zusammenarbeit im Rahmen der „Euro-mediterranen Partnerschaft" (vgl. Angenendt 2006, 370). Bisher liegt der Schwerpunkt der Zusammenarbeit jedoch noch auf der

25 So wurde im Haager Programm die Einrichtung einer europäischen Grenzschutzagentur (Frontex) zur Abwehr irregulärer Migranten an den Außengrenzen der Europäischen Union beschlossen.

26 Teilnehmer waren 30 europäische und 27 afrikanische Staaten.

Bekämpfung der irregulären Zuwanderung anstatt auf der Errichtung einer gemeinschaftlichen EU-Einwanderungspolitik (z.B. Verabschiedung eines europäischen Zuwanderungsgesetzes), wie auch die Verwendung der EU-Mittel verdeutlicht: „Zur Zeit geht weit mehr Geld in die Sicherung der Grenze und in die Grenzkontrollen als in ein besseres Management von Migration“ (Süßmuth 2005, 11).

Von vielen Autoren wird die dritte Phase der europäischen Zuwanderungspolitik seit 1999 deshalb als Enttäuschung für die EU betrachtet (vgl. Tandonnet 2007, 109). 1998-2006 gab es viele nationale Reformen in diesem Politikfeld, die aber untereinander nicht abgestimmt wurden. In Frankreich beispielsweise wurden innerhalb von sechs Jahren vier Reformen zum Asyl und zur Einwanderung umgesetzt (vgl. Tandonnet 2007, 108).

Zwar arbeitet die EU „seit...2007...an möglichen Konzepten zirkulärer Migration“ (BAMF 2007a, 172), diese sind aufgrund nationaler Bestimmungen jedoch noch die Ausnahme. Eine solche Ausnahme stellen Spanien und Italien dar, die erkannt haben, dass der seit über 30 Jahren in fast allen EU-Staaten, trotz zahlreicher Ausnahmeregelungen, geltende Einwanderungsstopp nicht mehr zeitgemäß (vgl. Gliederungspunkt 3.3) ist. Wegen Arbeitskräftemangels haben diese Staaten bereits wieder begonnen, Arbeitskräfte aus Drittstaaten anzuwerben.
In den meisten anderen europäischen Staaten ist die temporäre Arbeitsmigration jedoch nur durch Ausnahmeregelungen in geringem Umfang möglich. In Deutschland beispielsweise bekommt ein Migrant, der das Land für länger als sechs Monate wieder verlässt, Probleme mit seinem Aufenthaltsstatus (vgl. Hoppe 2005, 46). Diese geschlossenen Grenzen zwingen die Migranten, im Aufnahmeland zu bleiben (Van Eeckhoust 2007, 81).

Eine Ermöglichung der temporären Arbeitsmigration hätte jedoch nicht nur Vorteile für die Herkunftsstaaten (vgl. Gliederungspunkt 2.5.3) sondern auch für die Aufnahmestaaten, da die irreguläre Migration und der Familiennachzug verringert würden, was die Kosten für die Aufnahmestaaten senken würde.

Das Beharren der meisten europäischen Staaten auf ihrer nationalen Souveränität in der Zuwanderungspolitik konterkariert mit der derzeitigen Einwanderungssituation in der EU: Zum einen kann sich jeder Einwanderer aus einem Drittstaat, der einen Visumsantrag in einem EU-Staat gestellt hat, im Schengen-Raum frei bewegen. Zum anderen tragen derzeit Spanien und Italien die Hauptlast der irregulären Einwanderung aus Afrika, was die gegenseitige Abhängigkeit der Staaten in Bezug auf Zuwanderung verdeutlicht.

Ein einheitliches europäisches Zuwanderungsgesetz, welches eine „gemeinsame...europäische...Position zur Zuwanderung" (BAMF 2007c, 12) ausdrückt, würde die „Abhängigkeiten der Staaten von- und untereinander stärker bewusst...machen" (Süßmuth 2006, 72) und ihre „separate[n], unverbundene[n] Politiken in einen neuen interessenausgleichenden Verbund...bringen" (Süßmuth 2006, 72). Es wäre bereits seit Inkrafttreten des Amsterdamer Vertrags 1999 möglich gewesen, scheiterte aber bisher daran, dass die Mitgliedstaaten ihre Souveränität in der Zuwanderungspolitik nicht abgeben wollen.
Zuwanderungspolitik kann jedoch in der globalisierten Welt genauso wenig wie Umwelt- oder Entwicklungspolitik ausschließlich auf der Ebene der Nationalstaaten verortet werden (vgl. Süßmuth 2006, 15 und 56), da sie immer mindestens zwei, im Falle der Europäischen Union den gesamten Schengen-Raum sowie das Herkunftsland betrifft.

Die europäische Zuwanderungspolitik ist auf dem richtigen Weg, muss aber die Migrationsursachen noch stärker berücksichtigen, die Zuwanderungspolitik noch mehr mit anderen Politikfeldern verknüpfen und durch ein einheitliches Zuwanderungsgesetz die temporäre Arbeitsmigration viel stärker als bisher ermöglichen. Dies ist unerlässlich, will sie ihren jetzigen sozialen und wirtschaftlichen Standard halten und „im globalen Wettbewerb bestehen" (Süßmuth 2006, 127). Nur in internationaler Kooperation ist es möglich, die steigenden Migrationsströme (vgl. Gliederungspunkt 2.5.3) zu steuern und eine Politik zu machen, „die die gegensätzlichen Interessen der Aufnahme- und Entsendeländer so miteinander verknüpft, dass eine Win-Win-Situation für beide entsteht" (Süßmuth 2006, 69), wobei „den Migranten eine Schlüsselstellung" (Süßmuth 2006, 69) zukommt.
Dabei zu beachten ist allerdings, dass Politik nicht über die Köpfe der Bevölkerung hinweg gemacht werden kann. Deshalb müssen die Regierungen den Menschen die Notwendigkeit einer Öffnung der Grenzen für eine geregelte Zuwanderung vermitteln, die möglichen Konzepte erklären und ihnen damit die Angst vor einem unkontrollierten Zustrom nichteuropäischer Migranten nehmen.

Bevor sich das vierte Kapitel mit der Zuwanderung in die EU aus Marokko befasst, sollen die Kernaussagen zu Migration und europäischer Zuwanderungspolitik im Folgenden kurz zusammengefasst werden:

1. Migration betrifft jeden Staat dieser Erde, und die Migrationsgründe sind komplex, so dass Migrationspolitik nur international koordiniert werden kann.
2. Menschen können nicht daran gehindert werden zu migrieren. Durch reaktive Maßnahmen, wie verschärfte Einreisebedingungen, verringert sich nur die Zahl der regulären Migranten, während die der irregulären ansteigt. Die Entwicklung der Herkunftsländer hat erst langfristig einen Migrationsrückgang zur Folge.
3. Aufgrund der unterschiedlichen Bevölkerungsentwicklung herrscht in den Entwicklungsländern ein Arbeitskräfteüberschuss, während die Industriestaaten, speziell Europa, aus demografischen und wirtschaftlichen Gründen auf Arbeitsmigranten angewiesen sind.
4. Durch intensivierte Zusammenarbeit der Herkunfts- und Aufnahmestaaten und der Verbindung von Migrations- mit Entwicklungspolitik, unter Einbeziehung der Migranten, können die Lebensbedingungen in den Herkunftsstaaten verbessert werden, so dass die Zahl der Flüchtlinge, der Migranten im Rahmen des Familiennachzugs und der Arbeitsmigranten langfristig zurückgeht, da sich den Menschen Perspektiven im eigenen Land bieten.
5. Eine bessere Migrationssteuerung durch Ermöglichung der kontrollierten temporären Arbeitsmigration hätte demografische und wirtschaftliche Vorteile für die Aufnahmestaaten und trüge zur Entwicklung der Herkunftsstaaten bei.
6. Der Schwerpunkt der EU-Zuwanderungspolitik liegt bisher auf der Bekämpfung der irregulären Migration und nicht auf der Errichtung einer gemeinschaftlichen EU-Zuwanderungspolitik, auch wenn das Thema „Migration" einen immer höheren Stellenwert gewinnt und die Europäische Kommission in den letzten Jahren zahlreiche richtungsweisende Vorschläge eingebracht hat. Abzuwarten bleibt, wie schnell diese umgesetzt werden.

4 Zuwanderung in die EU aus Marokko

Marokko, mit einer Bevölkerung von 30,5 Millionen Menschen im Jahre 2005 (vgl. VN 2007b), gehört heute, aufgrund wirtschaftlicher Fortschritte, zu den Schwellenländern.

> „Das Bruttoinlandsprodukt pro Kopf [hat sich] seit den 70er Jahren mehr als verdoppelt, von 550 Dollar auf 1190 Dollar pro Jahr [, und] die durchschnittliche Lebenserwartung ist von 55 Jahren im Jahr 1970 auf 68 Jahre im Jahr 2001 gestiegen, während im gleichen Zeitraum die durchschnittliche Geburtenzahl pro Frau von 6,3 auf 2,8 zurückgegangen ist." (DGVN 2006, 21)

Die Analphabetenrate ist, trotz eines Rückgangs von 12% im Zeitraum von 1994-2004, mit 43% sehr hoch, wobei die ländliche Bevölkerung, und hier wiederum die Frauen, am stärksten betroffen sind (vgl. HCP/PNUD 2006, 24). Die Arbeitslosigkeit betrug 2006 offiziell 9,7%, bei den 25- bis 34-Jährigen jedoch 14% und bei den 15- bis 24-Jährigen sogar 16,6%. Am höchsten war die Rate mit 20,2% unter Akademikern (vgl. HCP 2007, 19).

Marokko ist seit 1972 eine konstitutionelle Monarchie mit gewähltem Parlament. Der politische und gleichzeitig religiöse Führer herrscht aber weitgehend unbeschränkt. Obwohl es unter dem derzeitigen Monarchen Mohammed VI. seit 1999 zu einer politischen und wirtschaftlichen Liberalisierung kam, sind Gewaltenteilung, Rechtsstaatlichkeit und Pressefreiheit eingeschränkt. Kritik am Staatsoberhaupt, der Religion und der territorialen Integrität (Westsahara-Konflikt) ist öffentlich tabu (vgl. Riesch 2007, 26). Die Regierung darf „Publikationen und ausländische Zeitungen...verbieten, sofern sie den Islam, die Monarchie oder die Integrität des Staatsgebiets...angreifen" (Baratta von 2002, 529). Auch in den letzten Jahren lebten Regime-Kritiker im Ausland und Journalisten wurden inhaftiert (vgl. Riesch 2007, 26).

4.1 Zuwanderer und Migrationsströme in Zahlen

Marokko wurde vom Einwanderungsland für Europäer in der ersten Hälfte des zwanzigsten Jahrhunderts zu einem der Hauptemigrationsländer in die EU (vgl. De Haas 2007, 85). Seit den 60er Jahren bis zum Anwerbestopp von 1974 wurden marokkanische Arbeitsmigranten hauptsächlich von Frankreich aber auch von Belgien und den Niederlanden angeworben (vgl. Riesch 2007, 38).

Die marokkanische Arbeitsmigration nach Deutschland blieb, trotz des Anwerbeabkommens von 1965, begrenzt. Marokko ist „von allen nordafrikanischen Ländern sowie den afrikanischen Ländern südlich der Sahara das Herkunftsland mit der größten Einwanderungsgruppe in die EU“ (Riesch 2007, 13). Die Tatsache, dass „87% der marokkanischen Emigranten“ (Riesch 2007, 44) in der Europäischen Union leben, zeigt die Beliebtheit Europas als Auswanderungsziel. Dabei sind fast 85% der marokkanischen Migranten männlich (vgl. Van der Erf/Heering 2002, 84).

Eine Eurostat-Statistik aus dem Jahre 2001 verdeutlicht, dass fast die Hälfte der 1,4 Millionen im Jahre 2000 in der EU lebenden Marokkaner in Frankreich lebten[27], gefolgt von Spanien, Italien, Belgien, den Niederlanden und Deutschland[28] (vgl. Van der Erf/Heering 2002, 19). Seit Anfang der neunziger Jahre sind jedoch Spanien und Italien die Hauptimmigrationsländer für marokkanische Migranten in der Europäischen Union (vgl. Riesch 2007, 14).

Außerdem wurde Marokko ab Ende der 80er Jahre verstärkt zum Transitland für (meist irreguläre) Migranten aus Subsahara-Afrika, z.B. aus Mali oder Nigeria (vgl. Van der Erf/Heering 2002, 9), da sich die wirtschaftlichen Unterschiede zwischen den Subsahara- und den Maghrebstaaten verstärkten und die Einwanderungsgesetze der europäischen Staaten verschärft wurden.

4.2 Arten von und Gründe für die Zuwanderung aus Marokko in die EU

Die Mehrzahl der marokkanischen Migranten sind „Wirtschaftsmigranten“ (Riesch 2007, 14), die freiwillig auf der Suche nach besseren Ausbildungs- und Arbeitsmöglichkeiten und höherer materieller Sicherheit auswandern. Dies bestätigt auch die Studie von Van der Erf/Heering (2002, 49), die in fünf typischen Auswanderungsprovinzen[29] durchgeführt wurde. Trotz einiger politischer Exilanten spielt der Schutz

27 In Frankreich (ohne die Überseegebiete) lebten am 1.1.2005 469.000 Marokkaner (vgl. INSEE 2006).

28 Im Jahre 2006 lebten in Deutschland 69.926 Marokkaner (vgl. BAMF 2007a, 312).

29 Die 2500 befragten Haushalte stammten aus den Provinzen Nador, Larache, Settat, Tiznit und Khenifra (vgl. Van Erf/Heering 2002, 28).

vor politischer Verfolgung, vor Kriegen und Konflikten nur eine sehr geringe Rolle[30]. Auch der Schutz vor Umweltkatastrophen und die Sicherung der Existenz und Schutz vor extremer Armut beeinflussen die Emigration von Marokkanern nur marginal.

Die Bevölkerung Marokkos hat sich von 1950 bis zur Jahrtausendwende verdreifacht (vgl. Van der Erf/Heering 2002, 9). Aufgrund der „zwar sinkenden, aber immer noch hohen Geburtenrate" (Angenendt 2006, 360) und der jungen Bevölkerungsstruktur steigt der „demographische Druck" (Riesch 2007, 28) auf den inländischen Arbeitsmarkt.

Trotz Fortschritten hat die marokkanische Wirtschaft mit „strukturellen Problemen" (Riesch 2007, 28), z.B. „einer starke[n] Abhängigkeit vom Agrarsektor" (Riesch 2007, 62) zu kämpfen. Die Bevölkerungsentwicklung und die durch die wirtschaftliche Entwicklung bedingte Urbanisierung führten dazu, dass heute mehr junge Marokkaner als zuvor Sekundarschulen und Universitäten besuchen. Für die auf den Arbeitsmarkt drängende junge Generation gibt es aber keine ausreichenden Arbeitsangebote, woraus die hohe Arbeitslosigkeit unter Akademikern (vgl. Gliederungspunkt 4) resultiert.
Dies zeigt, dass Entwicklungsprozesse (z.B. die Urbanisierung oder ein höheres Bildungsniveau) kurz- und mittelfristig zu mehr Migration führen, wenn die einheimische Wirtschaft nicht im gleichen Maße wächst (vgl. Tandonnet 2007, 15). Hinzu kommen unzureichende staatliche soziale Sicherungssysteme, so dass der Familie hier weiterhin ein hoher Stellenwert zukommt und die emigrierten Marokkaner oft durch ihre Rücküberweisungen diese Sicherung übernehmen.

Die Ursachen für Migration sind jedoch nicht rein demografischer und wirtschaftlicher Natur. Eine große Rolle spielen soziale und kulturelle Faktoren (vgl. Riesch 2007, 91).
Historische Verbindungen zu Frankreich[31] führten dazu, dass heute fast jeder Marokkaner des Französischen mächtig ist, Frankreich der wichtigste Handelspartner Ma-

[30] In den Jahren 2000-2007 wurden pro Jahr zwischen 207 und 357 Asylanträge (Erst- oder Folgeanträge) von Marokkanern in Deutschland gestellt, von denen keiner zu einer Anerkennung als Asylberechtigter führte. In der gleichen Zeitspanne durften elf Personen gemäß § 60 (Abschiebungsschutz, -verbot) im Land bleiben (vgl. BAMF 2008).

[31] Marokko stand von 1912 bis 1956 unter französischer und spanischer Protektoratsherrschaft.

rokkos ist und in Folge der Arbeitsmigration von den 60er Jahren bis 1974 die meisten marokkanischen Migranten in Frankreich leben. Folglich existiert ein Migrationsnetzwerk zwischen nach Europa Emigrierten und potenziellen Migranten in Marokko, das neue Migration nach sich zieht. Unter anderem durch die hohen Rücküberweisungen marokkanischer Migranten[32] hat sich eine „Migrationskultur" gebildet (vgl. Gliederungspunkt 2.5.3).

Heute verlassen bereits 20-30% der unter 30-Jährigen Marokko für einige Zeit oder für immer (vgl. Tandonnet 2007, 12). Dabei lassen sich die migrationsbereiten jungen Marokkaner in die Gruppe der konservativen und der innovativen Migranten einteilen (vgl. Reniers 1999, 679). Beide Gruppen migrieren wegen besserer Ausbildungs- oder Verdienstmöglichkeiten im Ausland.

Die konservative Migration hat jedoch ausschließlich wirtschaftliche Gründe und wird von vornherein nur auf bestimmte Zeit geplant, wobei der Migrant das bewahren will, was er in seinem Herkunftsland besitzt (vgl. Reniers 1999, 680). In den 60er und 70er Jahren migrierten in diesem Sinne vor allem Geringqualifizierte aus ländlichen Gebieten. Ziel ist es, eines Tages entweder wohlhabend oder mit einer guten Berufsausbildung und damit besseren Arbeitsmarktchancen ins Heimatland zurückzukehren. Sollten sich zwischenzeitlich dem Ausland vergleichbare Arbeits- und Verdienstmöglichkeiten in Marokko entwickeln, ist die Wahrscheinlichkeit, dass Migranten dieser Gruppe vorzeitig zurückkehren, sehr hoch, da ihnen die Nähe zu ihrer Familie, ihren Freunden und das Leben im Heimatland sehr wichtig sind. Gäbe es in Marokko zum Zeitpunkt ihrer Migrationsentscheidung dem Ausland entsprechende Ausbildungs- oder Verdienstmöglichkeiten, würden diese jungen Marokkaner das Leben im eigenen Land der Migration vorziehen.

Für die zweite Gruppe ist Emigration gleichbedeutend mit einer „totale[n] Abkehr von der Heimat" (Riesch 2007, 57). Die Migranten wollen dauerhaft im Aufnahmeland leben (vgl. Riesch 2007, 55). Die innovative Migration hat nicht nur wirtschaftliche sondern auch sozio-kulturelle Gründe. Die Migranten identifizieren sich mit

---

[32] Die jährlichen Geldüberweisungen marokkanischer Migranten sind in der Vergangenheit stets angestiegen und betrugen 2002 3,3 Milliarden US-Dollar, so dass Marokko nach Indien (zehn Milliarden US-Dollar), Mexiko (9,9 Milliarden US-Dollar) und den Philippinen (6,4 Milliarden US-Dollar) weltweit an vierter Stelle liegt. Damit sind die Rücküberweisungen vor der Entwicklungshilfe, dem Tourismus und den ausländischen Direktinvestitionen die wichtigste Devisenquelle (vgl. Nadif 2005, 3f.).

dem westlichen Lebensstil und ziehen diesen der marokkanischen Lebensart vor (vgl. Reniers 1999, 695). Unter Städtern und höher Gebildeten herrscht diese Migrationsform vor. Für diese Migranten hat die Familie an Stellenwert verloren, die Individualisierung hat sich verstärkt. Sie sind der Meinung, ihre individuellen Freiheiten am ehesten im Ausland verwirklichen zu können, sehen die marokkanische Gesellschaft kritisch und betrachten Europa als „Paradies“ (vgl. Riesch 2007, 58f.).

Marokko hat sich außerdem zur Drehscheibe der irregulären Migration in die EU entwickelt. Obwohl auch Marokkaner versuchen, irregulär in die EU zu gelangen, stammt die Mehrzahl der irregulären Migranten ursprünglich aus Subsahara-Afrika. Für sie ist Marokko aufgrund seiner Nähe zu Europa das favorisierte Transitland. Die EU und vor allem Spanien, das von der irregulären Migration aus Marokko am stärksten betroffen ist, haben ihren politischen Druck auf Marokko zur Bekämpfung der irregulären Migration verschärft (vgl. Tandonnet 2007, 80).

Voraussichtlich wird die Migration von Marokkanern in die EU noch bis 2025 zu- und danach abnehmen, unter der Voraussetzung, dass sich die Wirtschaft weiter entwickelt und Arbeitsplätze bereitstellen kann. In den nächsten Jahren werden noch die geburtenstarken Jahrgänge 1970-80 auf den Markt drängen, bevor sich die rückläufige Geburtenrate auswirkt und das Land jungen Marokkanern Alternativen zur Emigration bieten kann. (vgl. Tandonnet 2007, 34f.) Die Migration aus Marokko in die EU wird sich jedoch nur reduzieren, „wenn das Einkommen in Marokko insgesamt so stark ansteigt, dass es sich auf Grund des Einkommensunterschieds nicht mehr lohnt auszuwandern“ (Riesch 2007, 97).

4.3 Exkurs: Studentische Migration aus Marokko in die EU

In Frankreich und Deutschland studierten 2003 je über 200.000 Ausländer. Damit steht Deutschland im internationalen Vergleich der Länder mit dem höchsten Anteil ausländischer Studierender nach den USA und Großbritannien an dritter und Frankreich an vierter Stelle (vgl. Courrier de la Planète 2006, 129). Dabei studierten 2005 48.599 Marokkaner in der Europäischen Union, mehr als 60% davon in Frankreich (29.859) und fast 17% (8.227) in Deutschland (vgl. Eurostat 2008).
Mindestens ein Fünftel der unter 30-Jährigen Marokkaner mit Abitur oder Studienabschluss verlassen ihr Land, um nach Europa oder in die USA zu gehen (vgl. Tandon-

net 2007, 34). Obwohl Frankreich mit Abstand das beliebteste Zielland der marokkanischen Studierenden ist, ist unter der jungen Generation ein „Fieber nach einem Studium in Deutschland“ (Ait El Ferrane 2003, 95) festzustellen. Dies hängt mit dem überwiegend positiven Deutschlandbild in Marokko (vgl. Ait El Ferrane 2003, 95f.) zusammen. Es bleibt jedoch die Sprachhürde, da Deutsch eine an marokkanischen Gymnasien selten unterrichtete Sprache bleibt, zur Visumbeantragung jedoch ein hohes Sprachniveau gefordert wird. Sofern Deutsch nicht bereits in der Schule gelernt wurde, ist die Vorbereitung auf die Sprachprüfung mit Kosten verbunden.

Jeder europäische Staat regelt die Zuwanderung von Studenten auf nationaler Ebene. Auf die ausländischen Studenten kommen Migrationskosten zu, die neben den reinen Reisekosten Informations-, Visa- und Einschreibe- sowie eventuell Sprachkurskosten umfassen. Während es früher die Regel war, dass die ausländischen Studierenden nach dem Studium in ihre Heimatländer zurückgingen, haben viele Industrieländer „den wirtschaftlichen Nutzen“ (Han 2005, 120) dieser Gruppe entdeckt und „gehen nach und nach dazu über, ihre Gesetze so zu verändern, dass ausländische Studierende grundsätzlich die Möglichkeit haben, nach dem Studium zu bleiben und berufstätig zu sein“ (Han 2005, 120).
Beispielsweise können ausländische Studierende in Deutschland zur Suche einer entsprechend qualifizierten Arbeitsstelle bis zu einem Jahr nach Studienabschluss im Land bleiben. Eine Arbeitserlaubnis wird jedoch erst nach einer Arbeitsmarktprüfung erteilt, so dass die Hürden für ausländische Akademiker, in Deutschland Arbeit zu finden, höher bleiben als für deutsche.

Insgesamt ist unter den ausländischen Studierenden eine „geringe Rückkehrbereitschaft“ (Han 2005, 123) zu verzeichnen, die mit dem „Akkulturationsprozess“ (Han 2005, 123) zu erklären ist, den sie, die Integration im Aufnahmeland vorausgesetzt, im Laufe des mehrjährigen Studiums durchlaufen. Am Ende dieses Prozesses ziehen die meisten das Leben im Aufnahmeland dem im Herkunftsland vor (Han 2005, 123).

Die Beispiele zweier nach Europa emigrierter marokkanischer Studenten sollen die studentische Migration aus Marokko in die EU illustrieren. Anhand eines Leitfragenkatalogs wurde je ein problemzentriertes Interview[33] mit einem marokkanischen Studenten in Frankreich und Deutschland geführt, dessen Hauptziel es war, die jeweilige Migrationsgeschichte nachzuvollziehen. Es sollten die Migrationsgründe, die einzelnen Schritte und mögliche Probleme im Migrationsprozess sowie die Zukunftspläne der Studenten in Erfahrung gebracht werden.

Die Befragten stammen aus dem Bekanntenkreis der Verfasserin. Den Studenten wurde Anonymität zugesichert und sie wurden über den Sinn der vorliegenden Arbeit und der Rolle der Interviews als Teil derselben informiert. Vor Beginn des Interviews wurden sie mündlich über die zu besprechenden Themen informiert, wobei nur der Student in Deutschland den Leitfragenkatalog vor dem Interview einsehen konnte.

4.3.1 Fallbeispiel 1: ein marokkanischer Student in Frankreich

Ismail[34] studiert seit dem Wintersemester 2004 Elektrotechnik und Informatik in Reims. Er kam direkt nach dem Abitur nach Frankreich. Den Gedanken, im Ausland zu studieren, entwickelte er schon in der Abschlussklasse des Gymnasiums: „Faire mes études à l'étranger. C'est ça ce qui m'intéressait“[35] (152/9-10). Einige Marokkaner begönnen aber auch ihr Studium in Marokko, bevor sie im Ausland weiterstudierten: „Il y en a ceux qui partent après un bac plus deux, après un bac plus quatre, il y a ceux qui attendent d'avoir une licence“ (154/42-43).
Bei seinem Entschluss, nach Europa zu gehen, habe er sich nicht von bereits nach Europa ausgewanderten Marokkanern beeinflussen lassen, wie viele andere seiner Landsleute, die nur den Reichtum der Zurückkehrer bestaunten, aber nicht wüssten, dass die Realität als Migrant in Europa nicht immer einfach sei:

33 Das problemzentrierte Interview ist eine spezielle Form des Leitfaden-Interviews, dessen Ziel es ist, „das *subjektive Erleben* gesellschaftlicher *Probleme* in *theoretische Aussagen* über den Umgang mit der Lebenssituation zu überführen“ (Reinders 2005, 117). „Im Mittelpunkt... stehen nicht weit gefasste, wenig spezifizierte Themen, sondern eingegrenzte Fragestellungen“ (Reinders 2005, 118). Es ist der „teil-standardisierte[n] Methode“ (Reinders 2005, 117) zuzurechnen, da „die Leitfragen aus einer Kombination von offenen, erzählgenerierenden Fragen und eher strukturierten Nachfragen“ (Reinders 2005, 117) bestehen.

34 Der Name wurde geändert.

35 Zitate der Interviewten werden durch Anführungsstriche markiert. Verstöße gegen die Sprachnorm des Französischen bzw. Deutschen werden nicht korrigiert. Das Notationssystem und die kompletten Transkripte finden sich im Anhang.

„Il y a beaucoup qui sont parties à l'étranger. Pour moi personnellement ce n'était pas une influence. C'est pas pour ça que je suis parti. Mais... il y en a qui sont influencés et il y en a les gens qui connaissent mal l'Europe. Ils regardent leur frères ou leurs voisins qui arrivent au Maroc avec de belles voitures et cetera. Donc, ce qu'il font, ils ont envie d'en avoir aussi. Ils ne savent pas que c'est difficile et cetera." (153/34-38)

Seine Familie habe seinen Entschluss begrüßt: „Ils trouvent que c'est positif parce que j'apprends à vivre tout seul"(156/10). Im Gegensatz zu vielen Arbeitsmigranten, die sich verpflichtet fühlen, jeden Monat Geld nach Hause zu schicken, erwarte seine Familie jetzt und auch in Zukunft nicht von ihm, dass er sie finanziell unterstütze. Sie sei vielmehr an seinem Studienabschluss interessiert und hoffe, dass er danach zu ihnen zurückkehren könne:

„Ils s'attendent pas que je leur envoie de l'argent. Ils touchent bien, entre parenthèses. Ils n'ont pas besoin de moi, en faite... plus intéressant pour eux, c'est avoir mon diplôme, et le plus intéressant c'est pas vivre en Europe. Ils veulent plus que, moi je serais plus content d'être à côté de ma famille. C'est plus facile." (157/18-21)

Neben seiner Muttersprache Arabisch, spricht er fließend Französisch und etwas Englisch. Deshalb kamen als Zielländer nur Frankreich oder Kanada in Betracht: „Je maîtrise la langue française. Donc, je pouvais pas aller en Angleterre...Je parle l'anglais, mais j'aurai du mal quand-même" (155/18-20), „Je pouvais pas aller en Allemagne...pour aller en Allemagne il faut que je fasse deux années de la langue avant de commencer. Donc,...il y avaient deux raisons de rater...je n'en avais pas envie" (150/16-18). Die Entscheidung für Frankreich fiel dann hauptsächlich wegen der Nähe zu Marokko: „J'ai choisi la France parce que c'était le plus facile y aller" (152/16), „trois heures moins quart d'avion" (155/25-26).

Um sein Studium in Frankreich zu verwirklichen, gab es verschiedene Hürden zu meistern. Ismail informierte sich zuerst im Internet über das Studienangebot und auf der Seite der französischen Botschaft über die Visavoraussetzungen für studentische Immigranten. Noch vor dem Abitur legte er einen Französischtest ab. Danach beantragte er das Visum. Heutzutage sei es für marokkanische Studenten schwieriger und auch teurer, ein Visum für Frankreich zu erhalten. Außerdem werde ein Interview zur Motivation des Bewerbers geführt. Die beschriebenen Schritte dauerten zirka zweieinhalb Monate. Probleme hätte nur der viele „Papierkram" gemacht: „Des problèmes spécifiques?...le visa parce que enfin il y a trop de papiers" (148/41). Die Chance, ein Visum zu erhalten, läge bei 50%, wobei das Entscheidungskriterium bei ähnlichen Bewerbungen die finanzielle Situation sei: „Il faut un petit coup de chance parce que une chance sur deux de l'avoir. Il y a des gens qui ont les mêmes dossiers. Puis, il y a un qui est accepté" (153/48-49). „C'est presque le critère de l'argent, si les parents touchent bien. Donc, il permettent" (154/2).

Sein Zielland Frankreich war ihm schon durch einen Ferienaufenthalt bekannt. Allerdings sei es etwas anderes, in einem Land Urlaub zu machen als dort zu leben: „Faire du tourisme en France ce n'est pas la même chose. Quand tu y vis, tu commences à avoir des problèmes, le logement, il faut travailler, l'école et tout" (155/32-33). Er habe sich erst an die Sprache, das universitäre System und die Alltagsprobleme, zum Beispiel die Wohnungs- oder Arbeitssuche in einer fremden Umgebung, gewöhnen müssen: „Au début, à l'arrivée en France,...c'était le logement. Puis, déjà connaître le système" (156/47). „Universitaire, tout, même les petits détails...Déjà ne pas avoir habitude de parler le français tous les jours...Après, c'est facile de l'apprendre" (157/1-2).
Dabei betont er die Wichtigkeit des Migrationsnetzwerks, gerade in der Anfangsphase: „Au début, je connaissais plus de Marocains parce que je suis arrivé. Donc, on s'aide entre nous. On voit il y a un nouveau copain, il faut l'aider" (157, 8-9). Durch das Studium habe er auch französische Freunde gewonnen und inzwischen habe er Freunde aller möglichen Nationalitäten: „Puis après, quand je suis entré à la fac, j'ai commencé à avoir des amis français. Maintenant j'ai autant d'amis français que marocains que sénégalais qu'allemands et cetera" (157/12-13). Trotz der geschilderten Anfangsschwierigkeiten nimmt er an, dass für einen Marokkaner die Integration in Frankreich einfacher ist, als beispielsweise für einen Amerikaner, der nach Kolumbien oder in den Sénégal auswandert: „C'est peut-être plus difficile pour un Américain qui vient par exemple vivre en Colombie, au Sénégal. Ça va être plus difficile pour lui de s'adapter que pour nous de s'adapter en Europe" (157/2-4).
Seine Angst vor Rassismus und Diskriminierung, die er in Marokko hegte, sei nicht unbegründet gewesen. Es gäbe eine subtile Art des Rassismus, z.B. bei der bevorzugten Einstellung von Franzosen ohne Migrationshintergrund: „Le racisme c'est vrai. Ça existe, mais on ne le voit pas beaucoup en faite. Ça existe si tu cherches un travail, quand on pose un CV visuel: ‚Bonjour la la la', et après, ça se trouve qu'ils le déchirent" (155/10-12).

Auf die Frage, ob er spontan etwas nennen könne, dass in Frankreich besser als in Marokko sei, fällt ihm, auch nach längerem Überlegen, nichts ein. Wenn er noch einmal emigrieren würde, würde er auch Kanada und England stärker in Betracht ziehen: „Si c'était à refaire, j'aurais peut-être, j'aurais quand-même venu en France, mais j'aurais peut-être essayé de tenter la chance ailleurs“ (155/37-38). Einige Europäer stellten die Immigranten als Sündenböcke dar: „C'est que les gens, enfin quelques Européens, les médias ils essaient de faire, par exemple en France les medias ils cherchent toujours. Une fois il y a un problème, ce sont les immigrées, le chômage, les immigrés" (161/11-13). Da er nun aber in Frankreich sei, müsse er damit zurechtkommen: „Maintenant je suis en France, il faut que j'assume“ (155/40) und er fühle sich auch wohl: „C'est pas que je suis mal en France. Je suis bien quand-même“ (155/46).

Ismail ist als konservativer Migrant (vgl. Gliederungspunkt 4.2) zu bezeichnen, da schon vor Beginn seines Studiums für ihn feststand, dass er nach seinem Abschluss am liebsten wieder nach Marokko zurückkehren würde, da seine Familie ihm sehr wichtig ist: Auf die Frage, etwas zu nennen, das in Marokko besser als in Frankreich sei, antwortet er ohne zu Zögern eindeutig: „Qui est mieux au Maroc, pour moi ma famille“ (157/31).

Er wird versuchen, in Marokko eine Anstellung zu finden, wobei er dies zuversichtlich sieht: „Si je trouve un travail au Maroc, maintentant dans le domaine l'électronique ça se développe. Il y a des réseaux de travail...ça m'intéresse moi de vivre au Maroc…je vais chercher d'abord au Maroc et après en France“ (157/25-26). Generell ist er jedoch bereit, für eine gute Anstellung auch in anderen Ländern zu leben: „Mais s'il y a un moyen de chercher un travail ailleurs, par exemple en Angleterre ou peut-être un petit peut loin, au Canada, aux Etats-Unis, je vais le chercher…ça dépend du travail, là où je vais trouver le meilleur boulot“ (153/1-3).

Seine Emigration war von Anfang an durchdacht und geplant. Sein Ziel ist es, in Frankreich eine qualifizierte Ausbildung zu absolvieren, um danach eine gute Anstellung, nicht zwangsläufig, aber am liebsten in seinem Heimatland zu erhalten. Deshalb verwundert es auch nicht, dass er sich mit Erasmus-Studenten vergleicht, die einen Teil ihrer Ausbildung im europäischen Ausland absolvieren. Überall auf der Welt, nicht nur in Marokko, gingen Menschen ins Ausland:

> „En Europe il y a beaucoup d'étudiants qui passent un an à l'étranger avec le programme Erasmus et cetera...c'est à peu près la même chose, mais c'est plus long…j'ai mon bac, j'ai décidé je vais aller à l'étranger pour faire mes études. Puis ma famille l'a accepté parce que c'est...Enfin, partout au monde on part à l'étranger. Il n'y a pas que nous." (156/3-7)

4.3.2 Fallbeispiel 2: ein marokkanischer Student in Deutschland

Jamil[36] hatte bereits je zwei Semester Anglistik und Deutsch als Fremdsprache an der Universität Casablanca studiert, bevor er im Alter von 23 Jahren zum Wintersemester 2003/04 nach Deutschland kam. In Heidelberg besuchte er zunächst ein Jahr lang das Studienkolleg[37], bevor er sein Studium in Deutsch als Fremdsprache zum Wintersemester 2004/05 aufnehmen konnte.

Der Gedanke des Auslandsstudiums kam ihm, im Gegensatz zu Ismail, noch nicht zu Schulzeiten, sondern erst nach dem Abitur, als er in Casablanca studierte. Dabei wurde er sehr von den positiven Migrationserfahrungen seiner Brüder beeinflusst. Während zwei der insgesamt sechs Geschwister nicht emigrierten, lebt ein Bruder in Spanien, sein ältester Bruder hat bereits 15 Jahre in Heidelberg studiert und promoviert und arbeitet inzwischen als Dozent an der Universität Casablanca, ein dritter promoviert ebenfalls gerade in Heidelberg:

> „Ich habe auch…zwei gute Beispiele, mein ältester Bruder hat hier 15 Jahre studiert" (173/41), „Und jetzt ist er Dozent der Uni Casablanca. Und der hat mich auch immer motiviert: ‚Bessere Chancen, besseres Studium, wenn du dort gehst'" (165/28-29), „Jetzt hat er…nen sehr guten Job. Ja wenn man Dozent in der Uni Casablanca ist, dann ja besser gibt's nicht,…man verdient sehr gut,…viele Vorteile. Und mein zweites Beispiel ist mein Bruder. Der ist älter als ich, fünf Jahre älter, der promoviert jetzt (173/43-46). Vielleicht noch zwei Semester ist der fertig, Sprachwissenschaft. Und der hat auch…gute Perspektive für zu Hause,…auf jeden Fall." (174/1-2), „Und ich hoffe dass ich wenn ich…vier Jahre, drei, vier Jahre fertig bin, dann hab ich auch" (174/4).

Neben seiner Muttersprache Arabisch spricht er fließend Französisch und Deutsch und etwas Englisch, wobei er erst nach seinem Abitur begonnen hat, am Goetheinstitut Deutsch zu lernen, da es in seinem Gymnasium nicht angeboten wurde. Deshalb hätte er mit geringerem zeitlichen und finanziellen Aufwand zum Studium nach Frankreich gehen können, trotzdem entschied er sich für Deutschland: „Frankreich, Spanien, Italien. Aber ich wollte nach Deutschland" (165/26), „Deutsch hat mir super gefallen, von Anfang an" (166/2-3).

---

[36] Der Name wurde geändert.

[37] Ausländische Studienbewerber mit einer Hochschulzugangsberechtigung, die mit der deutschen nur bedingt vergleichbar ist, müssen zur Studienvorbereitung das einjährige Studienkolleg absolvieren, an dessen Ende die Feststellungsprüfung steht, deren Bestehen zur Studienaufnahme an einer deutschen Universität berechtigt.

Wie Ismail half ihm das Migrationsnetzwerk im Aufnahmeland besonders in der Anfangsphase, wobei besonders seine migrationserfahrene Familie ihn bei seinem Vorhaben unterstützte. Sehr hilfreich war sein Bruder in Heidelberg, der viele Informationen geben konnte und Formalitäten vor Ort erledigte: „Vor allem durch meinen Bruder. Wir haben also regelmäßig telefoniert miteinander. Er hat für mich die Bewerbung gemacht hier, Zulassung Heidelberg, Karlsruhe, Mannheim“ (163/37-38).

Um sein Studium in Deutschland zu verwirklichen, musste er ähnliche Hürden wie Ismail meistern, wobei für ihn das Sprachenlernen noch hinzukam. Um das Visum beantragen zu können, legte er zwei Deutschprüfungen ab, zu deren Bestehen er Sprachkurse besuchte, die ihn zirka 1000 Euro kosteten. Dabei fielen seine Ausreisevorbereitungen mit einer Änderung der Sprachanforderungen zusammen: Von den marokkanischen Studenten wurde ein höheres Sprachniveau als zuvor erwartet, welches sie durch eine entsprechend schwierigere Prüfung nachweisen mussten. Dies verzögerte Jamils Ausreise um einige Monate:

> „Ich persönlich hatte Probleme, weil ich, als ich Zertifikat Deutsch abgelegt habe, da habe ich schon mein Visum beantragt“(164/4-5), „Ich habe damit gerechnet, dass ich mein Visum kriege, aber dann gab es ein Gesetz, dass man noch dazu diese... Mittelstufenprüfung ablegen muss“ (164/7-8). „Und deshalb musste ich noch, das waren glaube ich acht Monate, noch Mittelstufenprüfung machen, noch Geld dazu bezahlen... Das war ein bisschen kompliziert mit dem Visum. Das Problem ich hatte schon die Zulassung von Heidelberg und ich musste das verlängern zum zweiten Mal“ (164/12-15).

Darüber hinaus musste er entweder genügend finanzielle Mittel oder einen Bürgen in Deutschland nachweisen: „Für mich war ein Bekannter von mir. Der lebt in Germersheim. Der ist hier geboren.“ (163/19); „Ist Marokkaner...der hat für mich gebürgt“ (163/21).
Bevor er nach Deutschland kam, hatte er, wie Ismail, Marokko nur für einen kurzen Ferienaufenthalt in Frankreich verlassen. Trotzdem habe er keine Angst gehabt: „Deutschland war meine erste Erfahrung im Ausland. Und wie gesagt, das war eigentlich kein. Ich würde das nicht Angst nennen, nur Aufregung“ (165/16-17). Sein größtes Problem in Deutschland war, dass er nicht sofort mit dem Studium beginnen konnte, sondern zwei Semester lang das Studienkolleg besuchen musste. Ursprünglich sollte davor noch ein Sprachkurs stehen, wogegen er sich jedoch vehement wehrte:

> „Aber dann habe ich mich beschwert im Akademischen Auslandsamt, im Studienkolleg, überall, dass ich das gar nicht brauche“ (167/46-47), „Ich werde jetzt Zeit verlieren, ich will

> mit meinem Studium anfangen... Und nach einer Woche, da habe ich Bescheid bekommen, dass ich auf Studienkolleg gehen... darf. Aber trotzdem, ich war...nicht zufrieden damit. Ich wollte eigentlich in die Uni." (168/3-6)

Bei den Anfangsschwierigkeiten stand ihm sein Bruder zur Seite: „Das war auch schon ein bisschen beruhigend" (165/19). Die erste Zeit konnte er bei ihm wohnen und bekam Unterstützung: „Das war für mich super. So drei Monate habe ich bei ihm gewohnt. Ja und dann habe ich mein Zimmer hier gekriegt. Und von Anfang an, ja vielleicht mit dem Geld. Musste ich Geld von meinem Bruder ausleihen, für alles, für Gebühren, für Versicherung" (167/15-18). Mit Deutschen Freundschaft zu schließen, hält er für nicht so einfach: „Ist schon schwer ein bisschen, obwohl ich hab schon deutsche Freunde, aber nur von der Arbeit her meine Kollegen" (168/44-45).

Auf die Frage, was ihm in Deutschland besser gefalle als in Marokko, antwortet er ohne Zögern: „Oh viel! Also auf jeden Fall...Ordnung...Bei uns, ich muss zugeben, das ist wie ein Fremdwort bei uns." (168/34-35) Außerdem erwähnt er die besseren Studienbedingungen, ist der Ansicht, dass es sich gelohnt hat, dass er nach Deutschland gekommen ist und würde seinen Weg noch einmal so gehen.

Wie Ismail ist er als konservativer Migrant (vgl. Gliederungspunkt 4.2) zu bezeichnen. Schon vor Beginn seines Studiums stand für ihn fest, dass er nur für die Dauer seiner Ausbildung ins Ausland gehen würde, um dann zu versuchen, eine Anstellung in Marokko zu finden: „Eine gelungene Einwanderung ist, ja wenn man studiert hat, also mit dem Studieren fertig ist, und zurück <p> nach Hause <p>. Das ist das Beste für mich." (173/38-39)

Auf die Frage, was ihm in seinem Heimatland besser gefalle als in Deutschland, nennt er wie Ismail seine Familie: „Mhm vielleicht das...Familienleben, da ich hier alleine wohne, durch meinen Bruder, ja, aber allein. Familie die vermisse ich auf jeden Fall, Freunde. Ja, das ist mein Land, weißt du?" (168/40-41).

Er glaubt, dass Deutsche in Deutschland bessere Jobchancen haben als Ausländer und dass er mit einer guten Ausbildung in Marokko bessere Chancen hat als in Deutschland: „Ich glaube, ein Deutscher hier hat mehr Chance, auf jeden Fall, nicht wie ein ausländischer Student...Also wenn ich jetzt Studium mache, ich will gern nach Hause zurück" (169/21-23); „wenn ich zum Beispiel jetzt Diplom habe dann hab ich mehr Chance zu Hause einen Job zu bekommen, wenn ich ja gute Noten habe. Ja, also auf jeden Fall viel besser als hier" (170/4-5).

Jamil ist der Meinung, dass Migranten besonders zielstrebig sein müssen, damit der Aufenthalt in einem anderen Land zum Erfolg wird:

> „Man fängt ein anderes Leben an. Deshalb muss man schon ein gewisse Wille haben" (169/21-22), „Und vor allem Ziel. Das ist auch wichtig. Wenn man Ziel hat dann geht's leichter, aber wenn man kein Ziel hat, dass kenn ich auch also leider. Also viele Studenten kommen her. Ja ok, sie wollen studieren, aber wollen auch nicht. Das gibt's auch. Dann bleibt man verwirrt und das Leben wird immer schwieriger, weil man kriegt Probleme mit dem Visum. Ich kenne auch viele. Sie sind vor paar Jahren gekommen, haben nicht studiert und haben kein Visum bekommen. Sie haben immer Studium gewechselt und dann sind sie einfach abgeschoben worden." (174/24-29), „Ja, oder sie heiraten" (174/32), „Der kürzeste Weg, sie heiraten ja und bleiben hier. Mhm aber das will ich nicht für mich." (174/34)

Wie Ismail hatte er seine Emigration von Anfang an durchdacht und geplant. Während Ismail jedoch direkt nach dem Abitur sein Studium in Frankreich beginnen konnte, dauerte es von Jamils Entschluss nach Deutschland zu gehen bis zu seinem Studienbeginn in Heidelberg über zwei Jahre, wobei er sich über ein Jahr auf die Deutschprüfung in Marokko vorbereitete und nach Ankunft in Heidelberg das Studienkolleg besuchen musste. Für sein Ziel, in Deutschland eine qualifizierte Ausbildung zu erhalten, mit der er in Marokko bessere Chancen auf eine Anstellung hat, nahm er diese Hürden in Kauf.

III. Empirische Forschung

5 Vorstellungen von Schüler(innen)n und Student(innen)en in Marokko, Frankreich und Deutschland zu Migration und europäischer Zuwanderungspolitik

5.1 Darstellung der Umfrage

Für die Umfrage wurde ein Fragebogen (vgl. Anhang V/VI) mit 45 Fragen (36 geschlossene und neun offene) erstellt. Die geschlossenen Fragen setzen sich aus Entscheidungsfragen[38] und Fragen mit vorgegebenen Antwortmöglichkeiten zusammen. Mehrfachnennungen waren nur möglich, wenn sich dies aus der Fragestellung ergab. Um eigene Kommentare zum Thema zu ermöglichen, wurde als 46. Punkt die Rubrik „Platz für Ihre Anmerkungen" hinzugefügt. Inhaltlich unterteilen sich die Fragen in folgende fünf Themenbereiche: ***persönliche Angaben*** (Fragen 1-12,17); ***eigene Migrationsbereitschaft und Assoziationen mit „Migration" und „Einwanderung in die EU"*** (13-16, 18, 19); ***Meinung zur Situation der Migranten*** (32-36); ***Wissen zu Migration und (europäischer) Zuwanderungspolitik*** (20-27, 37-39) sowie ***Meinung zu Migration und (europäischer) Zuwanderungspolitik*** (28, 29-31, 40-45).

Der Fragebogen wurde in Marokko und Frankreich auf Französisch und in Deutschland auf Deutsch verteilt. Außerdem wurde die Online-Version per e-mail im Bekanntenkreis der Verfasserin unter den Zielgruppen in den beteiligten Ländern bekannt gemacht. Der Befragungszeitraum reichte von Anfang Juni bis Mitte November 2007, wobei die Online-Umfrage bereits Mitte September abgeschlossen wurde. Insgesamt wurden 261 Studenten (77%[39]) und 78 Schüler, d.h. 339 Personen befragt. Davon füllten 130 Personen (38%) den Fragebogen online aus. Zirka 260 Papierfragebögen wurden verteilt, von denen 209 ausgewertet wurden. Dies entspricht einer Rücklaufquote von zirka 80%.

[38] Zwei Entscheidungsfragen enthielten nur die Antwortoptionen Ja/Nein. Die restlichen 15 hatten außerdem eine „Weiß nicht"-Option.

[39] Alle Prozentwerte der Umfrage sind auf ganze Zahlen gerundet.

Befragte in Marokko

Es wurden 65 Fragebögen aus Marokko ausgewertet, von denen 58 von Studenten und sieben von Schülern ausgefüllt worden waren. 29 der Studenten besuchen die Universität in Marrakesch[40] und 22 der Studenten bereiten sich im zweiten Jahr nach dem Abitur auf das „Brevet technique superieur en tourisme et loisirs" an einem technischen Lycée in Essaouira[41] vor. Sieben Studenten beantworteten den Online-Fragebogen. Die sieben Schüler besuchen ebenfalls das technische Lycée in Essaouira.

Befragte in Frankreich

Aus Frankreich wurden 48 Fragebögen ausgewertet, von denen 45 von Studenten und drei von Schülern ausgefüllt wurden. 31 der Studenten studieren an einer Hochschule in Reims[42] oder Umgebung (z.B. an der Université Reims-Champagne-Ardenne oder am IUFM Reims). 14 Studenten antworteten online. 2 der 3 Schüler besuchen ein Lycée in Chaumont[43] und ein Schüler antwortete online.

Befragte in Deutschland

Unter den 226 befragten Jugendlichen aus Deutschland sind 158 Studenten (70%) und 68 Schüler. 52 der Studenten studieren in der Region Heidelberg. 106 Studenten antworteten online. Während nur zwei Schüler online antworteten, füllten 66 Schüler die Papierfragebögen aus. Diese sind Gymnasiasten einer zwölften Klasse eines Sinsheimer Gymnasiums und einer elften und zwölften Klasse eines Alzeyer Gymnasiums.

Die Schülergruppen sind soziologisch vergleichbar: Beide Gymnasien werden von zirka 1000 Schülern besucht. Sinsheim ist die zweitgrößte Stadt des Rhein-Neckar-Kreises im Nordwesten Baden-Württembergs, 22 km südöstlich von Heidelberg und mit zirka 35.600 Einwohnern größer als die Kreisstadt des Landkreises Alzey-Worms im südöstlichen Rheinland-Pfalz (18.000 Einwohner). Beide Schülergruppen kommen jedoch aus einem großen, insgesamt sehr ländlichen Einzugsbereich (Kraichgau

---

40 Marrakesch hat 1.036.500 Einwohner und liegt im Südwesten Marokkos.

41 Essaouira ist eine Küstenstadt mit 70.000 Einwohnern, die 360 Kilometer südlich von Casablanca liegt.

42 Reims hat 187.200 Einwohner und liegt 130 Kilometer östlich von Paris im Département Marne.

43 Chaumont hat 26.000 Einwohner und liegt im Département Haute-Marne.

bzw. Rheinhessen). Der Anteil von Schülern mit Migrationhintergrund[44] ist an beiden Schulen im Vergleich zu großstädtischen Schulen gering.

5.2 Darstellung der Ergebnisse[45]

5.2.1 Schüler und Studenten in Marokko

Persönliche Angaben

72% der marokkanischen Befragten gehören zur Altersgruppe der 20- bis 30-Jährigen, 28% zur Altersgruppe der 17- bis 20-Jährigen (vgl. Abb. 6). Zu 82% wurden junge Männer befragt. Alle Befragten sind marokkanische Staatsbürger und in Marokko geboren. Bis auf zwei Personen haben alle die letzten zehn Jahre in Marokko gelebt.

44 „Zu den Personen mit Migrationshintergrund gehört die ausländische Bevölkerung – unabhängig davon, ob sie im Inland oder im Ausland geboren wurde – sowie alle Zugewanderten unabhängig von ihrer Nationalität. Daneben zählen zu den Personen mit Migrationshintergrund auch die in Deutschland geborenen eingebürgerten Ausländer sowie eine Reihe von in Deutschland Geborenen mit deutscher Staatsangehörigkeit, bei denen sich der Migrationshintergrund aus dem Migrationsstatus der Eltern ableitet. Zu den letzteren gehören die deutschen Kinder (Nachkommen der ersten Generation) von Spätaussiedlern und Eingebürgerten und zwar auch dann, wenn nur ein Elternteil diese Bedingungen erfüllt, während der andere keinen Migrationshintergrund aufweist [, sowie]...die (deutschen) Kinder ausländischer Eltern, die...mit einer deutschen und einer ausländischen Staatsangehörigkeit in Deutschland geboren wurden" (vgl. SB 2007, 338).

45 Außer den angegebenen Abweichungen gibt es in der jeweiligen Länder-Stichprobe keine signifikanten Unterschiede zwischen männlichen und weiblichen Befragten, zwischen Schülern und Studenten und zwischen der Gruppe der 17- bis 20- und der 20- bis 30-Jährigen.

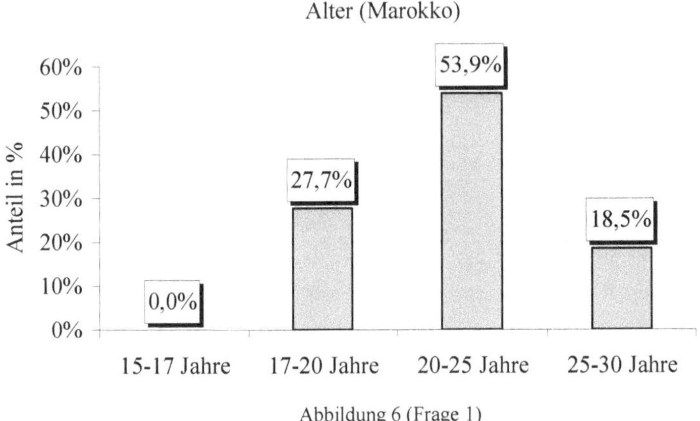

Abbildung 6 (Frage 1)

78% der Jugendlichen sprechen in der Familie Arabisch, gefolgt von Französisch (32%) und Berberisch (29%), so dass in einigen Familien Mehrsprachigkeit üblich ist (vgl. Abb. 7). 80% der Befragten schätzen ihre Sprachkenntnisse in einer oder mehreren weiteren Sprache(n) als gut ein. Dabei wurde Französisch am häufigsten angegeben (40 Nennungen), gefolgt von Englisch (30 Nennungen) und Spanisch (5 Nennungen)[46].

[46] Bei Angabe der weiteren Sprachen werden bei den Stichproben aus Marokko, Frankreich und Deutschland nur die drei am häufigsten genannten Sprachen aufgeführt.

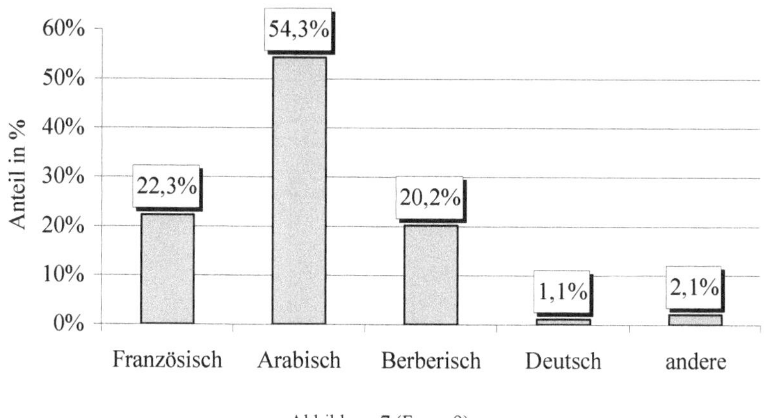

Abbildung 7 (Frage 9)

Bis auf eine Person fühlen sich alle Befragten am ehesten als Marokkaner. Bis auf eine Ausnahme sind alle Befragten Muslime, von denen alle bis auf eine Person, für die der Glaube eine nicht so wichtige Rolle spielt, entweder angeben, der Glaube spiele eine wichtige oder eine sehr wichtige Rolle in ihrem Leben (vgl. Abb. 8).

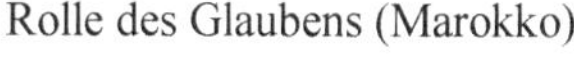

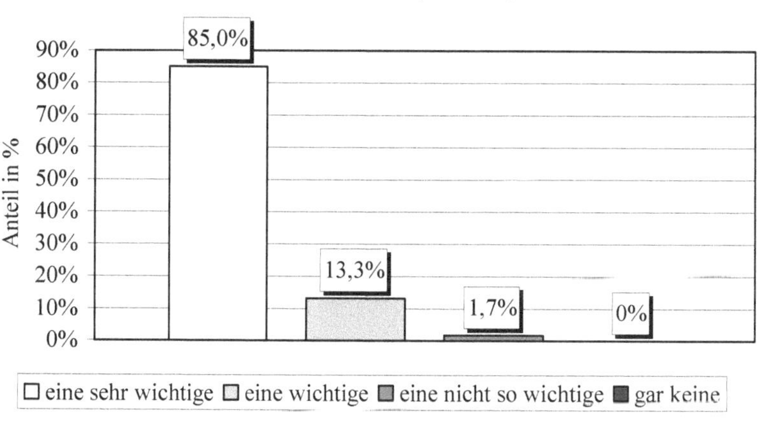

Abbildung 8 (Frage 8)

40% der Befragten interessieren sich mittelmäßig für Politik, 31% entweder wenig oder überhaupt nicht und 29% sind politisch entweder stark oder sehr stark interessiert (vgl. Abb. 9).

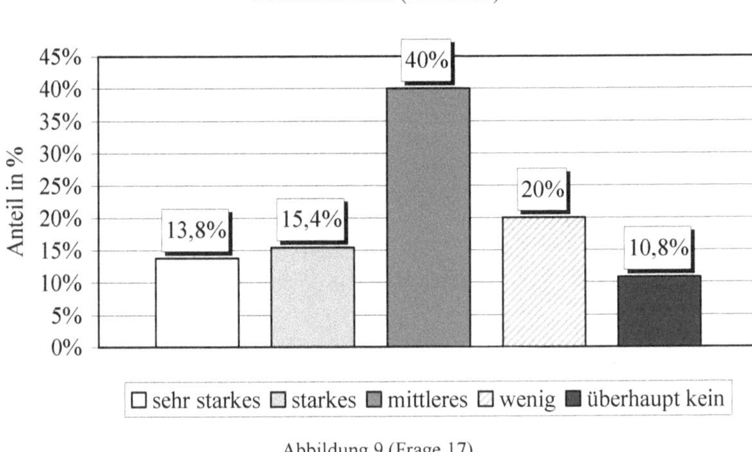

Abbildung 9 (Frage 17)

Eigene Migrationsbereitschaft und Assoziationen mit „Migration" und „Einwanderung in die EU"

80% der Befragten können sich vorstellen, für länger als ein Jahr im Ausland zu leben. Die 20% der Befragten, die sich dies nicht vorstellen können, führen ausnahmslos ihre Verbundenheit zu ihrer Familie, ihren Freunden und ihrer Heimat (Kategorie ***Familie, Freunde, Heimat***[47]), z.B. *Parce que je serai loin de ma famille, ce que je ne peut pas supporter / Je suis trop attaché à mon pays, ma culture, ma vie*, als Grund an.

[47] Zur Auswertung der offenen Fragen 14, 16, 18 und 19 (vgl. Fragebogen im Anhang) wurden die Antworten in Kategorien zusammengefasst. Aufgeführt sind bei den Stichproben aus Marokko und Frankreich nur die Kategorien, für die es mindestens drei Nennungen gab, bei der Stichprobe aus Deutschland nur Kategorien, die mindestens viermal genannt wurden. Es kann vorkommen, dass eine Person mehrere Angaben macht, die in die gleiche Kategorie einzuordnen sind. Die Anzahl der Nennungen entspricht deshalb nicht zwangsläufig der Anzahl der antwortenden Personen.

Gründe für Migration (vgl. Abb. 10)

Der Hauptgrund für einen längeren Auslandsaufenthalt ist bei den marokkanischen Jugendlichen eindeutig auszumachen. 59 Mal wird die Kategorie ***Berufliche, finanzielle Gründe*** angegeben, wobei 32 Mal die besseren Ausbildungs- und Arbeitsmöglichkeiten im Ausland, z.B. *formation / stage / une experience professionnel dans le monde de travail / avoir un bon salaire / assurer l'avenir,* und 27 Mal ein Studium, z.B. *pour avoir un diplôme plus specialisé dans mon domaine / la recherche scientifique,* genannt werden.

Zehnmal wird die Kategorie ***Horizonterweiterung, Kennenlernen eines Landes und dessen Bewohner, Kultur*** angegeben, z.B. *pour connaître d'autres gens d'autres religion et d'autre cultures ainsi que d'autres traditions / pour avoir plus d'experience / savoir d'autres cultures et langues / vivre l'aventure de sortir de votre pays natal et aller dans autre pays savoir comment géré tes situations difficile.*

Viermal wird die Kategorie ***Persönliche Rechte, Freiheit, Chancen****, z.B. On vive pas notre vrai citoyennetie ici au Maroc / Il n'y a rien au Maroc, ni travail, ni étude, nie vie*, und dreimal die Kategorie ***Tourismus****, z.B. voyage*, genannt.

Somit ist für die Mehrzahl der Jugendlichen in Marokko die Arbeitsmigration eindeutig der Hauptgrund ihrer Migrationsbereitschaft. Die persönliche Horizonterweiterung durch das Kennenlernen einer anderen Kultur wird an zweiter Stelle und die unbefriedigende Situation im Heimatland in Bezug auf persönliche Rechte und Chancen an dritter Stelle genannt.

Zielregionen und -länder[48]

Europa wird als Zielregion mit 67 Nennungen am häufigsten genannt. Dabei ist Frankreich (29 Nennungen) deutlich am beliebtesten, gefolgt von Spanien (neun Nennungen), Großbritannien (fünf Nennungen) und Deutschland und Belgien (jeweils vier Nennungen). Nordamerika ist mit 26 Nennungen die zweitbeliebteste Region (Kanada 17 Nennungen, USA neun Nennungen).

[48] Bei den Stichproben aus Marokko und Frankreich werden nur die Länder aufgeführt, die mindestens viermal genannt werden, bei der Stichprobe aus Deutschland nur solche, die mindestens dreimal vorkommen.

Gründe für die Zielregionen und -länder (vgl. Abb.10)
Bei der Begründung der Auswahl der genannten Länder werden die Kategorien ***Berufliche, finanzielle Gründe*** und ***Sprache*** am häufigsten genannt (je 19 Nennungen). Bei den beruflichen und finanziellen Gründen reichen die Antworten von allgemeinen Angaben (wie z.B. reichere Länder, höheres Gehalt, gute wirtschaftliche Lage, Länder, die Arbeitskräfte brauchen) bis zu ganz konkreten Vorstellungen, z.B. *Je veux bien étudier en Allemagne car tu peu faire la bas une tres bonne carriere surtout en industrie car elle est tres devloppe dans ce domaine / preparer…mon 2eme sciecle de formation, faire des rencontres crée ma carrier professionnel.*
Acht Nennungen gibt es für die Kategorie ***Persönliche Rechte, Freiheit, Chancen***, z.B. *démocratie*, während die Kategorie ***Persönliche Beziehungen*** (Freunde, Familie im Zielland) fünfmal und die Kategorie ***Nähe zum Heimatland*** dreimal angegeben werden.

Die Jugendlichen in Marokko präferieren demnach Länder, deren Sprache sie bereits sprechen und die ihnen ihrer Meinung nach die besten beruflichen und finanziellen Möglichkeiten bieten. Dabei sind sowohl demokratische Verhältnisse, als auch bestehende Migrationsnetzwerke und die Nähe zu Marokko Kriterien.

Assoziationen mit „Migration" und „Einwanderung in die EU" (vgl. Abb. 10)
Die Mehrheit der Befragten verbindet mit „Migration" Begriffe der Kategorie ***Berufliche, finanzielle Gründe***, z.B. *bonne formation / richesse / bousser dur pour venir passer des bonnes vacances dans la pays natal / travailler bien pour revenir à mon pays natal afin de l'aider par des investissements / devises.*
17 Mal werden Begriffe genannt, die sich der Kategorie ***Ein- und Auswanderung, Wanderungsprozesse*** zuordnen lassen, z.B. *deplacement des gens d'un pays à l'autre / des pays qui envoi, et des pays qui recois / la migration marocaine vers l'union Européenne,* während 14 Mal die Kategorie ***Lebensbedingungen, -chancen***, z.B. *une autre vie, de mieux parfois / améliorer la situation sociale,* angegeben wird.
13 Nennungen gibt es für die Kategorie ***Kultur***. Dabei wird sowohl die Assimilation an die kulturellen Praktiken des Aufnahmelandes angegeben, z.B. *Renoncer la culture du pays d'accueil, et assimiller ses pratiques culturelles*, als auch der kulturelle Austausch, z.B. *échange culturell*, Lebenserfahrung, z.B. *Expérience dans la vie*, und Entdeckung und Erforschung, z.B. *découverte et exploration.*

Je neun Personen verbinden mit „Migration" Begriffe der Kategorien ***Persönliche Rechte, Freiheit, Chancen***, z.B. *aller vers des pays considérés garantir les droits des ouvriers*, bzw. ***Probleme mit/in der Gesellschaft***, z.B. *la marginalisation des etrangères en europe, racisme, problèmes liés à la facon de vivre avec un niveau de vie haut.*
Je fünf Nennungen gibt es für die Kategorien ***Traum***, z.B. *trouver de bonheur / la recherche du paradis*, bzw. ***Irreguläre Einwanderung***, z.B. *le problématiques des jeunes Africains / soufrance / l'echec*, während vier Personen die Kategorie ***Familie, Freunde, Heimat***, z.B. *perdre le contact avec la famille / la manque de douceure de la famille / s'eloigner de la famille / vivre seules / depaysement*, nennen.

Mit „Einwanderung in die EU" werden außer den Kategorien ***Ein-, Auswanderung, Wanderungsprozesse*** und ***Kultur*** sowie ***Irreguläre Einwanderung*** alle Kategorien, die auch mit „Migration" verbunden werden, in fast der gleichen Reihenfolge genannt: ***Berufliche, finanzielle* Gründe**, z.B. *la richesse → avoir une voiture, de l'argent*, stehen vor ***Lebensbedingungen, -chancen***, z.B. *Ca m'intéresse enormément d'avoir une bonne vie mieux que la mienne*, und ***Probleme in/mit der Gesellschaft***, z.B. *peur / racisme / exploitation surtout des ouvriers.*
Die Kategorie ***Persönliche Rechte, Freiheit, Chancen***, z.B. *C'est l'autre revage ou je peux vivre en démocratie et sans problèmes avec la mauvais administration des pays sous developpé / C'est pour avoir plus de liberté*, rangiert vor den Kategorien ***Traum*** und ***Familie, Freunde, Heimat***, z.B. *division des familles.*

Zur Begründung der eigenen Migrationsbereitschaft, des potenziellen Ziellandes und zur Assoziation mit „Migration" und „Einwanderung in die EU" wird durchgängig die Kategorie ***Berufliche, finanzielle Gründe*** am häufigsten genannt. Dies zeigt, dass die Mehrheit der Jugendlichen sowohl mit „Migration" als auch mit „Einwanderung in die EU" am häufigsten die Arbeitsmigration verbindet und auch ihre eigene Migration aus beruflichen und finanziellen Gründen planen würde. Die zweite Kategorie, die zu allen vier Fragen genannt wird, ist ***Persönliche Rechte, Freiheit, Chancen***.

Begründung eines längeren Auslandsaufenthalts (Frage 14): • ***Berufliche, finanzielle Gründe*** (59 Nennungen) • ***Horizonterweiterung, Kennenlernen eines Landes und dessen Bewohner, Kultur*** (10 Nennungen) • ***Persönliche Rechte, Freiheit, Chancen*** (4 Nennungen) • ***Tourismus*** (3 Nennungen)	Begründung für das potenzielle Zielland (Frage 16): • ***Sprache; Berufliche, finanzielle Gründe*** (je 19 Nennungen) • ***Persönliche Rechte, Freiheit, Chancen*** (8 Nennungen) • ***Persönliche Beziehungen*** (5 Nennungen) • ***Nähe zum Heimatland*** (3 Nennungen)
Assoziationen zum Begriff „Migration" (Frage 18): • ***Berufliche, finanzielle Gründe*** (40 Nennungen) • ***Ein- und Auswanderung, Wanderungsprozesse*** (17 Nennungen) • ***Lebensbedingungen, -chancen*** (14 Nennungen) • ***Kultur*** (13 Nennungen) • ***Persönliche Rechte, Freiheit, Chancen; Probleme mit/in der Gesellschaft*** (9 Nennungen) • ***Traum; Irreguläre Einwanderung*** (5 Nennungen) • ***Familie, Freunde, Heimat*** (4 Nennungen)	Assoziationen zum Begriff „Einwanderung in die EU" (Frage 19): • ***Berufliche, finanzielle Gründe*** (8 Nennungen) • ***Lebensbedingungen, -chancen; Probleme in/mit der Gesellschaft*** (je 5 Nennungen) • ***Persönliche Rechte, Freiheit, Chancen*** (4 Nennungen) • ***Traum; Familie, Freunde, Heimat*** (je 3 Nennungen)

Abbildung 10: Antwortkategorien (Marokko)[49]

[49] Aufgeführt sind nur die Kategorien, die mindestens dreimal genannt wurden. Die unterstrichenen Kategorien werden bei allen vier Fragen mindestens dreimal genannt.

Meinung zur Situation der Migranten
90% der Befragten sind der Meinung, dass Migranten eine größere Willenskraft, mehr Durchhaltevermögen, Mut und Entschlossenheit brauchen, als Menschen, die nicht migrieren.

Ängste der Migranten (vgl. Abb. 27, S. 127)
83%[50] der Befragten glauben, dass Einwanderer in die EU am meisten Angst vor ***Rassismus*** haben, während knapp die Hälfte (48%) angibt, die Angst vor einem ***ungesicherten Aufenthaltsstatus*** sei am größten, und 44% denken, die Migranten hätten am meisten Angst vor dem ***Verlust ihrer Kultur***. 14% sind der Meinung, die größte Angst herrsche vor dem ***Verlust der sozialen Bindungen (z.B. zur Familie)*** und nur 9% glauben, dass die Migranten am meisten Angst vor dem ***Verlust ihrer Heimat*** haben. Viele Befragte geben mehrere Punkte an.

Integration (vgl. Abb. 30, S. 130)
Fast alle Befragten (92%) sind der Meinung, dass Einwanderer in die EU sich in die Gesellschaft des Aufnahmelandes, z.B. Frankreich oder Deutschland, integrieren sollten.
Als Mindestvoraussetzung für eine geglückte Integration nennen 70% der Befragten die ***Beteiligung am Gemeinleben (z.B. in Vereinen, Gewerkschaften, als Elternteil in der Schule)***, 63% die ***Beherrschung der Landessprache*** und knapp die Hälfte die ***politische Teilhabe (aktives und passives Wahlrecht, Parteimitgliedschaft)*** (48%) bzw. einen ***festen Arbeitsplatz*** (47%).

Die ***Identifikation mit der Nation (d.h. das Gefühl, z.B. Franzose/Französin oder Deutsche(r) zu sein)*** nennen 34%, die ***Aufgabe der eigenen Kultur und die vollständige Anpassung an kulturelle Praktiken des Aufnahmelandes*** 19% und die ***Abkehr von der Muttersprache, den ausschließlichen Gebrauch der Landessprache*** 8% der Befragten.[51]

---

[50] Die Prozentwerte wurden auf ganze Zahlen gerundet, so dass sich bei Fragen mit mehr als zwei Antwortoptionen ein Gesamtprozentwert von über 100 ergeben kann. Dieser kann sich ebenfalls ergeben, wenn mehrere Antwortkategorien angekreuzt wurden.

[51] Die drei letztgenannten Punkte sind keine Merkmale der Integration sondern der Assimilation. Zur Begriffsunterscheidung vgl. Gliederungspunkt 5.2.4.

Alle Antwortoptionen werden mit ähnlichen Prozentzahlen auch bei der Frage, was generell unter der „Integration in die Gesellschaft des Aufnahmelandes[52]" zu verstehen sei, genannt. Dabei werden die unter der Frage nach den Mindestvoraussetzungen einer geglückten Integration am seltensten genannten drei Optionen ebenfalls am seltensten genannt.

Wissen zu Migration und (europäischer) Zuwanderungspolitik

74% der Marokkaner sind der Ansicht, dass der prozentuale Anteil der Migranten an der Weltbevölkerung noch nie so hoch war wie in unserer Zeit (vgl. Abb. 33, S. 132).

Hauptgrund für die weltweiten Migrationsbewegungen und die Einwanderung aus Marokko in die EU (vgl. Abb. 36, S. 135 und Abb. 39, S. 136)

Als Hauptgrund für die weltweiten Migrationsbewegungen nennen 75% der Befragten die Antwortoption ***Bessere Ausbildungs- und Arbeitsmöglichkeiten, materielle Sicherheit***, gefolgt von der Option ***Sicherung der Existenz und Schutz vor extremer Armut*** (56%), ***Schutz vor politischer Verfolgung, vor Kriegen und Konflikten*** (22%) und ***Schutz vor Umweltkatastrophen*** (3%).

Bei der Angabe des Hauptgrundes für die Einwanderung in die EU aus Marokko, kommen im Vergleich zur vorhergehenden Frage alle Antwortoptionen mit ähnlichen Prozentzahlen vor. Abweichungen ergeben sich nur bei der Option ***Schutz vor politischer Verfolgung, vor Kriegen und Konflikten***, welche in Bezug auf Marokko als relativ unbedeutend (6%) bewertet wird.

Zusammenfassend lässt sich sagen, dass eine qualifizierte Mehrheit der Befragten den Hauptgrund für die weltweiten Migrationsbewegungen und die Migrationsbewegungen aus Marokko in die EU in besseren Ausbildungs- und Arbeitsmöglichkeiten und materieller Sicherheit sieht, aber auch mehr als die Hälfte die Sicherung der Existenz und den Schutz vor extremer Armut als Hauptgrund betrachten.

---

52 Aufgrund eines Übersetzungsfehlers („Integration" wurde durch „immigration" übersetzt) sind die Ergebnisse der 33. Frage „Qu'est-ce que vous comprenez par ‚l'immigration' dans la société du pays d'accueil?" für die Stichproben aus Marokko und Frankreich nicht aussagekräftig. Da jedoch die Antwortkategorien die gleichen wie in Frage 34 „Selon vous, quels sont les points mentionnés ci-dessus qui doivent être au moins accomplis, pour que l'intégration soit réussie?" sind, kann dennoch davon ausgegangen werden, dass ein Großteil der Befragten in den frankophonen Ländern die Frage im ursprünglichen Sinn verstanden hat.

Rücküberweisungen (vgl. Abb. 42, S. 139)
78% der Befragten glauben, dass Migranten durch Rücküberweisungen an ihre Familien in den Herkunftsländern einen beträchtlichen Beitrag zur Entwicklung dieser Länder (z.B. zu Maßnahmen der Gesundheitsvorsorge oder zur Bildung der Kinder) leisten. Die Zustimmung ist unter den Studenten mit 88% noch höher.

Einfluss der Entwicklungshilfe und besserer Handelsbedingungen auf die Zahl der weltweiten Migranten
70% der Befragten glauben, dass sich die Zahl der weltweiten Migranten mit verstärkter Entwicklungshilfe und besseren Handelsbedingungen für die Herkunftsländer deutlich verringern wird.

Bekanntheit des Haager Programms, des Barcelona-Prozesses und des Euro-Mediterranen Parlaments[53] (vgl. Abb. 45, S. 141)
Vom Haager Programm haben nur 3% der Befragten gehört. Etwas bekannter ist der Barcelona-Prozess, der 14% der Befragten ein Begriff ist. Der Bekanntheitsgrad des Euro-Mediterranen Parlaments liegt mit 41% am höchsten.

Meinung zu Migration und europäischer Zuwanderungspolitik
Einwanderung in die EU
75% der Befragten sind der Auffassung, dass jeder, egal wie wohlhabend oder ausgebildet, das Recht haben sollte, in ein anderes Land einzuwandern, und 73% sind der Meinung, dass die EU-Zuwanderungspolitik so geändert werden sollte, dass jeder Bürger aus einem Nicht-EU-Staat, egal wie wohlhabend oder ausgebildet, in die EU einwandern kann (vgl. Abb. 48, S. 144 und Abb. 51, S. 146).
72% befürworten die Ausweitung der Einwanderung in die EU, während 16% die Ansicht vertreten, die Einwanderung in dieselbe müsse verringert werden und 13% glauben, sie müsse so bleiben wie sie ist (vgl. Abb. 54, S. 148).
73% der Jugendlichen glauben, dass die EU Einwanderung brauche, weil sie nur so ihren wirtschaftlichen und sozialen Standard halten könne. 18% sind in dieser Frage unentschieden und 9% sind nicht dieser Auffassung (vgl. Abb. 57, S. 149).

[53] Aufgrund eines Übersetzungsfehlers wurde in der französischen Version des Fragebogens nach Bekanntheit des „Euro-Mediterranen Parlaments“ anstelle des „Euro-Mediterranen Jugendparlaments“ gefragt.

Bei den Fragen zur Einwanderung in die EU zeigt sich demzufolge ein kohärentes Bild: Die Zustimmung zu einem generellen Einwanderungsrecht, zur Ausweitung der Einwanderung und zur Aussage, dass die EU Einwanderung brauche, liegt bei 72-75%.

Einwanderung Hoch- und Geringqualifizierter
Eine einfache Mehrheit von 31% der Befragten spricht sich dafür aus, dass die Einwanderung Hochqualifizierter aus Nicht-EU-Staaten begrenzt werden sollte[54] und dass nur diejenigen das Recht haben sollten zu kommen, deren Arbeitskraft im Herkunftsland nicht benötigt wird. Je ein Viertel der Befragten plädiert dafür, dass die Einwanderung Hochqualifizierter uneingeschränkt möglich sein bzw. dass sie ganz verhindert werden sollte, während 23% der Befragten in dieser Frage unentschieden sind (vgl. Abb. 60, S. 152).
Eine einfache Mehrheit von 37% der Befragten spricht sich für die uneingeschränkte Einwanderung Geringqualifizierter aus Nicht-EU-Staaten aus. Bei 27% Unentschlossenen sind 23% dafür, dass die Einwanderung dieser Gruppe begrenzt werden sollte, während 19% sich für die komplette Verhinderung der Einwanderung dieser Gruppe aussprechen (vgl. Abb. 63, S. 154).

Zuwanderungsgesetz (vgl. Abb. 66, S. 157)
In der Frage eines einheitlichen Zuwanderungsgesetzes auf EU-Ebene sind 43% der Befragten unentschieden. 40% befürworten ein solches Gesetz, während 17% sich dagegen aussprechen.

Sowohl bei den Fragen zur Einwanderung Hoch- und Geringqualifizierter als auch bei der Frage zu einem einheitlichen Zuwanderungsgesetz gibt es keine absolute Mehrheit für eine der Antwortoptionen. Während sich je eine einfache Mehrheit für die Begrenzung der Zuwanderung Hochqualifizierter und für die uneingeschränkte Zuwanderung Geringqualifizierter ausspricht, ist mehr als ein Fünftel der Befragten in den Fragen der Zuwanderung von Arbeitnehmern unentschlossen, bei der Frage nach einem Zuwanderungsgesetz ist dies sogar die Mehrheit.

---

[54] Der Text der jeweiligen Antwortoption der Fragen zur Einwanderung Hoch- und Geringqualifizierter lautet: „begrenzt werden. Es sollten nur diejenigen das Recht haben zu kommen, deren Arbeitskraft im Herkunftsland nicht benötigt wird".

Euro-mediterrane Zusammenarbeit
Mehr als drei Viertel der Befragten befürworten eine stärkere Zusammenarbeit der Europäischen Union und der afrikanischen Mittelmeeranrainerstaaten, z.B. Marokko, sowohl auf (sicherheits-)politischer Ebene (z.B. gemeinsame Bekämpfung des Terrorismus und der organisierten Kriminalität) als auch auf wirtschaftlicher (z.B. Errichtung einer Freihandelszone) und auf kultureller Ebene (z.B. Förderung des Jugendaustauschs). Dabei ist die Zustimmung zur stärkeren kulturellen Zusammenarbeit mit 83% etwas höher als die zur wirtschaftlichen (81%) und (sicherheits-)politischen (78%).

5.2.2 Schüler und Studenten in Frankreich

Persönliche Angaben
81% der französischen Befragten gehören zur Altersgruppe der 20- bis 30-Jährigen und 19% zur Gruppe der 15- bis 20-Jährigen (vgl. Abb. 11), wobei die Frauen mit 58% etwas mehr als die Hälfte der Befragten ausmachen. 69% der Jugendlichen sind französische, 27% marokkanische Staatsbürger (vgl. Abb. 12), wobei 55% der Männer Franzosen und 45% Marokkaner sind. 60% der Befragten sind in Frankreich geboren und 27% in Marokko (vgl. Abb. 13), wobei die Hälfte der männlichen Befragten in Marokko geboren ist. 57% der Befragten halten sich seit mehr als zehn Jahren in Frankreich auf und 34% seit 1-10 Jahren (vgl. Abb. 14), wobei die Mehrheit der Männer (61%) erst seit 1-10 Jahren in Frankreich ist.

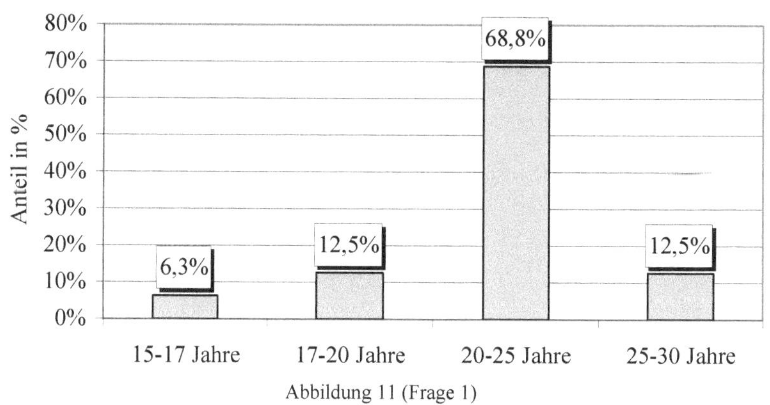

Abbildung 11 (Frage 1)

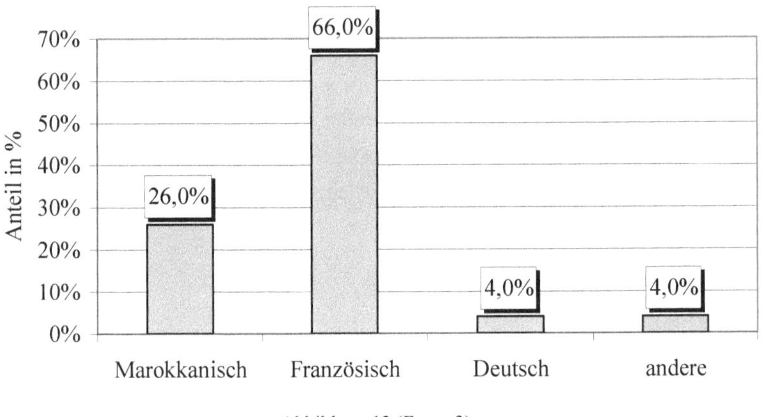

Abbildung 12 (Frage 3)

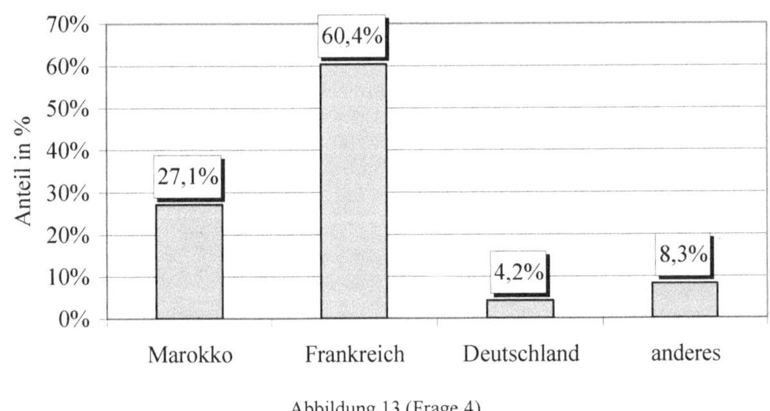

Abbildung 13 (Frage 4)

Im Aufenthaltsland seit... (Frankreich)

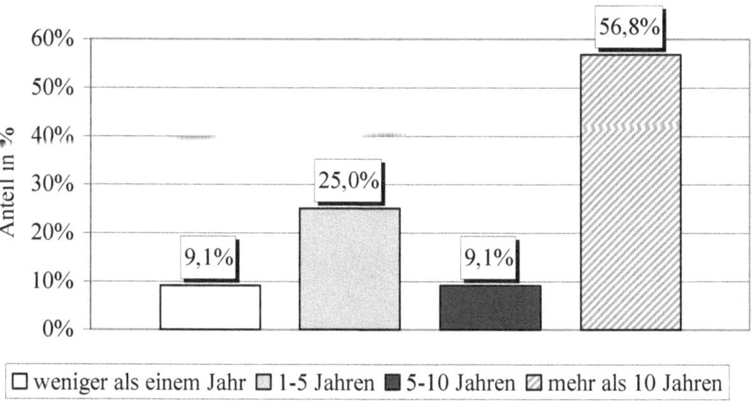

Abbildung 14 (Frage 5)

65% der Jugendlichen in Frankreich sprechen in ihrer Familie Französisch und 35% Arabisch (vgl. Abb. 15). Bei den Frauen steht Französisch mit 75%, bei den Männern Arabisch mit 55% an erster Stelle. 81% glauben, dass sie eine oder mehrere weitere Sprache(n) gut beherrschen. Dabei rangiert Englisch (20 Nennungen) auf Platz eins, vor Französisch (17 Nennungen) und Deutsch (zehn Nennungen).

Familiensprache (Frankreich)

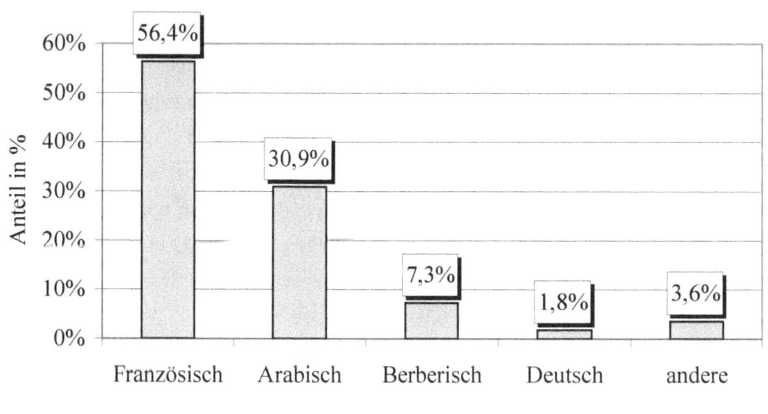

Abbildung 15 (Frage 9)

Etwas mehr als die Hälfte der Befragten fühlt sich am ehesten als Franzose/Französin, ein Drittel als Marokkaner(in) und fast ein Fünftel als Europäer(in). Acht Prozent der Befragten geben eine andere Nationalität an (vgl. Abb. 16). Während die Frauen sich zu 68% am ehesten als Französinnen fühlen, gefolgt von einem Viertel, welches sich als Europäerinnen und etwas mehr als einem Fünftel, welches sich als Marokkanerinnen fühlt, fühlt sich die Hälfte der Männer als Marokkaner, fast ein Drittel als Franzosen und 10% als Europäer.

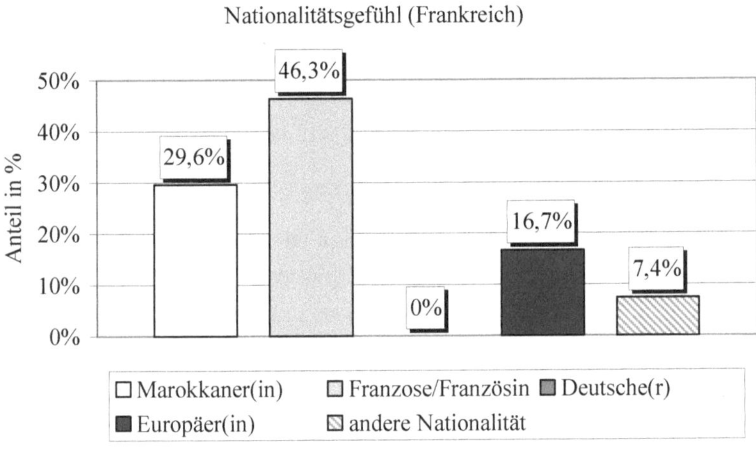

Abbildung 16 (Frage 12)

Fast die Hälfte der Befragten (48%) ist muslimischen Glaubens, 31% sind Christen und 19% geben an, keiner Religionsgemeinschaft anzugehören (vgl. Abb. 17). Während 43% der Frauen Christen und 29% Muslime sind, sind 75% der Männer Muslime und nur 15% Christen. Der Glaube spielt für 69% entweder eine wichtige oder sehr wichtige Rolle im Leben. Für 31% ist er entweder nicht so wichtig oder hat gar keine Bedeutung (vgl. Abb. 18). Dabei ist der Glaube für die Männer noch bedeutender als für die Frauen: Für 80% von ihnen spielt er entweder eine wichtige oder sehr wichtige Rolle, im Vergleich zu 61% bei den Frauen.

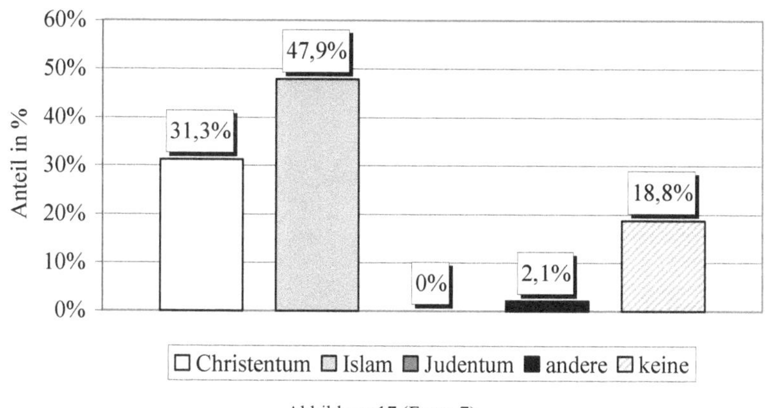

Abbildung 17 (Frage 7)

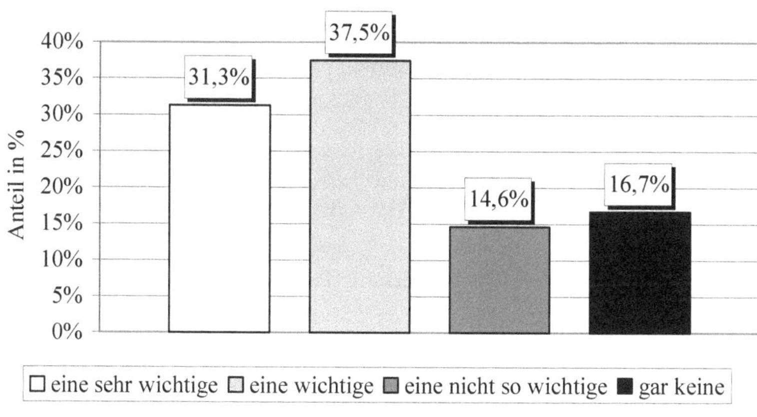

Abbildung 18 (Frage 8)

42% der Befragten interessieren sich entweder stark oder sehr stark für Politik, 33% mittelmäßig und 25% entweder wenig oder überhaupt nicht (vgl. Abb. 19). Während sich die Mehrheit der Frauen (46%) nur mittelmäßig für Politik interessiert, interessieren sich 60% der Männer entweder stark oder sehr stark für Politik.

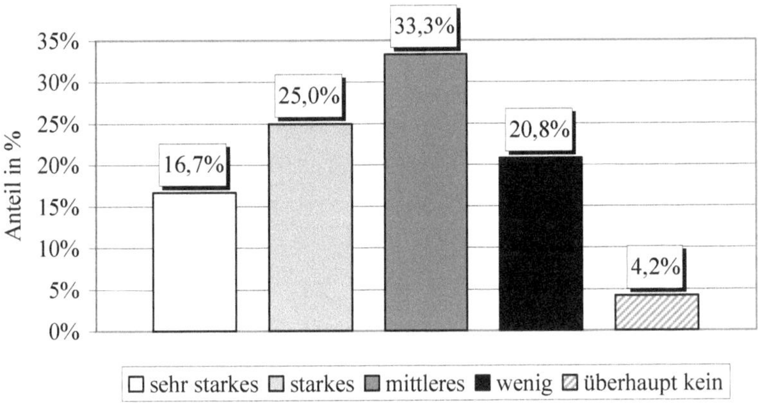

Abbildung 19 (Frage 17)

Zusammenfassend lässt sich sagen, dass in der Gruppe der Männer fast die Hälfte marokkanische Staatsbürger sind, die Hälfte aus Marokko stammt und sich am ehesten als Marokkaner fühlt. Außerdem hält sich über die Hälfte erst seit 1-10 Jahren in Frankreich auf und spricht in der Familie Arabisch, während drei Viertel islamischen Glaubens sind und für vier Fünftel der Glaube eine wichtige oder sehr wichtige Rolle spielt.

Eigene Migrationsbereitschaft und Assoziationen mit „Migration“ und „Einwanderung in die EU“

90% der Befragten können sich vorstellen, für länger als ein Jahr im Ausland zu leben. Von den 10% der Befragten, die sich einen Auslandsaufenthalt nicht vorstellen können, gibt nur eine Person einen Grund an, nämlich *vivre entre famille*, der in die Kategorie ***Familie, Freunde, Heimat*** fällt.

Gründe für Migration (vgl. Abb. 21)

Am häufigsten wird die Kategorie ***Horizonterweiterung, Kennenlernen eines Landes und dessen Bewohner, Kultur*** genannt, z.B. *découvrir une autre culture, s'ouvrir aux autres / vivre à l'etranger ca nous apporte une nouvelle facon de voir et de vivre / pour changer les idées, aventures, autres cultures,* gefolgt von der Kategorie ***Beru-***

fliche, finanzielle Gründe, z.B. *stage / études / travail / niveau de vie moins cher / pour étudier ou pour travailler, et c'est pas très chere à faire.*
Die Kategorien ***Sprache***, z.B. *pour perfectionner mes connaissances linguistiques*, und ***Persönliche Anpassungsfähigkeit***, z.B. *adaptation / ma personnalité me le permet / capacités d'intégration*, stehen an dritter Stelle.

Zielregionen und -länder
Europa rangiert als Auswanderungsregion mit 27 Nennungen an erster Stelle, wobei Großbritannien am beliebtesten ist (sieben Nennungen), gefolgt von Frankreich[55], Italien und Deutschland (je vier Nennungen). Am zweithäufigsten wird die Region Nordamerika genannt (je fünf Nennungen für USA und Kanada). Marokko wird viermal angegeben.

Gründe für die Zielländer (vgl. Abb. 21)
Am häufigsten wird, wie bei der Frage zur generellen Migrationsbereitschaft, die Kategorie ***Persönliche Horizonterweiterung durch das Kennenlernen eines Landes, dessen Bewohner und Kultur*** genannt, z.B. *là, ou les gens sont ouverts / mentalité / facon de vivre.*
Am zweithäufigsten kommt die Kategorie ***Sprache*** vor, z.B. *Un pays dont je maîtrise la langue / apprendre l'espagnol / Car, j'aime bien la langue anglais*, gefolgt von der Kategorie ***Berufliche, finanzielle Gründe***, z.B. *formation / indispensable dans le cadre de mes études / et là-bas pour travailler, tu peux gagner plus d'argent.*
Am vierthäufigsten werden die Kategorien ***Persönliche Rechte, Freiheit, Chancen***, z.B. *démocratie / Je crois que dans ces pays les étrangers ont plus de liberté*, und ***Lebensbedingungen, -chancen***, z.B. *niveau de vie / organisation / hygiène*, angeführt.

Assoziationen mit „Migration" und „Einwanderung in die EU" (vgl. Abb. 20)
Auf die Frage „Was verbinden Sie spontan mit dem Begriff ‚Migration'" werden am häufigsten Begriffe genannt, die unter die Kategorie ***Ein-, Auswanderung, Wanderungsprozesse*** fallen, z.B. *aller vers un pays autre que son pays natale / flux de per-*

[55] Es ist zu vermuten, dass sich die Angabe von Frankreich aus dem hohen Anteil der eingewanderten Marokkaner(innen) unter den Befragten ergibt.

sonnes / movement de population / Deplacement de populations pour diverses raisons, économiques, culturelles ou politiques.
An zweiter Stelle stehen Begriffe der Kategorie ***Probleme in/mit der Gesellschaft***, z.B. *difficulté d'adaptation aux pays d'accueil / racisme / que cette notion est apercue de facon negative.*
Die Kategorie ***Lebensbedingungen, -chancen*** steht an dritter Stelle, z.B. *recherché d'une vie meilleure / recherche de bonheur / pauvre / exode*, gefolgt von der Kategorie ***Berufliche, finanzielle Gründe***, z.B. *Besoin de réaliser quelque chose qui on a pas pu l'avoir dans notre pays / Existe depuis toujours, mais maintenant beaucoup plus, en cherchant pour commencer la vie et trouver des meilleure possibilités de travail.*

Bei der Assoziation mit „Einwanderung in die EU" kommt die Kategorie *Ein-, Auswanderung, Wanderungsprozesse* nicht vor, dafür werden die Kategorien *Politik* und *Irreguläre Einwanderung* genannt.
Am häufigsten werden Begriffe angegeben, die in die Kategorie ***Berufliche, finanzielle Gründe*** fallen, z.B. *recherche du travail, études / Comme moi, j'ai venu pour étudier et je ne sais si pour travailler après, comme l'europe présente des bons possibilités / Je le ferais pas! Ca sert à rien! (Sauf quand on a une bonne profession et on n'est pas que main-d'œuvre!) / déplacement de personnes pour une création d'emplois,* gefolgt von Begriffen der Kategorie ***Lebensbedingungen, -chancen***, z.B. *situation meilleure / bonne conditions de vie*, und ***Politik***, z.B. *ouverture / intérêt de chaque pays dans la venue d'étranger / espace Schengen / la restriction de la migration économique notamment des pays africains.*
Darauf folgen die Kategorien ***Probleme in/mit der Gesellschaft***, z.B. *difficulté d'intégration / Les Noirs et Les Arabes (à causes des mauvais prejugés des medias et de la politique / La peur injustifiée des européens*, und ***Irreguläre Einwanderung***, z.B. *sauvetage / clandestins qui meurent chaque année pour aller en Italie ou en Espagne.*

Zur Begründung der eigenen Migrationsbereitschaft, des potenziellen Ziellandes und zur Assoziation mit „Migration" und „Einwanderung in die EU" wird nur die Kategorie ***Berufliche, finanzielle Gründe*** bei allen vier Fragen genannt, jedoch nicht am häufigsten.

Begründung eines längeren Auslandsaufenthalts (Frage 14):	Begründung für das potenzielle Zielland (Frage 16):
• ***Horizonterweiterung, Kennenlernen eines Landes und dessen Bewohner, Kultur*** (11 Nennungen) • ***Berufliche, finanzielle Gründe*** (7 Nennungen) • ***Sprache; persönliche Anpassungsfähigkeit*** (je 4 Nennungen)	• ***Horizonterweiterung, Kennenlernen eines Landes und dessen Bewohner und Kultur*** (11 Nennungen) • ***Sprache*** (7 Nennungen) • ***Berufliche, finanzielle Gründe*** (5 Nennungen) • ***Persönliche Rechte, Freiheit, Chancen; Lebensbedingungen, -chancen*** (je 3 Nennungen)
Assoziationen zum Begriff „Migration" (Frage 18):	Assoziationen zum Begriff „Einwanderung in die EU" (Frage 19):
• ***Ein-, Auswanderung, Wanderungsprozesse*** (10 Nennungen) • ***Probleme in/mit der Gesellschaft*** (6 Nennungen) • ***Lebensbedingungen, -chancen*** (5 Nennungen) • ***Berufliche, finanzielle Gründe*** (3 Nennungen)	• ***Berufliche, finanzielle Gründe*** (5 Nennungen) • ***Lebensbedingungen, -chancen, Politik*** (4 Nennungen) • ***Probleme in/mit der Gesellschaft, Irreguläre Einwanderung*** (je 3 Nennungen)

Abbildung 20: Antwortkategorien (Frankreich)[56]

Meinung zur Situation der Migranten

85% der Befragten glauben, dass Migranten eine größere Willenskraft, mehr Durchhaltevermögen, Mut und Entschlossenheit brauchen, als Menschen, die nicht migrieren.

Ängste der Migranten (vgl. Abb. 28, S. 127)

Fast drei Viertel der Jugendlichen glauben, dass Einwanderer in die EU am meisten Angst vor ***Rassismus*** haben, gefolgt von 67%, die glauben, die meiste Angst herrsche vor einem ***ungesicherten Aufenthaltsstatus***. Ein Viertel der Befragten glaubt, dass die Einwanderer am meisten den ***Verlust ihrer sozialen Bindungen*** befürchten, wäh-

[56] Aufgeführt sind nur die Kategorien, die mindestens dreimal genannt wurden. Die unterstrichene Kategorie wird bei allen vier Fragen mindestens dreimal genannt.

rend etwas mehr als ein Fünftel den Punkt ***Verlust der Kultur*** und 15% den ***Verlust der Heimat*** nennen.

Integration (vgl. Abb. 31, S. 130)
Fast alle Befragten (96%) sind der Meinung, dass Einwanderer in die EU sich in die Gesellschaft des Aufnahmelandes integrieren sollten.
Als Mindestvoraussetzung für eine geglückte Integration nennen 96% der Befragten die ***Beherrschung der Landessprache,*** 56% die ***Beteiligung am Gemeinleben***, 46% die ***politische Teilhabe*** und 40% einen ***festen Arbeitsplatz.***
Die ***Identifikation mit der Nation*** nennen 35% und den Punkt ***Aufgabe der eigenen Kultur, vollständige Anpassung an kulturelle Praktiken des Aufnahmelandes*** nennen 6%, während eine Person die Antwortoption ***Abkehr von der Muttersprache, ausschließlicher Gebrauch der Landessprache*** angibt. Bei der Frage nach dem Verständnis von „Integration in die Gesellschaft des Aufnahmelandes" werden alle eben aufgeführten Optionen mit ähnlichen Prozentzahlen genannt, so dass die Rangfolge gleich bleibt.

Wissen zu Migration und europäischer Zuwanderungspolitik
56% der Befragten glauben, dass der prozentuale Anteil der Migranten an der Weltbevölkerung zu früheren Zeiten schon einmal höher war als jetzt (vgl. Abb. 34, S. 132).

Hauptgrund für die weltweiten Migrationsbewegungen und die Einwanderung aus Marokko in die EU (vgl. Abb. 37, S. 135 und Abb. 40, S. 137)
Als Hauptgrund für die weltweiten Migrationsbewegungen nennt über die Hälfte der Befragten die Antwortoptionen ***Bessere Ausbildungs- und Arbeitsmöglichkeiten, materielle Sicherheit*** (54%) und ***Sicherung der Existenz und Schutz vor extremer Armut*** (52%), während etwas mehr als ein Viertel der Befragten die Option ***Schutz vor politischer Verfolgung, vor Kriegen und Konflikten*** angibt. Nur eine Person nennt den ***Schutz vor Umweltkatastrophen***.

Bei der Angabe des Hauptgrundes für die Einwanderung in die EU aus Marokko geben fast drei Viertel der Befragten die Antwortoption ***Bessere Ausbildungs- und Arbeitsmöglichkeiten, materielle Sicherheit an***, während nur ein Drittel der Befragten die Option ***Sicherung der Existenz und Schutz vor extremer Armut*** nennt.

Die Option ***Schutz vor politischer Verfolgung, vor Kriegen und Konflikten*** wird von nur 4% der Befragten als Hauptgrund betrachtet und die Option ***Schutz vor Umweltkatastrophen*** gar nicht genannt.
Demnach lässt sich den französischen Jugendlichen zufolge für die weltweiten Migrationsbewegungen kein eindeutiger Hauptgrund ausmachen, während bei der Migration aus Marokko die Arbeitsmigration überwiegt und der Schutz vor politischer Verfolgung, vor Kriegen und Konflikten nur von einer Minderheit als Hauptmigrationsgrund betrachtet wird.

Rücküberweisungen (vgl. Abb. 43, S. 139)
60% der Befragten glauben, dass Migranten durch Rücküberweisungen an ihre Familien in den Herkunftsländern einen beträchtlichen Beitrag zur Entwicklung dieser Länder leisten, wobei die Zustimmung in der Gruppe der 15- bis 20-Jährigen nur bei 44% liegt.

Einfluss der Entwicklungshilfe und besserer Handelsbedingungen auf die Zahl der weltweiten Migranten
67% der Jugendlichen glauben, dass sich mit verstärkter Entwicklungshilfe und besseren Handelsbedingungen für die Herkunftsländer die Zahl der weltweiten Migranten deutlich verringern wird.

Bekanntheit des Haager Programms, des Barcelona-Prozesses und des Euro-Mediterranen Parlaments (vgl. Abb. 46, S. 141)
Das Euro-Mediterrane Parlament ist mit 28% am bekanntesten, gefolgt vom Haager Programm mit 19% und dem Barcelona-Prozess mit 6%.

Meinung zu Migration und europäischer Zuwanderungspolitik
Einwanderung in die EU
70% der Befragten glauben, dass jeder, egal wie wohlhabend oder ausgebildet, das Recht haben sollte, in ein anderes Land einzuwandern und 56% sind der Meinung, dass die EU-Zuwanderungspolitik so geändert werden sollte, dass jeder Bürger aus einem Nicht-EU-Staat, egal wie wohlhabend oder ausgebildet, in die EU einwandern kann (vgl. Abb. 49, S. 145 und Abb. 52, S. 147).

42% stimmen für eine Ausweitung der Einwanderung in die EU, während 40% für die Beibehaltung des Status quo votieren und 19% eine Verringerung befürworten (vgl. Abb. 55, S. 148).
Knapp die Hälfte der Befragten (48%) glaubt, dass die EU Einwanderung brauche, um ihren wirtschaftlichen und sozialen Standard zu halten, 31% sind in dieser Frage unentschieden und 21% verneinen dies (vgl. Abb. 58, S. 150).

Die Fragen zur Einwanderung in die EU ergeben folgendes Bild: Während 70% einem generellen Einwanderungsrecht zustimmen, sind nur noch 56% für ein generelles Einwanderungsrecht in die EU. Obwohl sich mehr als die Hälfte der Befragten für ein generelles Einwanderungsrecht in die EU ausspricht, stimmen nur 42% einer Ausweitung der Einwanderung zu und nur 48% vertreten die Meinung, die EU sei auf Zuwanderung angewiesen.

Einwanderung Hoch- und Geringqualifizierter
42% der Jugendlichen zufolge sollte die Einwanderung Hochqualifizierter aus Nicht-EU-Staaten begrenzt werden. 29% sind für eine unbeschränkte Einwanderung Hochqualifizierter, während 21% in dieser Frage unentschlossen und 10% für die Verhinderung der Einwanderung dieser Gruppe stimmen (vgl. Abb. 61, S. 152).
Die Jugendlichen haben zur Einwanderung Geringqualifizierter eine ähnliche Meinung wie zur Einwanderung Hochqualifizierter: Die Rangfolge bleibt gleich, die Prozentzahlen ändern sich nur leicht (vgl. Abb. 64, S. 155). Für eine Begrenzung plädieren 38%, 31% sind für die uneingeschränkte Einwanderung, während ein Viertel unentschlossen ist und 6% für eine Verhinderung plädieren, wobei eine einfache Mehrheit der 15- bis 20-Jährigen und der Frauen sich für die uneingeschränkte Einwanderung ausspricht.

Zuwanderungsgesetz (vgl. Abb. 67, S. 157)
44% der Befragten lehnen ein einheitliches Zuwanderungsgesetz auf EU-Ebene ab, während 42% ein solches befürworten und 15% in dieser Frage unentschlossen sind. Während mehr als die Hälfte der Frauen (54%) und der 15- bis 20-Jährigen (56%) für ein solches Gesetz sind, ist eine überwiegende Mehrheit der Männer dagegen (70%).

Sowohl bei den Fragen zur Einwanderung Hoch- und Geringqualifizierter als auch bei der Frage nach einem einheitlichen Zuwanderungsgesetz gibt es keine absolute

Mehrheit für eine der Antwortoptionen. Während eine einfache Mehrheit für die Begrenzung der Einwanderung Hoch- und Geringqualifizierter votiert, ist die Anzahl der Unentschlossenen bei den Fragen zur Zuwanderung von Arbeitnehmern mit 21 bzw. 22% relativ hoch.

Euro-mediterrane Zusammenarbeit

Mehr als vier Fünftel der Befragten plädieren für eine stärkere Zusammenarbeit der Europäischen Union und der afrikanischen Mittelmeeranrainerstaaten, z.B. Marokko, auf (sicherheits-)politischer, wirtschaftlicher und kultureller Ebene. Dabei ist die Zustimmung zur stärkeren (sicherheits-)politischen Zusammenarbeit mit 94% am höchsten, gefolgt von der zur stärkeren kulturellen (88%) und wirtschaftlichen Zusammenarbeit (81%).

5.2.3 Schüler und Studenten in Deutschland

Persönliche Angaben

68% der Befragten gehören zur Altersgruppe der 20- bis 30-Jährigen, 32% sind 15 bis 20 Jahre alt (vgl. Abb. 21), wobei 71% Frauen und 29% Männer befragt wurden. 93% der Befragten sind deutsche Staatsbürger. 88% sind in Deutschland geboren und 92% sind seit mehr als zehn Jahren in Deutschland. Als Geburtsländer, außer Deutschland, werden am häufigsten Länder der EU genannt (19 Nennungen, darunter Polen, Rumänien, Bulgarien, Luxemburg[57]).

[57] Bei der Angabe des Geburtslandes wird kein Land mehr als zweimal genannt. Es werden nur die Länder aufgezählt, für die es zwei Nennungen gibt.

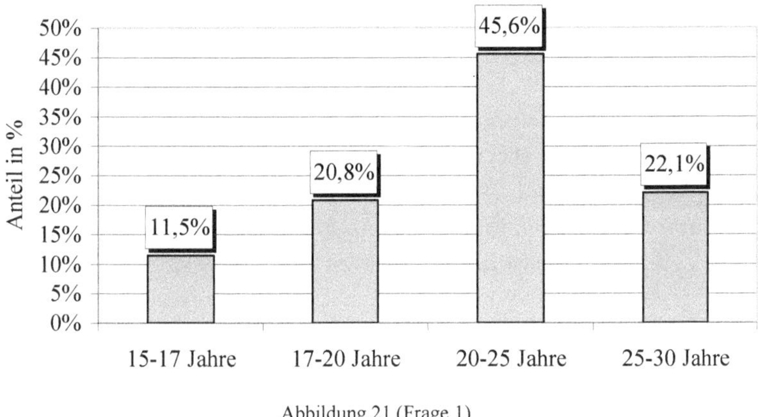

Abbildung 21 (Frage 1)

92% der Befragten sprechen in der Familie Deutsch, 3% Französisch, 1% Arabisch und 11% geben eine andere Sprache an, so dass in einigen Familien Mehrsprachigkeit herrscht. 93% der Befragten sind der Meinung, dass sie eine oder mehrere weitere Sprache(n) gut beherrschen. Dabei rangiert Englisch mit 175 Nennungen auf Platz eins, vor Französisch (96 Nennungen) und Spanisch (36 Nennungen).

78% der Befragten fühlen sich am ehesten als Deutsche, 22% als Europäer und 2% als Franzose/Französin. 7% geben eine andere Nationalität an (vgl. Abb. 22).

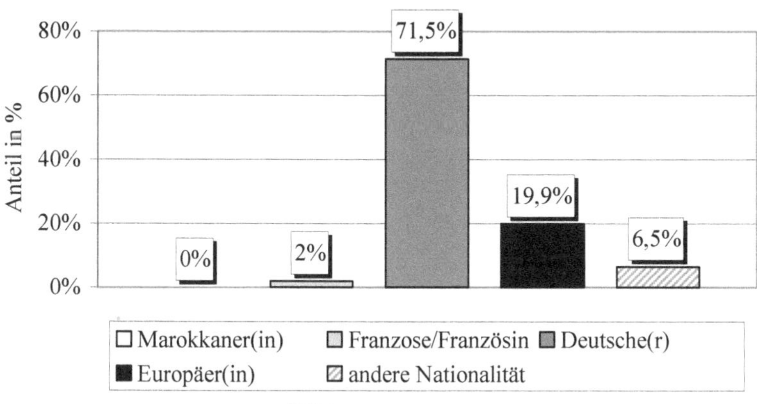

Abbildung 22 (Frage 12)

Etwas mehr als vier Fünftel der Befragten sind Christen, während 17% keiner Glaubensgemeinschaft angehören und drei Personen muslimischen Glaubens sind. Der Glaube spielt für 65% der Befragten entweder eine nicht so wichtige oder gar keine Rolle in ihrem Leben, während er für 35% entweder eine sehr wichtige oder wichtige Rolle spielt (vgl. Abb. 23).

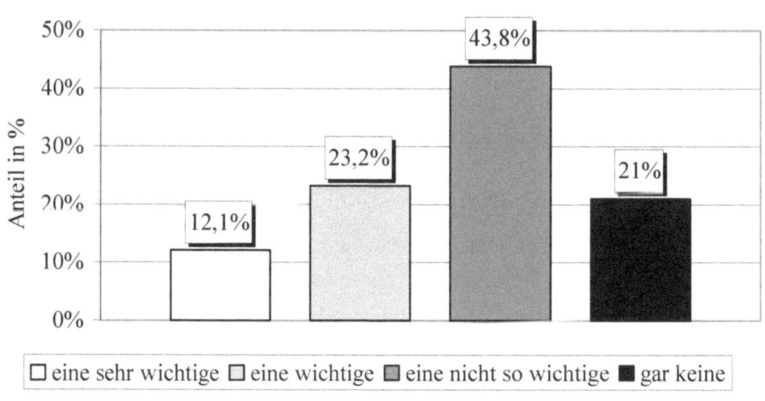

Abbildung 23 (Frage 8)

Fast die Hälfte der Befragten (48%) interessiert sich mittelmäßig, 29% interessieren sich entweder stark oder sehr stark und 23% wenig oder überhaupt nicht für Politik (vgl. Abb. 24). Männliche Schüler bilden die Gruppe mit dem ausgeprägtesten Politikinteresse: Während sich 53% der Frauen mittelmäßig für Politik interessieren, zeigt der gleiche Prozentsatz der Männer ein starkes oder sehr starkes Politikinteresse. 53% der Schüler haben ein mittelmäßiges und 40% entweder ein sehr starkes oder starkes Politikinteresse.

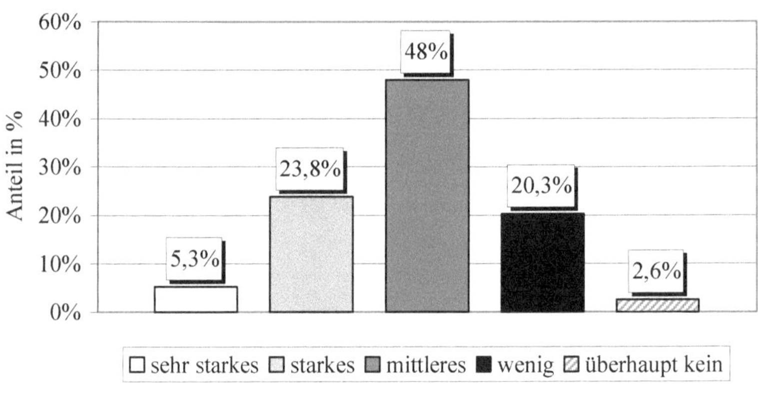

Abbildung 24 (Frage 17)

Eigene Migrationsbereitschaft und Assoziationen mit „Migration" und „Einwanderung in die EU"

84% der Befragten können sich vorstellen, für länger als ein Jahr im Ausland zu leben. Die 16% der Befragten, die sich einen Auslandsaufenthalt nicht vorstellen können, geben als Hauptgrund die Kategorie ***Familie, Freunde, Heimat*** an.

Gründe für Migration (vgl. Abb. 25)

Die Mehrheit der Befragten nennt als Hauptgrund für einen längeren Auslandsaufenthalt Begriffe, die in die Kategorie ***Horizonterweiterung, Kennenlernen eines Landes und dessen Bewohner, Kultur*** fallen, z.B. *Perspektivwechsel / Man wird offener, toleranter / Neugier / Abwechslung / Abenteuer*, während die Kategorien ***Sprache*** am zweit- und ***Berufliche, finanzielle Gründe***, z.B. *berufliche Chance (Arbeit, Studium),* am dritthäufigsten genannt werden.

An vierter Stelle steht die Kategorie ***Bereits positive Auslandserfahrungen*** und am fünfthäufigsten werden Begriffe genannt, die der Kategorie ***Situation im Heimatland*** zuzuordnen sind, z.B. *Manchmal fühle ich mich wohler unter Europäern und Nicht-Deutschen als unter Deutschen / andere Völker sind teilweise offener und freundlicher als die Deutschen / Deutschland ist ein anstrengendes Land / spießig / bürokratisch / unflexibel / weg vom Alltag / Deutschland wieder schätzen lernen.*

Zielregionen und -länder
Europa rangiert als Auswanderungsregion mit 140 Nennungen auf dem ersten Platz. Dabei ist Frankreich mit 46 Nennungen deutlich am beliebtesten, gefolgt von den skandinavischen Ländern (26 Nennungen), Spanien (22 Nennungen), Großbritannien (16 Nennungen), Italien (14 Nennungen) und Irland und der Schweiz mit jeweils sechs Nennungen.
Nordamerika ist mit 56 Nennungen die zweitbeliebteste Region (USA 41 Nennungen, Kanada 15 Nennungen).
Der Südpazifik steht mit 45 Nennungen an dritter Stelle (Australien 26 Nennungen, Neuseeland 19 Nennungen), gefolgt von Süd-, Mittelamerika mit 20 Nennungen.
Für Afrika gibt es zwölf Nennungen, wobei nur drei Personen ein spezifisches Land (Südafrika) angaben. Je viermal werden Indien und China genannt.

Gründe für die Zielländer
Die Mehrheit der Befragten gibt als Grund für das genannte Land dessen ***Sprache*** an. Die Kategorie ***Persönliche Beziehungen im Zielland*** (Freunde, ein Teil der Familie oder der Partner im Zielland) steht an zweiter und die Kategorie ***Berufliche, finanzielle Gründe*** an dritter Stelle.
Am vierthäufigsten werden Begriffe der Kategorie ***Persönliche Rechte, Freiheit, Chancen*** genannt, z.B. *Meinungsfreiheit / politisch stabiles, sicheres Land ohne Krieg, Gewalt und Terror / Gleichberechtigung / Zivilisation.*
An fünfter Stelle steht die Kategorie ***Offene, nette Menschen***, gefolgt von den Kategorien ***Klima*** und ***Kultur***, z.B. *Lebenseinstellung positiver als in Deutschland / mir völlig fremd / Dort leben viele Menschen aus vielen Kulturen zusammen und keinen interessiert es wo man her kommt.*

Assoziationen mit „Migration" und „Einwanderung in die EU" (vgl. Abb. 25)
Auf die Frage „Was verbinden Sie spontan mit dem Begriff ‚Migration'" werden am häufigsten Begriffe genannt, die unter die Kategorie ***Ein-, Auswanderung, Wanderungsprozesse*** fallen, z.B. *Menschen, die ihr Heimatland verlassen, um in einem anderen Land zu leben/arbeiten, hauptsächlich für immer*, gefolgt von der Kategorie ***Probleme in/mit der Gesellschaft***. Dabei werden am häufigsten *Sprachprobleme* und die *Integrationsproblematik* genannt.
An dritter Stelle steht die Kategorie ***Immigranten***, wobei am häufigsten die Begriffe *„Ausländer"* und *„Türken"* auftauchen, gefolgt von der Kategorie ***Lebensbedingungen, -chancen***, z.B. *Elend / Armut / Afrikanische Flüchtlinge / Hoffnung auf besseres Leben / Chance / Neubeginn.*
An fünfter Stelle steht die Kategorie ***Politik***, z.B. *keine kohärente EU-Politik / Abschottung der reichen Länder gegen Flüchtlinge ärmster Regionen / Globalisierung-Chancen und Gefahren / die Relativierung des Konzepts ‚Staatsbürgerschaft' durch Effekte der Globalisierung.*
An sechster Stelle steht die Kategorie ***Kultur,*** z.B. *Vermischung verschiedener Nationen, Religionen und Lebensweisen / mit fremden Kulturen zurechtkommen / Wissenszuwachs über andere Kulturen,* gefolgt von der Kategorie ***Integration*** und schließlich von der Kategorie ***Persönliche Rechte, Freiheit, Chancen***, z.B. *politische Verfolgung / religiöse Verfolgung.*
Bei der Assoziation mit „Einwanderung in die EU" werden alle Kategorien genannt, die auch bei der Assoziation mit „Migration" angegeben werden, wobei zusätzlich die Kategorie *Irreguläre Einwanderung* erscheint. Am häufigsten wird der Begriff mit ***Politik*** verbunden, wobei sich die Unterkategorien „EU-Politik allgemein" und „Grenzen" bilden lassen.
Zu ersterer wird z.B. genannt: *immer mehr Ausländer, die in die EU kommen / neue Einwanderungsbestimmungen / legale Einwanderung sehr aufwendig / für einige EU-Länder wie Deutschland wegen der Überalterung der Bevölkerung unerlässlich / nicht kohärent geregelt: keine ausgewachsenen Ideen+Konzepte vorhanden zur systematischen Steuerung/Regelung dieser, sehr unterschiedliche Ansätze sie umzusetzen in den versch. Ländern / ungerechte Behandlung von „Boots-Einwanderer" im Vergleich zu PC-Spezialisten aus Indien / marktwirtschaftliche Öffnung versus sozialpolitischer Abgrenzung / ungleiche ‚Lasten'verteilung wenn man an Länder wie Spanien oder Malta denkt.*

Unter „Grenzen" werden u.a. folgende Angaben gemacht: *Aufhebung der EU-Binnengrenzen/Kontrollen: wenn man EU-Bürger ist darf man sich in dem EU-Raum frei bewegen /Abschottung / sehr stark reglementiert / massives Einschreiten bei illegalen (afrikanischen) Einwanderern / EU wird für Flüchtlinge zunehmend unattraktiver, fortress Europe?, Schutz und Sicherheit.*
Die zweithäufigsten Nennungen gibt es für die Kategorie ***Ein-, Auswanderung, Wanderungsprozesse***, z.B. *Menschen außerhalb der EU wandern in die EU ein, um dort weiterhin zu leben,* gefolgt von der Kategorie ***Lebensbedingungen, -chancen*** (z.B. *Flüchtlinge / Armut / Hoffnung auf ein besseres, gesichertes Leben in EU / höherer Lebensstandard / Einwanderung aus unterentwickelten Ländern in die EU).*

An dritter Stelle steht die Kategorie ***Irreguläre Einwanderung***. Bei 26 Nennungen wird neunmal der Begriff *illegale Einwanderer* genannt und 16 Mal die irreguläre Immigration aus Afrika in unterschiedlicher Form beschrieben, z.B. *Schiffe mit leidenden Menschen, illegal: vor allem Menschen aus Afrika, die mit riskanten Aktionen (Schiffe etc.) versuchen, nach Europa zu kommen + hohe Sterberate / Afrikaner in Spanien und auf den kanar. Inseln, gestrandete Boote, abgemagerte Menschen / Leute, die versuchen, über mannshohe Zäune zu klettern / spanische Enklaven in Afrika / Spanien und Italiens Problem.*
An vierter Stelle steht die Kategorie ***Immigranten***, wobei am häufigsten *Afrikaner* genannt werden, gefolgt von der Kategorie ***Probleme in/mit der Gesellschaft***, wobei am häufigsten *Sprachprobleme* und die Integrationsproblematik (z.B. *Arbeit / Schwierigkeiten bei Akzeptanz in der Bevölkerung / Spießbürgertum* angegeben werden.
An sechster Stelle steht die Kategorie ***Kultur***, z.B. *Multikulturalität*, gefolgt von der Kategorie ***Persönliche Rechte, Freiheit, Chancen***, z.B. *stabile politische Verhältnisse in EU,* und schließlich von der Kategorie ***Integration***.

Zur Begründung der eigenen Migrationsbereitschaft, des potenziellen Ziellandes und zur Assoziation mit „Migration" und „Einwanderung in die EU" wird keine der Kategorien bei allen vier Fragen genannt. Die Frage zur Assoziation mit „Migration" zeigt, dass ein Großteil der Befragten den Begriff mit der Integrationsproblematik und den sich schon in Deutschland befindlichen Migranten verbindet und dass die „Einwanderung in die EU" am häufigsten mit Themen der europäischen Einwanderungspolitik (z.B. Grenzen, irreguläre Migration) assoziiert wird.

Begründung eines längeren Auslandsaufenthalts (Frage 14):	Begründung für das potenzielle Zielland (Frage 16):
• ***Horizonterweiterung, Kennenlernen eines Landes und dessen Bewohner, Kultur*** (217 Nennungen) • ***Sprache*** (42 Nennungen) • ***Berufliche, finanzielle Gründe*** (38 Nennungen) • ***Bereits positive Auslandserfahrungen*** (20 Nennungen) • ***Situation im Heimatland*** (13 Nennungen)	• ***Sprache*** (45 Nennungen) • ***Persönliche Beziehungen*** (36 Nennungen) • ***Berufliche, finanzielle Gründe*** (19 Nennungen) • ***Persönliche Rechte, Freiheit, Chancen*** (10 Nennungen) • ***Offene, nette Menschen*** (7 Nennungen) • ***Klima; Kultur*** (je 6 Nennungen)
Assoziationen zum Begriff „Migration" (Frage 18):	Assoziationen zum Begriff „Einwanderung in die EU" (Frage 19):
• ***Ein-, Auswanderung, Wanderungsprozesse*** (111 Nennungen) • ***Probleme in/mit der Gesellschaft*** (38 Nennungen) • ***Immigranten*** (24 Nennungen) • ***Lebensbedingungen, -chancen*** (20 Nennungen) • ***Politik*** (12 Nennungen) • ***Kultur*** (11 Nennungen) • ***Integration*** (9 Nennungen) • ***Persönliche Rechte, Freiheit, Chancen*** (7 Nennungen)	• ***Politik*** (47 Nennungen) • ***Ein-, Auswanderung, Wanderungsprozesse*** (42 Nennungen) • ***Lebensbedingungen, -chancen*** (35 Nennungen) • ***Irreguläre Einwanderung*** (26 Nennungen) • ***Immigranten*** (23 Nennungen) • ***Probleme in/mit der Gesellschaft*** (22 Nennungen) • ***Kultur*** (11 Nennungen) • ***Persönliche Rechte, Freiheit, Chancen*** (8 Nennungen) • ***Integration*** (6 Nennungen)

Abbildung 25: Antwortkategorien (Deutschland)[58]

[58] Aufgeführt sind nur die Kategorien, die mindestens viermal genannt wurden.

Meinung zur Situation der Migranten

86% der Befragten glauben, dass Migranten eine größere Willenskraft, mehr Durchhaltevermögen, Mut und Entschlossenheit brauchen, als Menschen, die nicht migrieren.

Ängste der Migranten (vgl. Abb. 29, S. 128)

63% der Befragten glauben, dass Einwanderer in die EU am meisten Angst vor einem ***ungesicherten Aufenthaltsstatus*** haben, 52%, dass die meiste Angst vor dem ***Verlust der sozialen Bindungen*** herrsche, gefolgt von 45%, die ***Rassismus*** angeben. 23% nennen den ***Verlust der Kultur*** und 16% den ***Verlust der Heimat.***
Die Schüler nennen die Angst vor Rassismus mit 59% an erster und die Angst vor einem ungesicherten Aufenthaltsstatus mit 51% an zweiter Stelle.

Integration (vgl. Abb. 32, S. 131)

Fast alle Befragten (98%) geben an, dass sich Einwanderer in die EU in die Gesellschaft des Aufnahmelandes integrieren sollten.
Als Mindestvoraussetzung für eine geglückte Integration nennen 96% der Befragten die ***Beherrschung der Landessprache***, gefolgt von der ***Beteiligung am Gemeinleben*** (57%), einem ***festen Arbeitsplatz*** (45%) und der ***politischen Teilhabe*** (24%).
Darauf folgt die ***Identifikation mit der Nation*** (14%), vor der Antwortoption ***Aufgabe der eigenen Kultur, vollständige Anpassung an kulturelle Praktiken des Aufnahmelandes*** (4%) und ***Abkehr von der Muttersprache, ausschließlicher Gebrauch der Landessprache*** (2%).
Die Frage nach dem Verständnis der „Integration in die Gesellschaft des Aufnahmelandes" ergibt die gleiche Rangfolge der genannten Optionen.

Wissen zu Migration und (europäischer) Zuwanderungspolitik

60% der Befragten glauben, dass der prozentuale Anteil der Migranten an der Weltbevölkerung noch nie so hoch war wie in unserer Zeit, wobei nur 52% der Studenten und 81% der Schüler dieser Ansicht sind (vgl. Abb. 35, S. 133).

Hauptgrund für die weltweiten Migrationsbewegungen und die Einwanderung aus Marokko in die EU

Als Hauptgrund für die weltweiten Migrationsbewegungen nennen je 47% der Befragten die Antwortoptionen ***Bessere Ausbildungs- und Arbeitsmöglichkeiten, mate-***

rielle Sicherheit bzw. ***Sicherung der Existenz und Schutz vor extremer Armut***, gefolgt von 43%, die den ***Schutz vor politischer Verfolgung, vor Kriegen und Konflikten*** angeben und 2%, die den ***Schutz vor Umweltkatastrophen*** nennen (vgl. Abb. 38, S. 136).

Bei der Angabe des Hauptgrundes für die Einwanderung in die EU aus Marokko wird die Option ***Bessere Ausbildungs- und Arbeitsmöglichkeiten, materielle Sicherheit*** mit 57% genannt, gefolgt von ***Sicherung der Existenz und Schutz vor extremer Armut*** (47 %), ***Schutz vor politischer Verfolgung, vor Kriegen und Konflikten*** (20%) und ***Schutz vor Umweltkatastrophen*** (eine Person) (vgl. Abb. 41, S. 137).
Bei den Schülern steht die Antwortoption Sicherung der Existenz und Schutz vor extremer Armut (57%) an erster Stelle, gefolgt von der Option Bessere Ausbildungs- und Arbeitsmöglichkeiten, materielle Sicherheit (44%).

Für die weltweite Migration lässt sich, den Befragten in Deutschland zufolge, kein eindeutiger Hauptgrund identifizieren, da die Prozentzahlen der ersten drei genannten Punkte nahe beieinander liegen.
Beim Hauptgrund für die Einwanderung in die EU aus Marokko sind mehr als die Hälfte der Befragten der Ansicht, die Arbeitsmigration stehe in Marokko an erster Stelle. Jedoch ist auch fast die Hälfte der Befragten der Meinung, die Migration fände hauptsächlich zur Sicherung der Existenz und zum Schutz vor extremer Armut statt, während der Schutz vor politischer Verfolgung, vor Kriegen und Konflikten als unbedeutender für die weltweiten Migrationsbewegungen und der Schutz vor Umweltkatastrophen als ebenso irrelevant wie bei der vorangehenden Frage eingeschätzt wird. Nur die Untergruppe der Schüler hat ein anderes Bild: mehr als die Hälfte glauben, dass Armut der Hauptgrund der Migration aus Marokko in die EU sei.

Rücküberweisungen (vgl. Abb. 44, S. 140)
Die Hälfte der Befragten glaubt, dass Migranten durch Rücküberweisungen an ihre Familien in den Herkunftsländern einen beträchtlichen Beitrag zur Entwicklung dieser Länder leisten.

Einfluss der Entwicklungshilfe und besserer Handelsbedingungen auf die Zahl der weltweiten Migranten
64% der Befragten glauben, dass sich mit verstärkter Entwicklungshilfe und besseren Handelsbedingungen die Zahl der weltweiten Migranten deutlich verringern wird.

Bekanntheit des Haager Programms, des Barcelona-Prozesses und des Euro-Mediterranen Jugendparlaments (vgl. Abb. 47, S. 142)
Alle drei Begriffe sind bei den Befragten in Deutschland fast nicht bekannt: Nur 6% der Befragten haben vom Haager Programm bzw. vom Barcelona-Prozess gehört und nur 5% vom Euro-Mediterranen Jugendparlament.

Meinung zu Migration und europäischer Zuwanderungspolitik
Einwanderung in die EU
55% der Befragten glauben, dass jeder, egal wie wohlhabend oder ausgebildet, das Recht haben sollte, in ein anderes Land einzuwandern (vgl. Abb. 50, S. 145), wobei die Zustimmung in den Untergruppen stark differiert: 61% der Frauen und 60% der Studenten sind für ein generelles Einwanderungsrecht, während sich 57% der Schüler und 61% der Männer dagegen aussprechen.
44% der Befragten sind der Meinung, dass die EU-Zuwanderungspolitik so geändert werden sollte, dass jeder Bürger aus einem Nicht-EU-Staat, egal wie wohlhabend oder ausgebildet, in die EU einwandern kann (vgl. Abb. 53, S. 147).
20% der Befragten votieren für eine Ausweitung der Einwanderung in die EU, 32% für eine Verringerung und 48% für die Beibehaltung des Status quo, wobei sich eine Mehrheit von 54% der Schüler und 48% der Männer für eine Verringerung aussprechen (vgl. Abb. 56, S. 149).
28% stimmen der Aussage „Die EU braucht Einwanderung, weil sie nur so ihren wirtschaftlichen und sozialen Standard halten kann“ zu, 37% stimmen der Aussage nicht zu und 35% sind unentschlossen (vgl. Abb. 59, S. 150), wobei die Mehrheit der Frauen und der Studenten (41%) unentschlossen ist und 55% der Männer der Aussage nicht zustimmen.

Die Fragen zur Einwanderung in die EU ergeben folgendes Bild: Über die Hälfte der Befragten spricht sich für ein generelles Einwanderungsrecht aus, die Zustimmung zu einem generellen Einwanderungsrecht in die EU beträgt dann aber nur noch 44%. Trotzdem sind nur 28% der Befragten der Auffassung, die EU brauche Einwanderung und nur noch 20% der Befragten befürworten die Ausweitung der Zuwanderung in die EU.

Einwanderung Hoch- und Geringqualifizierter

42% der Befragten sprechen sich für eine uneingeschränkte Einwanderung Hochqualifizierter aus Nicht-EU-Staaten aus und 35% votieren für eine Begrenzung, wobei mehr als die Hälfte der Schüler (51%) dafür stimmen, die Zuwanderung dieser Gruppe zu begrenzen. 22% sind unentschieden und 2% glauben, die Einwanderung dieser Gruppe sollte verhindert werden (vgl. Abb. 62, S. 153).

Die Unentschlossenen bilden mit 39% bei der Frage nach der Einwanderung Geringqualifizierter die größte Gruppe, während etwas mehr als ein Viertel (26%) für eine Begrenzung plädiert. Ein Viertel stimmt für die Verhinderung der Einwanderung dieser Gruppe, wobei fast die Hälfte der Männer (48%) und der Schüler (47%) sich für eine Verhinderung aussprechen. Die kleinste Gruppe unter den Befragten (11%) ist der Meinung, die Zuwanderung dieser Gruppe solle uneingeschränkt möglich sein (vgl. Abb. 65, S. 155).

Während also 42% der Befragten für die uneingeschränkte Einwanderung Hochqualifizierter plädieren und 39% in der Frage der Einwanderung Geringqualifizierter unentschlossen sind, votiert die jeweils zweitgrößte Gruppe der Befragten für die Begrenzung beider Einwanderergruppen.

Zuwanderungsgesetz (vgl. Abb. 68, S. 158)

54% der Befragten sprechen sich für ein einheitliches Zuwanderungsgesetz auf EU-Ebene aus, während 24% dagegen und 22% unentschieden sind.

Während mehr als ein Fünftel der Befragten sowohl bei den Fragen zur Einwanderung von Arbeitnehmern als auch bei der Frage zum Zuwanderungsgesetz unentschlossen ist, gibt es nur in der Frage zum Zuwanderungsgesetz eine absolute Mehrheit.

Euro-mediterrane Zusammenarbeit

Mehr als vier Fünftel der Befragten sprechen sich für eine stärkere Zusammenarbeit auf (sicherheits-)politischer, wirtschaftlicher und kultureller Ebene aus. Dabei liegt die Zustimmung zu einer stärkeren (sicherheits-)politischen Zusammenarbeit mit

92% am höchsten, gefolgt von der Zustimmung zur stärkeren kulturellen (85%) und wirtschaftlichen (83%) Zusammenarbeit.

5.2.4 Vergleich und Interpretation der Ergebnisse[59]

Persönliche Angaben

Die Stichproben aus den drei Ländern sind unterschiedlich groß: 67% der Befragten stammen aus Deutschland, 19% aus Marokko und 14% aus Frankreich.
71% der Befragten sind 20-30 Jahre alt und zu 77% wurden Studenten befragt.
Der Anteil der Frauen beträgt 59% und ist je nach Land sehr unterschiedlich. Während in Marokko zu 82% junge Männer befragt wurden, waren in Deutschland 71% und in Frankreich 58% der Befragten weiblich.
In Marokko wurden nur marokkanische Staatsbürger befragt, in Deutschland zu 93% Deutsche und in Frankreich zu 69% Franzosen/Französinnen. In Frankreich ist der Anteil der Personen, die nicht im Aufenthaltsland geboren sind, mit 40% deutlich am höchsten, gefolgt von Deutschland mit 12%, während in Marokko alle Befragten im Land geboren sind.

Sprache

In allen drei Ländern herrscht in vielen Familien Mehrsprachigkeit vor, wobei die jeweilige Landessprache am häufigsten angegeben wird: 92% der Befragten in Deutschland sprechen in der Familie Deutsch, 78% der Jugendlichen in Marokko Arabisch und 65% der Befragten in Frankreich Französisch.
Mehr als vier Fünftel der Befragten aller drei Länder schätzen ihre Sprachkenntnisse in einer oder mehreren weiteren Sprache(n) als gut ein: Die Jugendlichen in Marokko geben hier am häufigsten Französisch an, gefolgt von Englisch und Spanisch. Die Befragten in Frankreich und Deutschland nennen am häufigsten Englisch, gefolgt von Französisch und Deutsch bzw. Spanisch.

Nationalitätsgefühl

Die Befragten in Marokko fühlen sich am ehesten, die Befragten in Frankreich am wenigsten als Staatsbürger des jeweiligen Landes, während sich ca. ein Fünftel der Befragten in Frankreich und Deutschland am ehesten als Europäer fühlt: Bis auf eine

59 Beim Vergleich und der Interpretation der Ergebnisse ist zu berücksichtigen, dass in Frankreich fast ein Drittel der Befragten marokkanische Migranten sind.

Ausnahme fühlen sich alle Befragten in Marokko am ehesten als Marokkaner, 78% der Befragten in Deutschland als Deutsche und etwas mehr als die Hälfte der Befragten in Frankreich als Franzosen.

Glaube

Für die fast ausschließlich muslimischen Jugendlichen in Marokko spielt der Glaube in ihrem Leben eine viel wichtigere Rolle als für die überwiegend christlichen Jugendlichen in Deutschland: Während fast alle Jugendlichen in Marokko angeben, ihr Glaube spiele für sie eine sehr wichtige oder wichtige Rolle im Leben, geben 65% der Befragten in Deutschland an, der Glaube sei für sie nicht so wichtig oder spiele gar keine Rolle. Der Anteil derer, die keiner Religionsgemeinschaft angehören, ist in Frankreich und Deutschland mit je ca. einem Fünftel vergleichbar.

Politikinteresse

Die Befragten in Frankreich sind politisch interessierter als die Jugendlichen in Marokko und Deutschland: Eine Mehrheit von 42% der Jugendlichen in Frankreich interessiert sich entweder stark oder sehr stark für Politik, während eine Mehrheit von 48% der Jugendlichen in Deutschland und von 40% in Marokko sich nur mittelmäßig für Politik interessiert.

Die Zahlen zwischen Marokko und Deutschland unterscheiden sich nicht signifikant voneinander. Aufgrund dieses Ergebnisses kann nicht davon ausgegangen werden, dass unterschiedliche Staatsformen das Politikinteresse Jugendlicher beeinflussen.

Eigene Migrationsbereitschaft und Assoziationen mit „Migration" und „Einwanderung in die EU"

In allen drei Ländern können sich mehr als vier Fünftel der Befragten vorstellen, länger als ein Jahr im Ausland zu leben. Daran ändert auch das vergleichsweise hohe Nationalitätsgefühl der Befragten in Marokko nichts. Demnach sind sowohl Jugendliche des Hauptemigrationslandes Marokko als auch des Einwanderungskontinents Europa generell sehr migrationsbereit.

Gründe für Migration[60] (vgl. Abb. 26)

Bei der Begründung für einen längeren Auslandsaufenthalt ergeben sich folgende Gemeinsamkeiten und Unterschiede: In allen Ländern werden die Kategorien ***Horizonterweiterung, Kennenlernen eines Landes und dessen Bewohner und Kultur*** und ***Berufliche, finanzielle Gründe*** genannt, wobei die erstere in Deutschland und letztere in Marokko mit Abstand am häufigsten genannt wird.

In Frankreich und Deutschland wird außerdem die Kategorie ***Sprache*** angegeben.

Die Vorstellung, im Ausland mehr ***persönliche Rechte, Freiheiten und Chancen*** zu haben, wird nur von den Jugendlichen in Marokko geäußert, während in Frankreich die Kategorie ***Persönliche Anpassungsfähigkeit*** so häufig wie die Kategorie ***Sprache*** genannt wird.

Die Befragten aller drei Länder, die sich einen längeren Auslandsaufenthalt vorstellen können, sind demnach generell anderen Kulturen gegenüber aufgeschlossen und möchten durch den Kontakt mit ihnen ihren Horizont erweitern. Wie unter Gliederungspunkt 2.4 und 4.2 dargestellt, sind bessere Arbeits- und Verdienstmöglichkeiten und materielle Sicherheit im Ausland die Hauptmigrationsgründe, sowohl für die weltweiten als auch für die Migrationsbewegungen aus Marokko in die EU. Die Angaben der Jugendlichen aller drei Länder spiegeln das wider.

Aus den Angaben der Befragten in Marokko geht nicht hervor, ob die Mehrheit der migrationswilligen Befragten potenziell „konservative" oder „innovative" Migranten wären (vgl. Gliederungspunkt 4.2). Einige Kommentare der Befragten weisen auf erstere, andere auf letztere Migrationsform hin.

Weniger als ein Fünftel der Jugendlichen in den drei Ländern können sich einen Auslandsaufenthalt nicht vorstellen und geben als Grund dafür fast ausschließlich ihre Verbundenheit zu ihrer Familie, ihren Freunden und ihrem Heimatland an.

Die Zahl derer, die sich einen längeren Auslandsaufenthalt nicht vorstellen können, liegt in Marokko zwar mit 20% am höchsten, aber nicht signifikant höher als in den anderen beiden Ländern, so dass daraus keine höhere Heimat- und Familienverbundenheit der Jugendlichen in Marokko abgeleitet werden kann.

---

60 Es werden nur die drei jeweils am häufigsten genannten Kategorien miteinander verglichen.

Zielregionen und -länder

Mit Abstand am häufigsten wird von den Befragten in allen drei Ländern ein europäisches Land[61] angegeben. Dabei kann sich die Mehrheit der Jugendlichen in Marokko und Deutschland vorstellen, nach Frankreich zu emigrieren, gefolgt von Spanien und Großbritannien in Marokko bzw. von den skandinavischen Ländern und Spanien in Deutschland. Die Befragten in Frankreich nennen am häufigsten Großbritannien, gefolgt von Frankreich[62] und Italien/Deutschland.

Die Region Nordamerika ist in allen drei Ländern die zweitbeliebteste Auswanderungsregion, wobei in Marokko die Beliebtheit Kanadas, in Deutschland die der USA überwiegt und in Frankreich die gleiche Anzahl von Befragten in die USA oder nach Kanada auswandern würde.

Obwohl die Befragten aller drei Länder die gleichen zwei Hauptauswanderungsregionen angeben, gibt es folgende Unterschiede: Nur in Deutschland wird nach Nordamerika noch die südpazifische Region (Australien, Neuseeland) genannt, gefolgt von Süd- und Mittelamerika.

Afrika rangiert am Ende der Beliebtheitsskala: Keiner der Befragten in Marokko nennt ein afrikanisches Land, in Frankreich gibt es vier Nennungen für Marokko und in Deutschland zwölf für Afrika.

Gründe für die Zielländer[63] (vgl. Abb. 26)

Bei der Begründung für die Auswahl des Ziellandes ergeben sich folgende Gemeinsamkeiten und Unterschiede: Die Jugendlichen aller drei Länder geben sowohl die Kategorie ***Sprache*** als auch die Kategorie ***Berufliche, finanzielle Gründe*** an, wobei letztere bei den Jugendlichen in Marokko an erster und bei denen in Frankreich und Deutschland an dritter Stelle steht.

Die Wichtigkeit der Migrationsnetzwerke wird durch die Angabe der Kategorie ***Persönliche Beziehungen*** unter Befragten in Marokko und Deutschland deutlich.

Nur die Jugendlichen in Marokko nennen die Kategorie ***Persönliche Rechte, Freiheit und Chancen***, während ausschließlich die Befragten in Frankreich die Kategorie ***Ho-***

61 Es werden nur die drei in jeder Gruppe am häufigsten genannten europäischen Länder (bzw. Regionen) aufgeführt.

62 Es ist zu vermuten, dass sich die Angabe von Frankreich aus dem hohen Anteil der eingewanderten Marokkaner(innen) unter den Befragten ergibt (vgl. Gliederungspunkt 5.2.2).

63 Es werden nur die drei jeweils am häufigsten genannten Kategorien miteinander verglichen.

rizonterweiterung, Kennenlernen eines Landes und dessen Bewohner und Kultur angeben.

Die Befragten aller drei Länder präferieren eindeutig Industrieländer als potenzielle Auswanderungsländer. Nur in Deutschland und Frankreich werden vereinzelt auch Entwicklungsländer genannt. Ein Blick auf die Gründe für die Angabe eines bestimmten Landes erklärt dies. In allen Ländern werden berufliche und finanzielle Gründe genannt. Die Chance, in einem Industrieland eine gute Ausbildung zu erlangen und mehr Geld zu verdienen, ist um ein Vielfaches höher als in einem Entwicklungsland (vgl. Gliederungspunkt 2.4.3).

Ebenfalls ausschlaggebend ist für die Mehrheit der Befragten aller Länder die Kenntnis der Landessprache, so dass es von Vorteil sein dürfte, dass in allen Ländern mehr als vier Fünftel der Befragten mindestens eine Fremdsprache gut beherrschen, was mit hoher Wahrscheinlichkeit auch die Länderwahl beeinflusst hat.

Die Angaben der Jugendlichen decken sich mit den weltweiten Hauptmigrationsströmen (vgl. Gliederungspunkt 2.2), denen zufolge die meisten Menschen von ärmere in reichere Regionen wandern, z.B. von Afrika nach Europa.

Assoziationen mit „Migration" und „Einwanderung in die EU"[64] (vgl. Abb. 26)
Jugendliche aller drei Länder verbinden mit „Migration" die Kategorie ***Ein- und Auswanderung, Wanderungsprozesse***.
Die Integrationsproblematik (***Probleme in/mit der Gesellschaft***) wird von den Jugendlichen in Frankreich und Deutschland genannt, während die Kategorie ***Lebensbedingungen und -chancen*** von den Befragten in Marokko und Frankreich genannt wird.
Bei den Jugendlichen in Marokko steht die Kategorie ***Berufliche, finanzielle Gründe***, in Deutschland die Kategorie ***Ein- und Auswanderung, Wanderungsprozesse*** eindeutig an erster Stelle.
In Deutschland wird außerdem die Kategorie ***Immigranten*** genannt.

64 Es werden nur die drei jeweils am häufigsten genannten Kategorien miteinander verglichen.

Zusammenfassend lässt sich sagen, dass die Mehrheit der Befragten in Frankreich und Deutschland bei der Assoziation mit „Migration“ die reine Begriffsdefinition anführt, während die meisten Jugendlichen in Marokko damit die Möglichkeit verbinden, im Ausland zu arbeiten, um die eigenen Lebensbedingungen zu verbessern. Die Befragten in Frankreich und Deutschland haben außerdem die Integrationsproblematik in ihren Ländern vor Augen.

Alle drei Gruppen assoziieren mit „Einwanderung in die EU“ bessere ***Lebensbedingungen, -chancen***. ***Berufliche, finanzielle Gründe*** werden von den Befragten in Marokko und Frankreich an erster Stelle genannt, während die Kategorie ***Politik*** nur von den Befragten in Frankreich und Deutschland und die Kategorie ***Probleme in/mit der Gesellschaft*** nur von den Befragten in Marokko und Frankreich genannt wird.
Die Kategorie ***Persönliche Rechte, Freiheit, Chancen*** wird nur in Marokko, die Kategorie ***Irreguläre Einwanderung*** nur in Frankreich und die Kategorie ***Ein-, Auswanderung und Wanderungsprozesse*** nur in Deutschland genannt.

Daraus lässt sich ableiten, dass die Mehrheit der Jugendlichen aller drei Länder das Bild von Migranten vor Augen hat, die versuchen, durch die Einwanderung in die EU ihre Lebensbedingungen und -chancen zu verbessern.
Während nur die Befragten in Frankreich und Deutschland den Begriff mit der europäischen Zuwanderungspolitik verbinden, ist für die Jugendlichen in Marokko die konkrete Situation der Migranten in der Aufnahmegesellschaft entscheidender (Kategorien ***Probleme in/mit der Gesellschaft*** und ***Berufliche, finanzielle Gründe***).

Alle drei Gruppen verbinden demnach mit „Einwanderung in die EU“ Ähnliches wie mit „Migration“: Die Befragten in Marokko assoziieren mit beiden Begriffen an erster Stelle berufliche und finanzielle Möglichkeiten, während Begriffe zur Kategorie Politik nur von den Befragten in Europa genannt werden und die Integrationsproblematik (Kategorie Probleme in/mit der Gesellschaft) von den Befragten aller drei Länder thematisiert wird.

Die Befragten in Marokko nennen bei der Begründung der eigenen Migrationsbereitschaft, des Ziellandes und den Assoziationen zu „Migration“ und „Einwanderung in die EU“ als einzige durchgängig Begriffe der Kategorie ***Persönliche Rechte, Freiheiten und Chancen***. Dies bestätigt die Aussage Süßmuths (2006, 75), die den „Stellenwert [der] Menschenrechte für die jüngere Generation gerade auch in armen Staaten hervorhebt".

Die Problematik der ***irregulären Migration*** wird entweder bei der Assoziation mit „Migration" oder „Einwanderung in die EU" in allen drei Gruppen genannt, gehört jedoch nur in Frankreich zu den drei am häufigsten genannten Kategorien.

Die in der Einleitung aufgestellte Hypothese, viele Europäer assoziierten mit den beiden Begriffen als erstes die irreguläre Migration aus Afrika in die EU, lässt sich für die Befragten nur teilweise verifizieren: Die Mehrheit der Befragten aller drei Länder verbindet die Begriffe nicht primär mit der irregulären Migration. Die Angaben in der Kategorie Irreguläre Migration zeigen aber, dass die Jugendlichen aller drei Länder diese ausschließlich mit der irregulären Zuwanderung aus Afrika in die EU assoziieren und nicht mit der aus den osteuropäischen Staaten: Von allen Befragten nennen nur drei Personen aus Deutschland zur Assoziation mit „Migration" und „Einwanderung in die EU" Begriffe der Einwanderung aus dem Osten, und zwar *Die Einwanderung aus den ehemaligen Ostblockstaaten in den Westen / Russen / Probleme durch mittel-/und ausbildungslose ost/südosteuropäische Migranten*, während Begriffe zur Einwanderung aus Afrika (überwiegend zur irregulären Migration) öfter genannt werden.

Einen möglichen Erklärungsansatz liefert die in der Einleitung genannte Häufung der Nachrichtenmeldungen über aufgegriffene irreguläre Migranten aus Afrika, die den Eindruck entstehen lassen, die irreguläre Einwanderung aus Afrika bilde den Hauptteil der gegenwärtigen Migrationsströme in die EU.

	Begründung für einen längeren Auslandsaufenthalt (Frage 14)	Begründung für das potenzielle Zielland (Frage 16)	Assoziation mit „Migration" (Frage 18)	Assoziation mit „Einwanderung in die EU" (Frage 19)
Befragte in Marokko	• **Berufliche, finanzielle Gründe**[65] (59 N.[66]) • ***Horizonterweiterung, Kennenlernen eines Landes und dessen Bewohner, Kultur*** (10 N.) • ***Persönliche Rechte, Freiheit, Chancen*** (4 N.)	• ***Sprache***; **Berufliche, finanzielle Gründe** (je 19 N.) • ***Persönliche Rechte, Freiheit, Chancen*** (8 N.) • ***Persönliche Beziehungen*** (5 N.)	• **Berufliche, finanzielle Gründe** (40 N.) • ***Ein- und Auswanderung, Wanderungsprozesse*** (17 N.) • ***Lebensbedingungen, -chancen*** (14 N.)	• **Berufliche, finanzielle Gründe** (8 N.) • ***Lebensbedingungen, -chancen; Probleme in/mit der Gesellschaft*** (je 5 N.) • ***Persönliche Rechte, Freiheit, Chancen*** (4 N.)
Befragte in Frankreich	• ***Horizonterweiterung, Kennenlernen eines Landes und dessen Bewohner, Kultur*** (11 N.) • ***Berufliche, finanzielle Gründe*** (7 N.) • ***Sprache; persönliche Anpassungsfähigkeit*** (je 4 N.)	• ***Horizonterweiterung, Kennenlernen eines Landes und dessen Bewohner und Kultur*** (11 N.) • ***Sprache*** (7 N.) • ***Berufliche, finanzielle Gründe*** (5 N.)	• ***Ein-, Auswanderung, Wanderungsprozesse*** (10 N.) • ***Probleme in/mit der Gesellschaft*** (6 N.) • ***Lebensbedingungen, -chancen*** (5 N.)	• ***Berufliche, finanzielle Gründe*** (5 N.) • ***Lebensbedingungen, -chancen, Politik*** (4 N.) • ***Probleme in/mit der Gesellschaft, Irreguläre Einwanderung*** (je 3 N.)
Befragte in Deutschland	• ***Horizonterweiterung, Kennenlernen eines Landes und dessen Bewohner, Kultur*** (217 N.) • ***Sprache*** (42 N.) • ***Berufliche, finanzielle Gründe*** (38 N.)	• ***Sprache*** (45 N.) • ***Persönliche Beziehungen*** (36 N.) • ***Berufliche, finanzielle Gründe*** (19 N.)	• ***Ein-, Auswanderung, Wanderungsprozesse*** (111 N.) • ***Probleme in/mit der Gesellschaft*** (38 N.) • ***Immigranten*** (24 N.)	• ***Politik*** (47 N.) • ***Ein-, Auswanderung, Wanderungsprozesse*** (42 N.) • ***Lebensbedingungen, -chancen*** (35 N.)

Abbildung 26: Antwortkategorien (Ländervergleich)[67]

65 Unterstrichene Kategorien: Die Kategorie wird von allen drei Gruppen bei dieser Frage genannt. Nicht kursiv gedruckte Kategorie: Die Kategorie wird von der Befragtengruppe bei allen vier Fragen genannt.

66 Nennungen wird mit N. abgekürzt.

67 Es werden nur die drei jeweils am häufigsten genannten Kategorien aufgeführt.

Meinung zur Situation der Migranten

In allen drei Ländern glauben mindestens 85% der Befragten, dass Migranten eine größere Willenskraft, mehr Durchhaltevermögen, Mut und Entschlossenheit brauchen, als Menschen, die nicht migrieren.

Sie würden höchstwahrscheinlich Süßmuth (2006, 19) zustimmen, die schreibt, dass Migration „zu allen Zeiten mit hohen Risiken, extremen physischen, psychischen und geistigen Herausforderungen, Konflikten und Lebensgefahren verbunden" war, so dass man sagen kann, dass viele Migranten „zu den dynamischsten und unternehmerischsten Mitgliedern einer Gesellschaft" (DGVN 2006, 5) gehören.

Ängste der Migranten (vgl. Abb. 27-29)

Während eine Mehrheit von 83% der Befragten in Marokko und 73% in Frankreich glauben, dass Einwanderer in die EU am meisten Angst vor ***Rassismus*** haben, glaubt eine Mehrheit von 63% der Befragten in Deutschland, dass die größte Angst vor einem ***ungesicherten Aufenthaltsstatus*** herrsche.

Auffallend ist, dass von der Mehrheit der Befragten in Marokko und Frankreich Rassismus am häufigsten genannt wird, während diese Antwortoption bei den Befragten in Deutschland mit 48% erst an dritter Stelle steht.

Zwei Jugendliche in Marokko und eine Person in Frankreich äußern sich konkret zum Problem des Rassismus, z.B. *les Immigrants malgré leurs compétences sur tous les domaines ils restent toujours viser (illisible) des Hostilités et du racisme* (Jugendlicher in Marokko) / *ce qui me choc c'est la montée de la haine contre les étrangers partout en europe ce qui donne l'opportunité aux extremes politiques de monter en sondage (Le Pen en France en 2002), cette haine et peur sont pour moi injustifiées* (Jugendlicher in Frankreich).

Die größten Ängste EU-Einwanderer (Marokko)

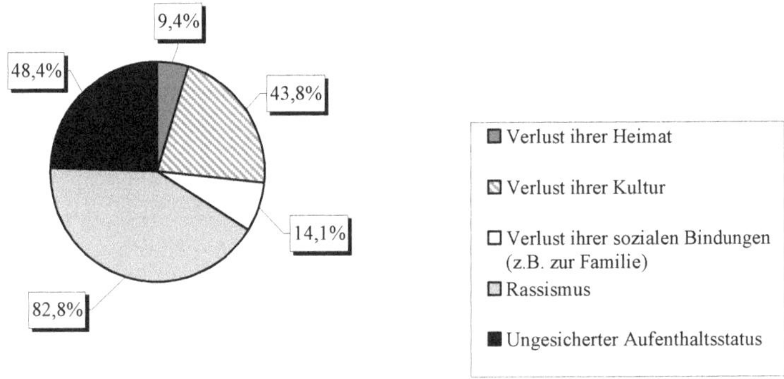

Abbildung 27 (Frage 36)

Die größten Ängste EU-Einwanderer (Frankreich)

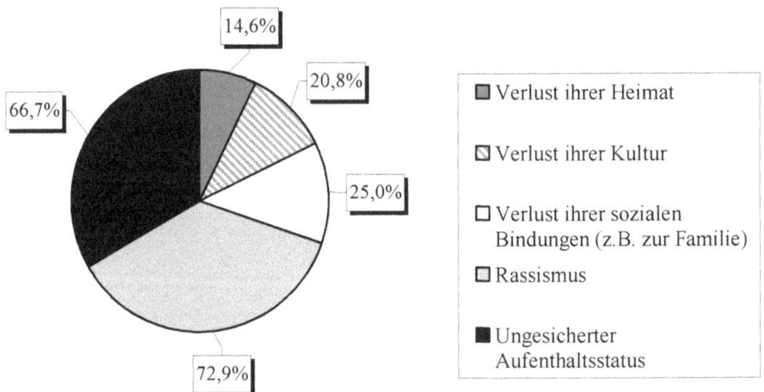

Abbildung 28 (Frage 36)

Die größten Ängste EU-Einwanderer (Deutschland)

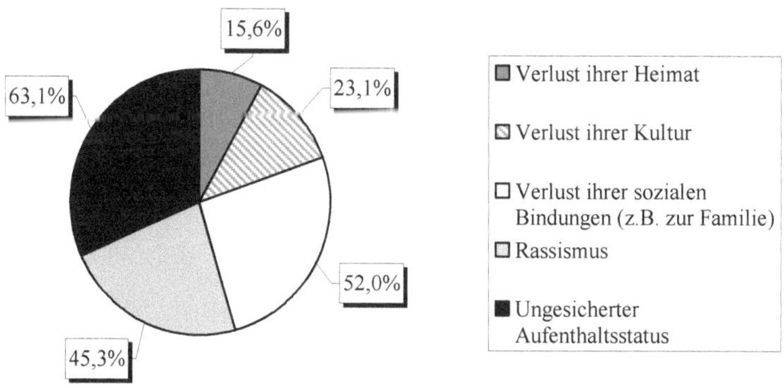

Abbildung 29 (Frage 36)

Integration (vgl. Abb. 30-32)

„Integration ist ein wechselseitiger Austausch- und Lernprozess" (Süßmuth 2006, 205), in dem die eigene „kulturelle Integrität aufrecht erhalten" (Han 2006, 237) und man „andererseits zu einem integralen Teil der Mehrheitsgesellschaft" (Han 2006, 237) wird. Integration hat demnach „bei Anerkennung der Verfassung und der Gesetze des Aufnahmelandes" (Süßmuth 2006, 139) die „Pluralisierung der Gesellschaft" (Han 2006, 237) zur Folge. Damit unterscheidet sich die Integration von der Assimilation, unter der die „einseitige Anpassung...an die Aufnahmegesellschaft" (Süßmuth 2006, 205) und der „Verzicht auf [die] Herkunftskultur" (Süßmuth 2006, 205) zu verstehen ist, wobei im Sinne einer „Hierarchie der Kulturen" (Han 2006, 322) die „Wertvorstellungen der dominanten Mehrheit positiver bewertet [werden] als die der Minderheiten" (Han 2006, 322).

> „Eine von der Bevölkerungsabteilung der Vereinten Nationen erstellte Studie hat ergeben, dass... Integration... in die Aufnahmegesellschaften... von einem angemessen bezahlten Arbeitsplatz, der rechtlichen Stellung, der Teilnahme am bürgerlichen und politischen Leben sowie dem Zugang zu Sozialleistungen" (Süßmuth 2006, 173)

abhängt. Die Grundvoraussetzung für Integration ist jedoch die Beherrschung der Landessprache (vgl. Süßmuth 2006, 173). Deshalb gilt seit 2005 in Deutschland und

seit 2006 in Frankreich für Migranten die Verpflichtung, Deutsch bzw. Französisch zu lernen (vgl. Tandonnet 2007, 126f.).
Eine Teilnahme am bürgerlichen und politischen Leben erfordert vielfach die Staatsbürgerschaft des Aufnahmelandes oder eines anderen Mitgliedstaates der Europäischen Union. Migranten, denen ein dauerhafter Aufenthalt gewährt wird, sollten deshalb „schnell und kostengünstig die Staatsbürgerschaft des Aufnahmelandes erhalten können“ (DGVN 2006, 47), um eine „gleichberechtigte Beteiligung am politischen Prozess und die Ausübung staatsbürgerlicher Rechte“ (Han 2005, 111) zu ermöglichen.

Über 90% der Befragten aller drei Länder sind der Meinung, dass Einwanderer in die EU sich in die Gesellschaft des Aufnahmelandes, z.B. Frankreichs oder Deutschlands, integrieren sollten.

Bei der Angabe der Mindestvoraussetzungen für eine geglückte Integration geben alle drei Gruppen am häufigsten die Antwortoptionen ***Beherrschung der Landessprache*** und ***Beteiligung am Gemeinleben (z.B. in Vereinen, Gewerkschaften, als Elternteil in der Schule)*** an, gefolgt von den Optionen ***Politische Teilhabe (z.B. aktives und passives Wahlrecht, Parteimitgliedschaft)*** und ***Fester Arbeitsplatz***.
Die Antwortoptionen ***Identifikation mit der Nation (d.h. das Gefühl z.B. Franzose/Französin oder Deutsche(r) zu sein); Abkehr von der Muttersprache, ausschließlicher Gebrauch der Landessprache*** und ***Aufgabe der eigenen Kultur, vollständige Anpassung an kulturelle Praktiken des Aufnahmelandes*** werden in allen Gruppen mit geringeren Prozentwerten am Ende der Rangfolge genannt.

Bei der Frage zum generellen Verständnis von „Integration in die Gesellschaft des Aufnahmelandes“ kommen in allen Gruppen alle Antwortoptionen, die auch bei der Frage zu den Mindestvoraussetzungen der Integration genannt wurden, in fast der gleichen Rangfolge und mit ähnlichen Prozentwerten vor.[68]

Die Mehrheit der Jugendlichen aller Länder ist sich demnach einig, dass die Beherrschung der Sprache und die Beteiligung am Gemeinleben die entscheidenden Fakto-

[68] Dies weist darauf hin, dass die Frage nach dem generellen Integrationsverständnis von der Mehrheit der Jugendlichen in Marokko und Frankreich, trotz Übersetzungsfehler, im ursprünglichen Sinne verstanden wurde.

ren für eine geglückte Integration darstellen und haben ein vergleichbares Integrationsverständnis, da die Merkmale der Assimilation mit den geringsten Prozentwerten genannt werden.

Integrations-Mindestvoraussetzungen (Marokko)

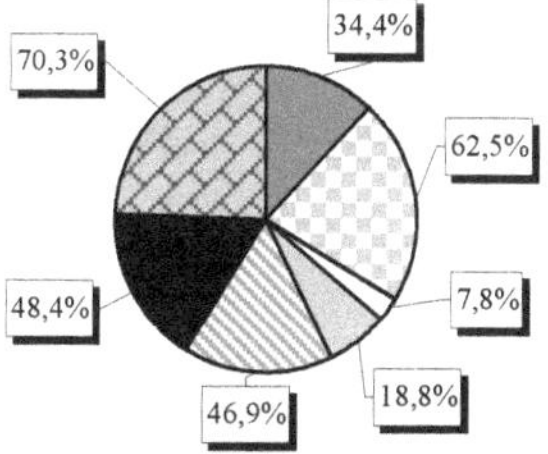

- Identifikation mit der Nation (d.h. das Gefühl, z.B. Franzose/Französin oder Deutsche(r) zu sein)
- Beherrschung der Landessprache
- Abkehr von der Muttersprache, ausschließlicher Gebrauch der Landessprache
- Aufgabe der eigenen Kultur, vollständige Anpassung an kulturelle Praktiken des Aufnahmelandes
- fester Arbeitsplatz
- politische Teilhabe (aktives und passives Wahlrecht, Parteimitgliedschaft)
- Beteiligung am Gemeinleben (z.B. in Vereinen, Gewerkschaften, als Elternteil in der Schule)

Abbildung 30 (Frage 34)

Integrations-Mindestvoraussetzungen (Frankreich)

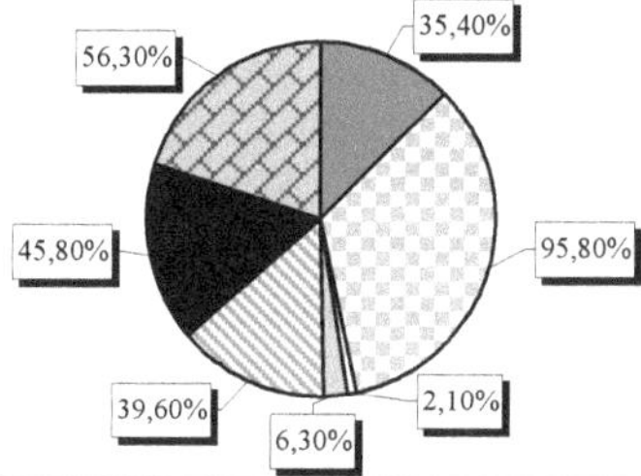

- Identifikation mit der Nation (d.h. das Gefühl, z.B. Franzose/Französin oder Deutsche(r) zu sein)
- Beherrschung der Landessprache
- Abkehr von der Muttersprache, ausschließlicher Gebrauch der Landessprache
- Aufgabe der eigenen Kultur, vollständige Anpassung an kulturelle Praktiken des Aufnahmelandes
- fester Arbeitsplatz
- politische Teilhabe (aktives und passives Wahlrecht, Parteimitgliedschaft)
- Beteiligung am Gemeinleben (z.B. in Vereinen, Gewerkschaften, als Elternteil in der Schule)

Abbildung 31 (Frage 34)

Integrations-Mindestvoraussetzungen (Deutschland)

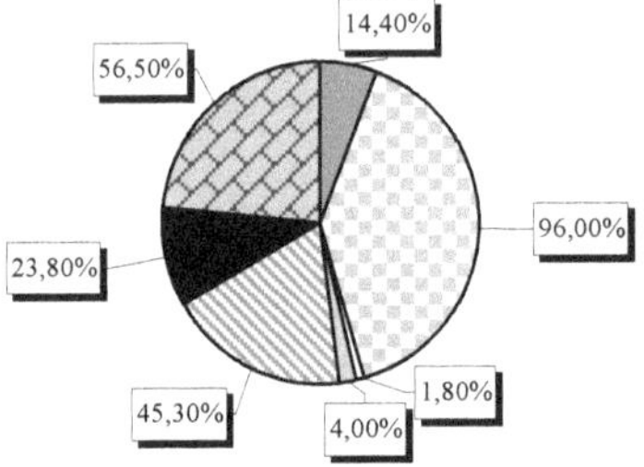

- Identifikation mit der Nation (d.h. das Gefühl, z.B. Franzose/Französin oder Deutsche(r) zu sein)
- Beherrschung der Landessprache
- Abkehr von der Muttersprache, ausschließlicher Gebrauch der Landessprache
- Aufgabe der eigenen Kultur, vollständige Anpassung an kulturelle Praktiken des Aufnahmelandes
- fester Arbeitsplatz
- politische Teilhabe (aktives und passives Wahlrecht, Parteimitgliedschaft)
- Beteiligung am Gemeinleben (z.B. in Vereinen, Gewerkschaften, als Elternteil in der Schule)

Abbildung 32 (Frage 34)

Wissen zu Migration und (europäischer) Zuwanderungspolitik

Anteil der Migranten an der Weltbevölkerung (vgl. Abb. 33-35)

74% der Befragten in Marokko und 60% in Deutschland sind der Meinung, dass der prozentuale Anteil der Migranten an der Weltbevölkerung noch nie so hoch war wie in der heutigen Zeit, während 56% der Befragten in Frankreich glauben, dieser sei zu früheren Zeiten schon einmal höher gewesen.

Dieses Ergebnis bestätigt die Annahme, dass viele Menschen den Eindruck haben, es gäbe heutzutage viel mehr Migranten als früher, was nur in absoluten Zahlen, jedoch nicht in relativen zutreffend ist (vgl. Gliederungspunkt 2.2).

"Weltweit gab es prozentual noch nie so viele Migranten wie heute." (Marokko)

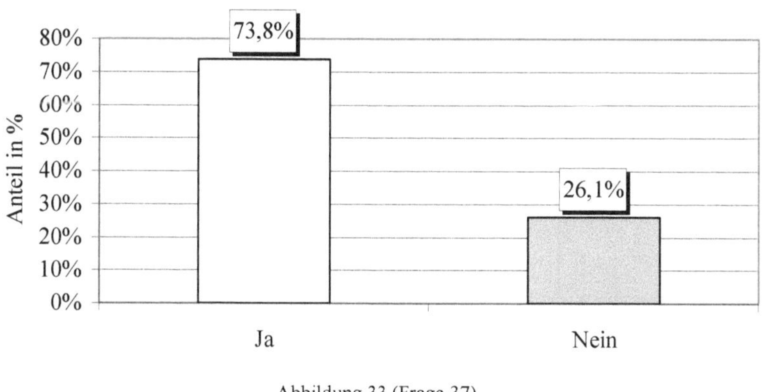

Abbildung 33 (Frage 37)

"Weltweit gab es prozentual noch nie so viele Migranten wie heute." (Frankreich)

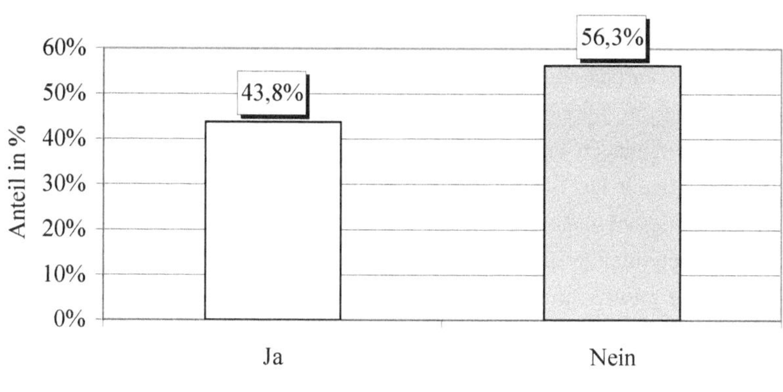

Abbildung 34 (Frage 37)

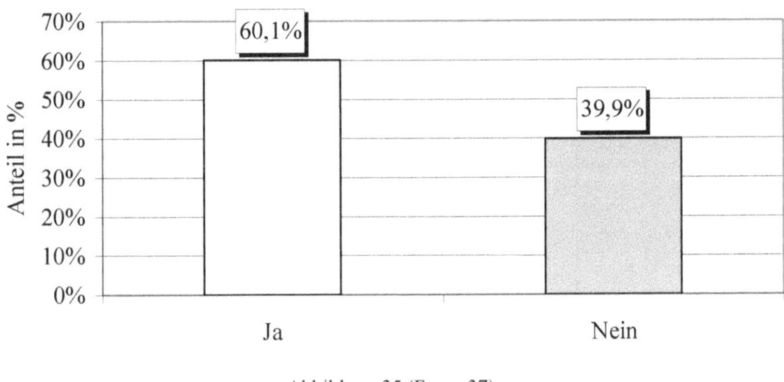

Abbildung 35 (Frage 37)

Hauptgrund für die weltweiten Migrationsbewegungen und die Einwanderung aus Marokko in die EU (vgl. Abb. 36-41)
Den Jugendlichen aller drei Länder zufolge ist die Arbeitsmigration (Antwortkategorie ***Bessere Ausbildungs- und Arbeitsmöglichkeiten und materielle Sicherheit***) sowohl der Hauptgrund für die weltweiten Migrationsbewegungen als auch für die Einwanderung aus Marokko in die EU, wobei diese Ansicht für die weltweiten Migrationsbewegungen unter den Befragten in Marokko mit über drei Viertel am verbreitesten und in Deutschland mit 47% am wenigsten verbreitet ist.
Am zweithäufigsten glauben die Befragten in Marokko (56%) und Frankreich (52%), dass der Hauptgrund für die weltweiten Migrationsbewegungen in der ***Sicherung der Existenz und dem Schutz vor extremer Armut*** liege, während dieser Grund in Deutschland als ebenso hoch wie ersterer eingeschätzt wird (47%).
Der ***Schutz vor politischer Verfolgung*** steht bei allen 3 Gruppen an dritter Stelle (43% in Deutschland, 22% in Marokko und 21% in Frankreich), während der ***Schutz vor Umweltkatastrophen*** von einem sehr geringen Prozentsatz als Hauptgrund angegeben wird.

Beim Hauptgrund der Migration aus Marokko in die EU bleibt die Rangfolge der Gründe in allen drei Gruppen gleich: Während die Jugendlichen aller drei Länder den

Grund ***Schutz vor politischer Verfolgung, vor Kriegen und Konflikten*** und den ***Schutz vor Umweltkatastrophen*** weniger häufig angeben als bei der Frage nach dem Hauptgrund für die weltweiten Migrationsbewegungen, werden ***bessere Ausbildungs- und Arbeitsmöglichkeiten und materielle Sicherheit*** in allen drei Gruppen häufiger genannt.

Die Mehrheit aller drei Gruppen nennt demnach den wahren Hauptgrund für die weltweiten Migrationsbewegungen und die Migration aus Marokko in die EU (vgl. Gliederungspunkte 2.4 und 4.2), wobei prozentual gesehen die meisten Befragten aus Marokko richtig liegen.

Ein Befragter aus Deutschland und vier aus Marokko konkretisieren dies folgendermaßen: *Der Hauptgrund für Migration ist m.E. nach der, dass die Einwanderer denken, sie hätte in der EU eine bessere Ausbildung bzw. eine bessere wirtschaftliche Stellung* (Befragter aus Deutschland).
Ein Jugendlicher aus Marokko führt als ausschließliche Ursache der Migration die Kolonialisierung der armen durch die reichen Länder an, die bis heute anhalte: *L'immigration est un fléau crée à l'origine par la colonisation des pays pauvres par les pays riches (UE) qui n'a jamais cesser depuis toujours.*
Die anderen drei Personen sehen die Migrationsursachen vielmehr in der mangelhaften (Wirtschafts-)politik der Herkunftsländer, z.B. *La politique economique des pays sous developpés c'est la seule responsible de l'immigration illegale / c'est les pays du sud qui doivent changer leur politique interne pour se reconcilier avec leurs populations et éliminer toute raison d'immigrer vers d'autre pays.*
Eine Person kritisiert das Verhalten der Autoritäten gegenüber der Bevölkerung, welches Migration nach sich ziehe, bezweifelt jedoch, dass sich daran etwas ändern werde: *Les gens n'aime plus leur pays a cause du mauvais traitement des autorités avec eux... les responsable pensent beaucoup a leur interet personnel. Tout cela entraine l'immigration. Mais aussi le citoyen est faible de faire face à ces problemes. Mais il reste une question, est-ce-que l'immigration peut changer cette realite? Je crois pas.*

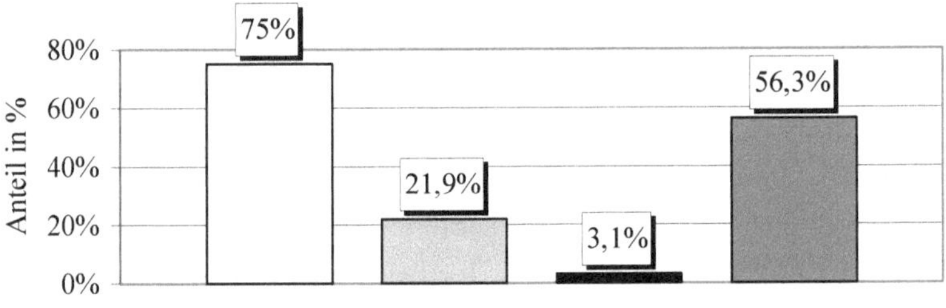

□ bessere Ausbildungs- und Arbeitsmöglichkeiten, materielle Sicherheit
□ Schutz vor politischer Verfolgung, vor Kriegen und Konflikten
■ Schutz vor Umweltkatastrophen
■ Sicherung der Existenz und Schutz vor extremer Armut

Abbildung 36 (Frage 26)

Hauptgrund weltweiter Migration (Frankreich)

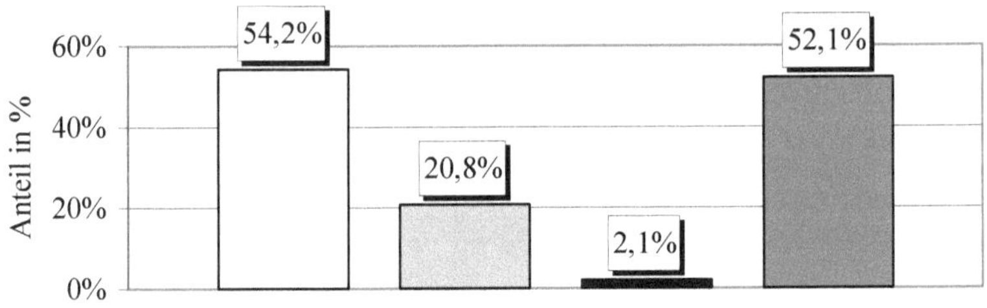

□ bessere Ausbildungs- und Arbeitsmöglichkeiten, materielle Sicherheit
□ Schutz vor politischer Verfolgung, vor Kriegen und Konflikten
■ Schutz vor Umweltkatastrophen
■ Sicherung der Existenz und Schutz vor extremer Armut

Abbildung 37 (Frage 26)

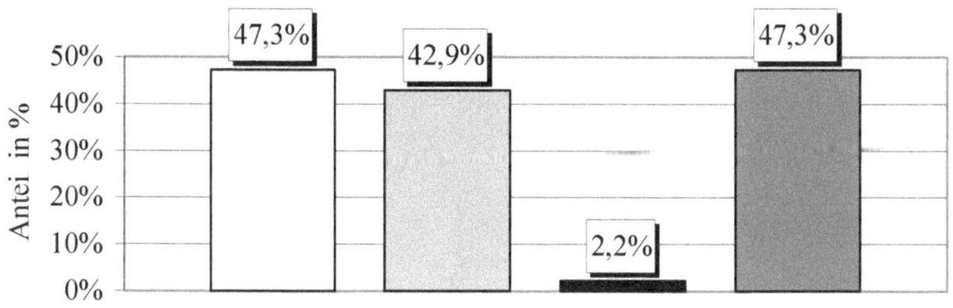

□ bessere Ausbildungs- und Arbeitsmöglichkeiten, materielle Sicherheit
□ Schutz vor politischer Verfolgung, vor Kriegen und Konflikten
■ Schutz vor Umweltkatastrophen
■ Sicherung der Existenz und Schutz vor extremer Armut

Abbildung 38 (Frage 26)

Hauptgrund der EU-Einwanderung aus Marokko (Marokko)

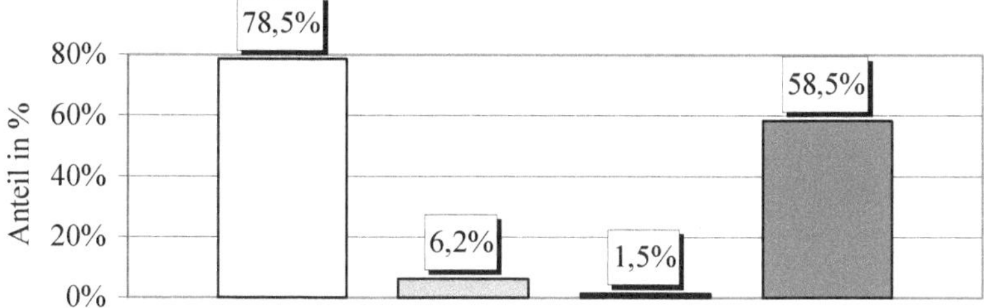

□ bessere Ausbildungs- und Arbeitsmöglichkeiten, materielle Sicherheit
□ Schutz vor politischer Verfolgung, vor Kriegen und Konflikten
■ Schutz vor Umweltkatastrophen
■ Sicherung der Existenz und Schutz vor extremer Armut

Abbildung 39 (Frage 27)

Hauptgrund der EU-Einwanderung aus Marokko (Frankreich)

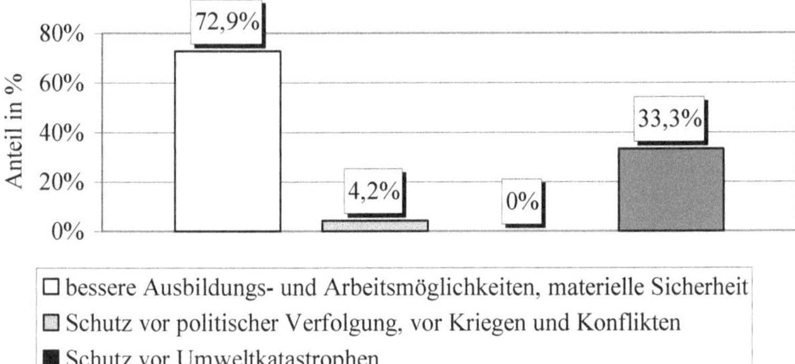

Abbildung 40 (Frage 27)

Hauptgrund der EU-Einwanderung aus Marokko (Deutschland)

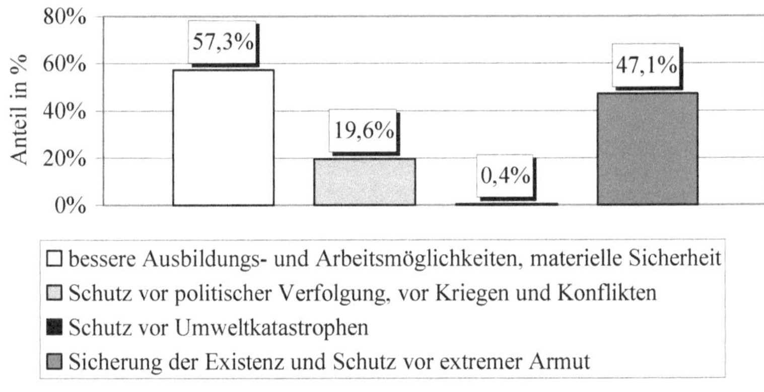

Abbildung 41 (Frage 27)

Rücküberweisungen (vgl. Abb. 42-44)

78% der Jugendlichen in Marokko, 60% in Frankreich und 50% in Deutschland sind der Meinung, dass Migranten durch Rücküberweisungen an ihre Familien in den Herkunftsländern einen beträchtlichen Beitrag zur Entwicklung dieser Länder (z.B. zu Maßnahmen der Gesundheitsvorsorge oder zur Bildung der Kinder) leisten.

Dabei sieht ein Befragter in Marokko Migration und die daraus folgenden Rücküberweisungen als Mittel, seine und die Lebenssituation seiner Familie zu verbessern (vgl. Gliederungspunkt 2.5.3): *Il faut bien aider ces émigrés car ils laissent leurs pays d'origine pour chercher à augmenter leur niveau de vie et pour faire vivre sa famille.*

Ein anderer weist u.a. auf die positiven Auswirkungen der Rücküberweisungen auf die Wirtschaft des Emigrationslandes hin (vgl. Gliederungspunkt 2.5.3): *Pourquoi pas imigrer, c'est un de moyenne de developpements financiers et culturel de pays d'origine.* Damit unterstützt er die Idee einer Verbindung von Entwicklungs- und Migrationspolitik (vgl. Gliederungspunkt 2.5.3, S. 38).

Ein Befragter in Deutschland betont die Notwendigkeit eines stabilen politischen Systems als notwendige Rahmenbedingung der Entwicklung (vgl. Gliederungspunkt 2.5.3): *Sicherlich wird ein Einzelner seiner Familie ein wenig helfen können. Ich glaube aber nicht, dass dadurch das Land sich entwickeln kann. Das entspr. Land benötigt ein festes und für die Bevölkerung nachvollziehbares Staatsgefüge und ebenso ein soziales System, das für alle Bürger gilt und ihnen gleichermaßen ein Mindestmaß an Sicherheit geben kann.*

Die Zahlen zeigen, dass die Relevanz der Rücküberweisungen für die Entwicklung der Herkunftsländer am stärksten den Jugendlichen in Marokko und am wenigsten denen in Deutschland bewusst ist.

"Rücküberweisungen tragen beträchtlich zur Entwicklung der Herkunftsländer bei." (Marokko)

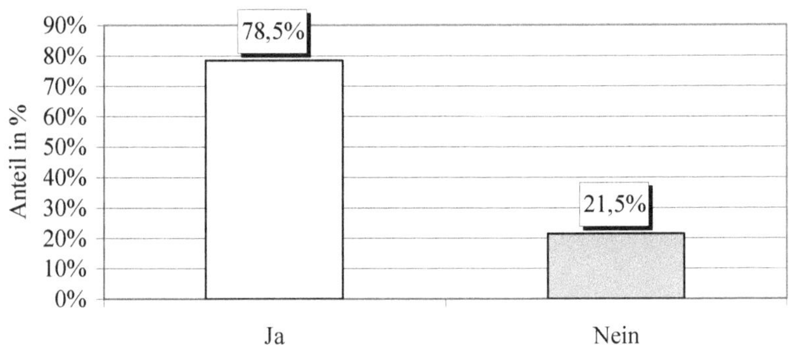

Abbildung 42 (Frage 38)

"Rücküberweisungen tragen beträchtlich zur Entwicklung der Herkunftsländer bei." (Frankreich)

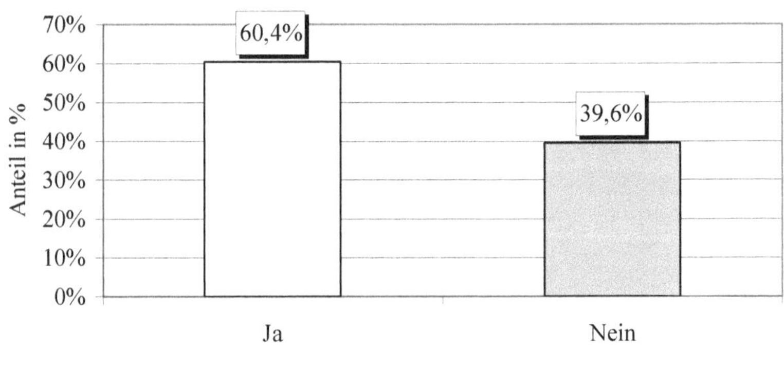

Abbildung 43 (Frage 38)

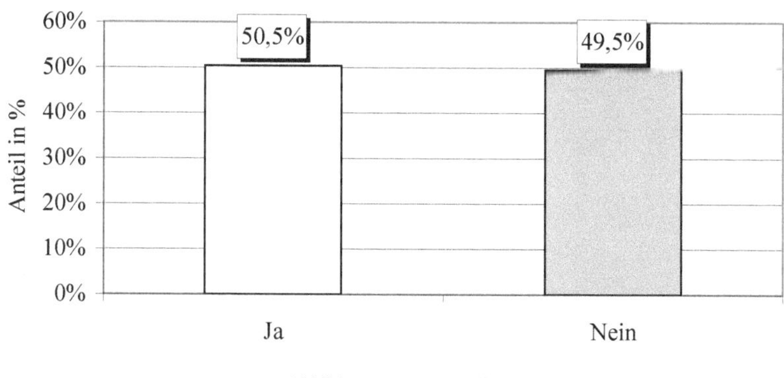

Abbildung 44 (Frage 38)

Einfluss der Entwicklungshilfe und besserer Handelsbedingungen auf die Zahl der weltweiten Migranten

70% der Jugendlichen in Marokko, 67% in Frankreich und 64% in Deutschland glauben, dass sich die Zahl der weltweiten Migranten mit verstärkter Entwicklungshilfe und besseren Handelsbedingungen für die Herkunftsländer deutlich verringern wird. Dies zeigt, dass der Mehrheit der Befragten aller drei Länder der unter Gliederungspunkt 2.5.3 beschriebene Zusammenhang zwischen Migration und Entwicklung nicht bekannt ist.

Bekanntheit des Haager Programms, des Barcelona-Prozesses und des Euro-Mediterranen (Jugend-)Parlaments[69] (vgl. Abb. 45-47)

Das Haager Programm ist bei den Jugendlichen in Marokko am unbekanntesten, während der Barcelona-Prozess und das Euro-Mediterrane (Jugend-)Parlament in Marokko am bekanntesten und in Deutschland am unbekanntesten sind: Vom Haager Programm haben 19% der Befragten in Frankreich, 6% in Deutschland und 3% in Marokko gehört. Vom Barcelona-Prozess haben 14% der Befragten in Marokko und je 6% in Frankreich und Deutschland gehört, während das Euro-Mediterrane (Jugend-

[69] Aufgrund eines Übersetzungsfehlers wurde in der deutschen Fragebogenversion nach der Bekanntheit des Euro-Mediterranen Jugendparlaments, in der französischen Version jedoch nach der Bekanntheit des Euro-Mediterranen Parlaments gefragt.

)Parlament 41% der Befragten in Marokko, 28% in Frankreich und 5% in Deutschland ein Begriff ist.
26 Personen in Marokko, 16 in Deutschland und sechs in Frankreich machen nähere Angaben zu einem der drei Punkte.

Bekanntheit des Euro-Mediterranen Jugendparlaments (Marokko)

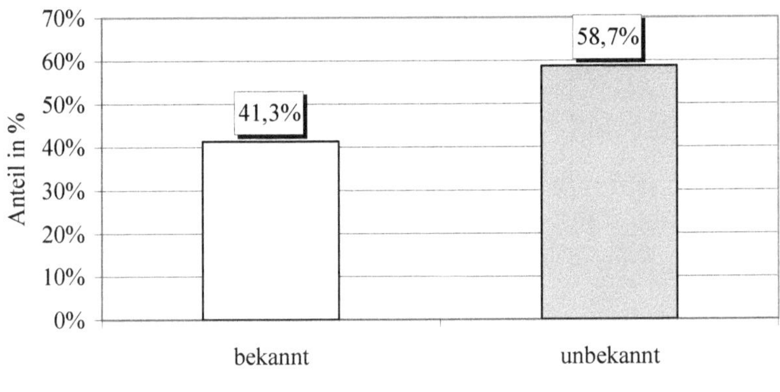

Abbildung 45 (Frage 24)

Bekanntheit des Euro-Mediterranen Jugendparlaments (Frankreich)

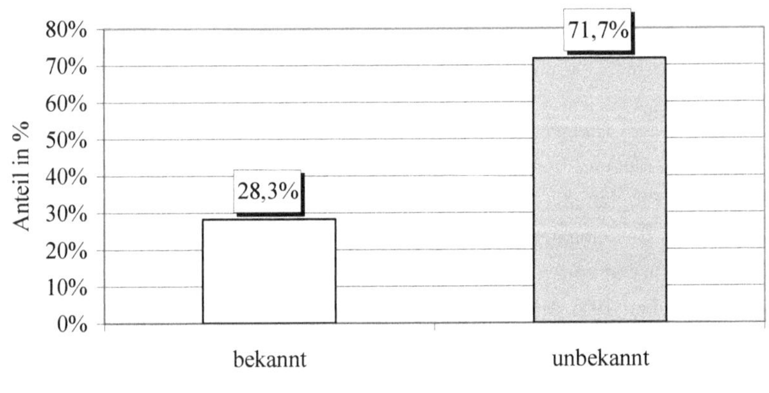

Abbildung 46 (Frage 24)

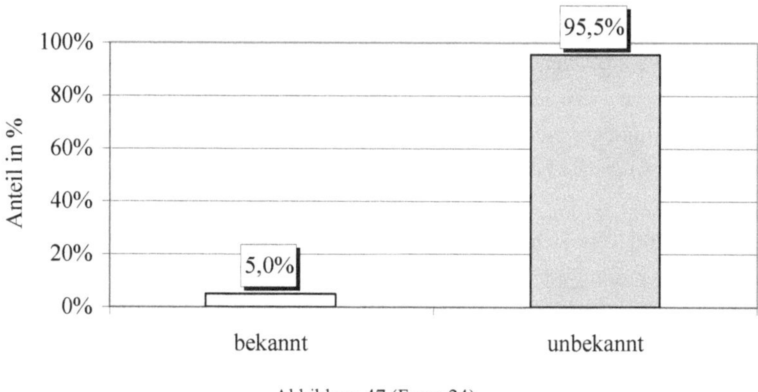

Abbildung 47 (Frage 24)

Während kein Befragter in Marokko genauere Angaben zum Haager Programm machen kann, äußert sich in Frankreich eine Person dazu: *Il s'agit de renforcer la sécurité et la liberté dans l'union européenne.*
Der Inhalt des Programms wird auch von Befragten in Deutschland genannt, z.B. *Einwanderungspolitik in die EU / U.A. wird darin das Thema Migration in der EU behandelt / Schaffung gemeinsamer Richtlinien für Einwanderungs- und Asylpolitik / Aufrüstung an den Außengrenzen der EU / gemeinsamer Kampf dem Terrorismus/gemeinsame Sicherheitsvorkehrungen.*

Während kein Befragter in Frankreich genauere Angaben zum Barcelona-Prozess macht, haben einige Befragte in Marokko von der Einteilung in die drei Körbe gehört oder machen Angaben zum Ziel, z.B. *c'etais un project qui a vise a créer les meme opporutinte dans toute les pays de l'europe et les pays mediteranian.* Eine Person bewertet den Prozess in Bezug auf Einwanderung: *Malgré le programme adopté, le procès des Barcelone n'a pas permet de reduire l'immigration.*
Die Antworten der Befragten in Marokko sind mit denen aus Deutschland vergleichbar. So schreiben letztere z.B. *betrifft die Zusammenarbeit der EU mit weiteren Mittelmeerländern / ist der Barcelona-Prozess sinngemäß mit der Ost-Erweiterung der*

EU zu vergleichen. Er ist eine Partnerschaft der Mittelmeerstaaten und möchte die Armut verringern und politische und kulturelle Beziehung stärken.

In Deutschland machen drei Befragte genauere Angaben zum Euro-Mediterranen Jugendparlament, z.B. *Jugendliche aus verschiedenen Ländern kommunizieren über die Zukunft Europas / Ich glaube, dass dieses Jugendparlament aus dem Zusammenschluss der Mittelmeerstaaten entstanden ist. Es besteht aus jungen Leuten, die sich mit den Themen des Barcelona-Prozesses beschäftigen.*

In Frankreich äußern sich fünf Personen entweder zum Euro-Mediterranen Jugendparlament oder zum Euro-Mediterranen Parlament, z.B. *Je sais qu'il y a eu un parlement euro-méditerranéen de la jeunesse à Berlin début Juin / réunion avec les chefs d'Etat européens et africains / un parlement qui évite les sujet essentials.*

Im Vergleich dazu machen viel mehr Jugendliche in Marokko (17), genauere Angaben. Sie beschreiben den Barcelona-Prozess, z.B. *travaille et la commercialisation avec tous les pays méditérranées / pour créer une union entre les pays européens méditérranéens*, oder geben ihre persönliche Meinung ab, z.B. *ça peut aider les pays en voie de developpement.*
Sie schreiben des Weiteren über das Euro-Mediterrane Parlament, z.B. *Un parlement des pays méditerranéen pour approcher entre les pays, afin de proposer de solution des problème (surtout la migration) / un parlement qui se compose tous simplement des pays euro-méditerranéen et qui a des aveantages / parlement? unie les pays Nord-Afrique Avec UE sur tout dans le domaine poulitique et socio-économique / une des institutions lance par le partenariat EURO Med ou bien le processus de Barcelon e. predide cette annee par la tunisie, cette institution veut etre 1 un des pioneer de dialogue dans la region.*
Während eine Person ein Mitglied des Euro-Mediterranen Jugendparlaments kennt, geben zwei Personen an, selbst Mitglied zu sein.

Der geringe Bekanntheitsgrad des Haager Programms in Marokko lässt sich damit erklären, dass es nicht im Rahmen der euro-mediterranen Partnerschaft sondern auf europäischer Ebene ausgearbeitet wurde und deshalb höchstwahrscheinlich in den marokkanischen Medien weniger präsent war. Das vergleichsweise hohe Politikinte-

resse der Befragten in Frankreich erklärt den höheren Bekanntheitsgrad in diesem Land.
Die Antworten auf die Fragen zum Barcelona-Prozess und noch deutlicher die zum Euro-Mediterranen (Jugend-)Parlament zeigen, dass die Euro-Mediterrane Partnerschaft und vor allem das Euro-Mediterrane (Jugend-)Parlament unter Jugendlichen in Marokko sehr viel bekannter sind als in Deutschland.
Abgesehen von der Frage nach der Bekanntheit des Haager Programms sind die Begriffe den Befragten in Deutschland am unbekanntesten, was damit zusammenhängen könnte, dass ihr Politikinteresse im Vergleich zu den anderen beiden Gruppen am niedrigsten ist.

Meinung zu Migration und europäische(r) Zuwanderungspolitik

Einwanderung in die EU

75% der Jugendlichen in Marokko, 70% in Frankreich und 55% in Deutschland sind der Meinung, dass jeder, egal wie wohlhabend oder ausgebildet, das Recht haben sollte, in ein anderes Land einzuwandern (vgl. Abb. 48-50).

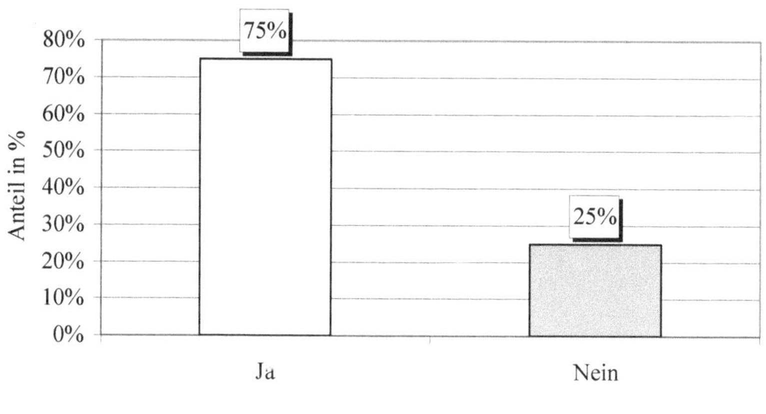

Abbildung 48 (Frage 28)

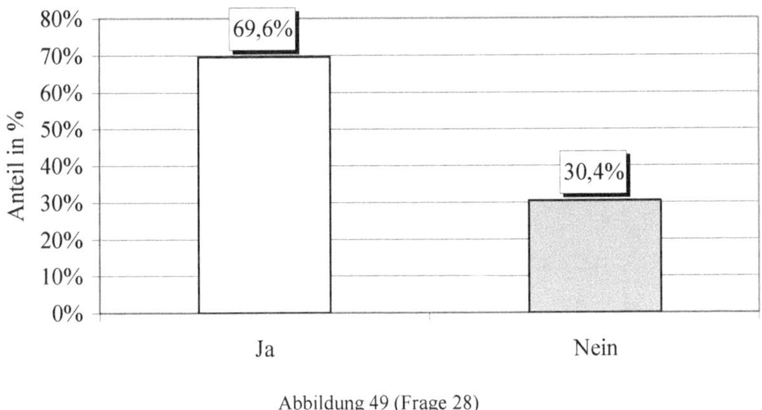

Abbildung 49 (Frage 28)

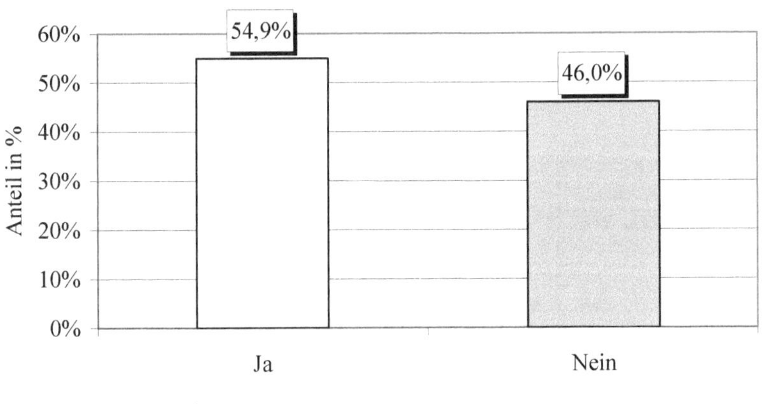

Abbildung 50 (Frage 28)

Der Prozentsatz derer, die außerdem angeben, dass die EU-Zuwanderungspolitik so geändert werden sollte, dass jeder Bürger aus einem Nicht-EU-Staat, egal wie wohlhabend oder ausgebildet, in die EU einwandern kann, liegt mit 73% in Marokko, 56% in Frankreich und 44% in Deutschland unter den vorherigen Werten, wobei der prozentuale Unterschied in Marokko gering ist, während er in Frankreich 14% und in Deutschland 11% beträgt (vgl. Abb. 51-53).

Dies zeigt, dass in allen drei Ländern über die Hälfte der Befragten einem generellen Einwanderungsrecht zustimmt, dass aber bei der Konkretisierung auf die Einwanderung in die EU die Zustimmung in den europäischen Ländern im Vergleich zu Marokko stark abfällt.

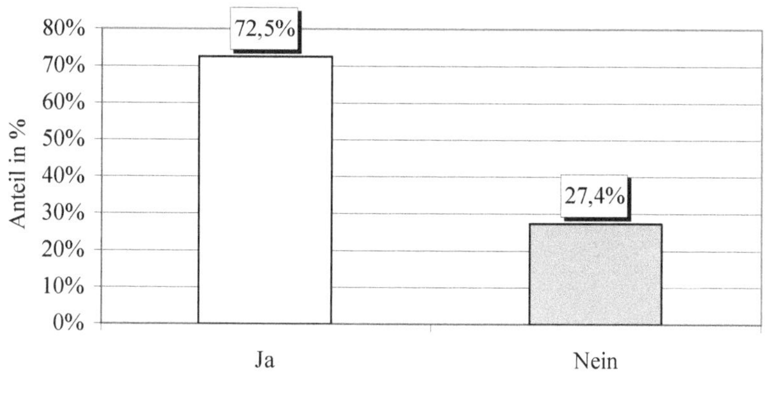

Abbildung 51 (Frage 29)

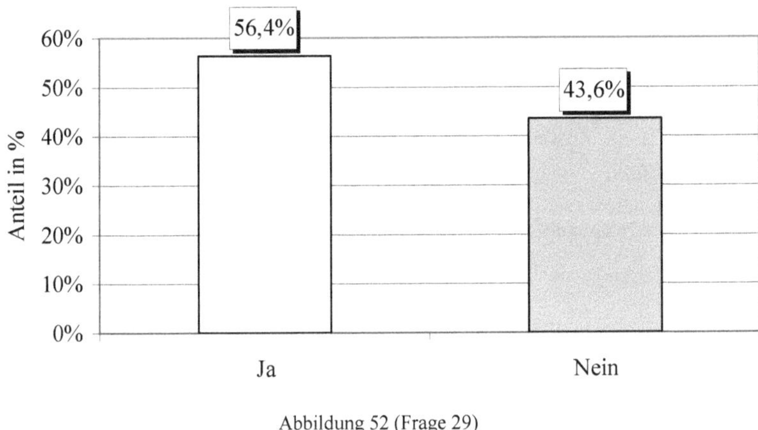

Abbildung 52 (Frage 29)

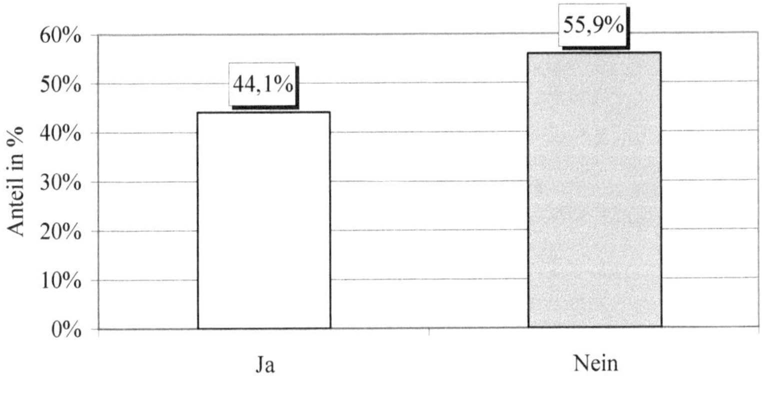

Abbildung 53 (Frage 29)

Während eine klare Mehrheit von 72% der Jugendlichen in Marokko und eine knappe Mehrheit von 42% in Frankreich für die Ausweitung der Einwanderung in die EU plädieren, ist einc deutliche Mehrheit von 48% der Jugendlichen in Deutschland für die Beibehaltung des Status quo (vgl. Abb. 54-46).

Fast eine qualifizierte Mehrheit der Jugendlichen in Marokko und fast die absolute Mehrheit in Frankreich ist der Auffassung, die EU brauche Einwanderung, weil sie nur so ihren wirtschaftlichen und sozialen Standard halten könne. Eine knappe Mehrheit der Jugendlichen in Deutschland (37%) ist nicht dieser Ansicht, wobei im Gegensatz zu den Befragten in Marokko (19%) mehr als 30% der Befragten in den europäischen Ländern in dieser Frage unentschieden sind (vgl. Abb. 57-59).

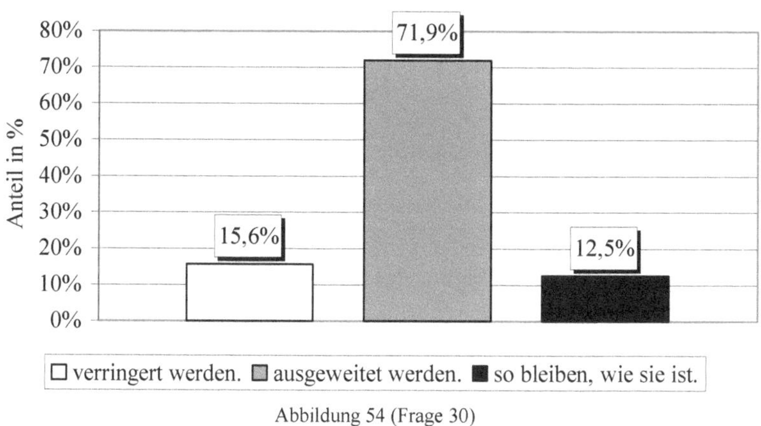

Abbildung 54 (Frage 30)

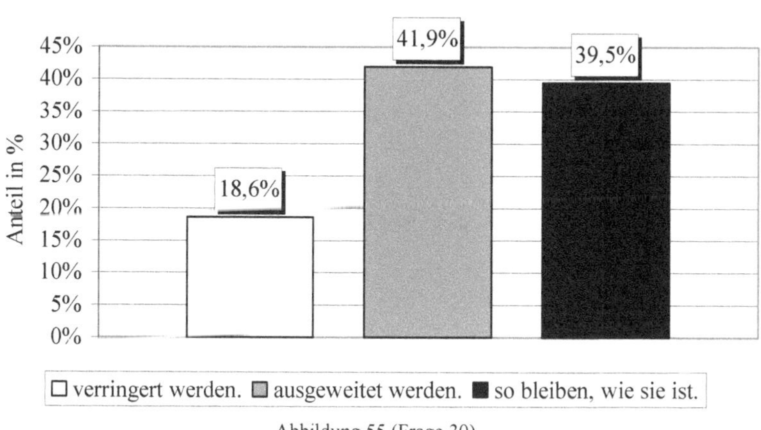

Abbildung 55 (Frage 30)

Die Einwanderung in die EU muss... (Deutschland)

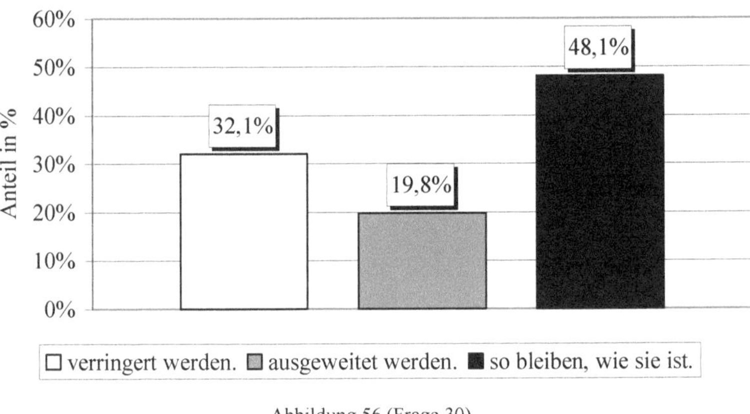

Abbildung 56 (Frage 30)

"Die EU ist auf Einwanderung angewiesen." (Marokko)

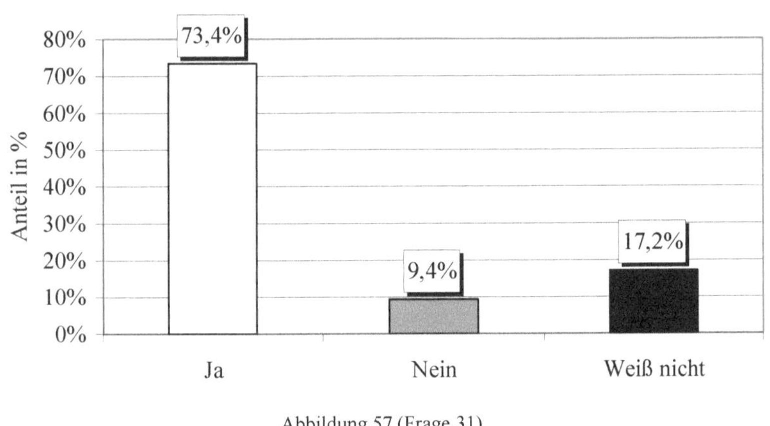

Abbildung 57 (Frage 31)

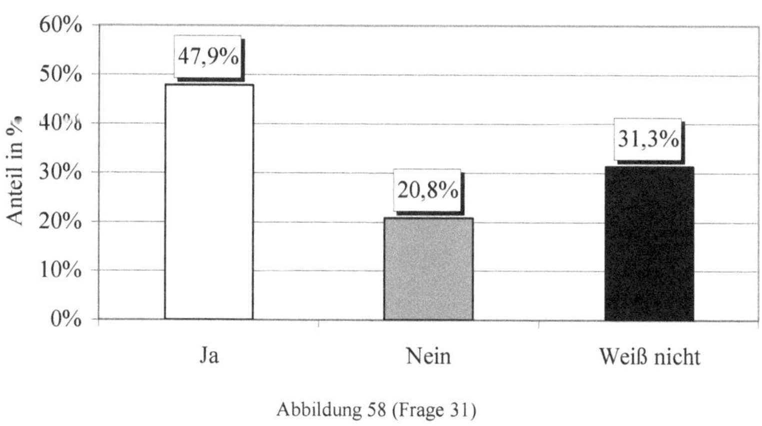

Abbildung 58 (Frage 31)

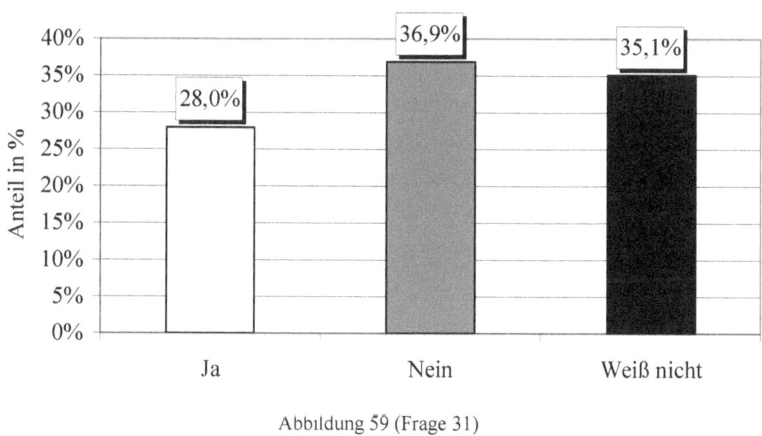

Abbildung 59 (Frage 31)

Eine Person aus Deutschland weist auf die positiven Effekte der Zuwanderung auf die Bevölkerungsstruktur in Europa hin: *Alternde Bevölkerung kann durch Migration verjüngt werden (soziale und volkswirtschaftliche Vorteile für unsere Bevölkerung)*, während eine Person in Frankreich und neun Personen in Deutschland für die selektive Einwanderung plädieren, z.B. *Straffällige Einwanderer sollten kein Aufenthalts-*

recht bekommen / Es sollten nur die einwandern dürfen, die sich selbst finanziell absichern können / Die Umstände (Krieg/Armut/Verfolgung) sollten entscheiden / Die Einwanderung muss verändert werden, ohne dabei ausgeweitet oder beschränkt zu werden → Reform für mehr qualifizierte Einwanderung.

Während eine deutliche Mehrheit der Jugendlichen in Marokko für ein generelles Einwanderungsrecht, für ein Einwanderungsrecht in die EU und für die Ausweitung der Einwanderung in die EU stimmt und der Meinung ist, die EU sei auf Einwanderung angewiesen, ist die Zustimmung zu diesen Fragen bei den Jugendlichen in Deutschland am geringsten.

Dies zeigt, dass die Mehrheit der Befragten in Deutschland kein generelles Zuwanderungsrecht für jeden in Europa befürwortet, aber auch einer geregelten Zuwanderung höchstwahrscheinlich abweisend gegenübersteht, da die Mehrheit nicht glaubt, dass Europa auf Zuwanderung angewiesen ist. Die Mehrheit der Jugendlichen in Deutschland sieht keinen Zusammenhang zwischen Zuwanderung und wirtschaftlicher Prosperität bzw. Lösung des Bevölkerungsproblems (vgl. Gliederungspunkt 3.3).
Gleichzeitig ist die hohe Zahl der Unentschlossenen in den europäischen Ländern bei der Frage, ob die EU Einwanderung benötige, ein möglicher Indikator dafür, dass diese Zusammenhänge in der Öffentlichkeit zu wenig thematisiert werden. Daraus ist abzuleiten, dass die Regierungen der Bevölkerung viel stärker als bisher die Notwendigkeit einer Öffnung der Grenzen für eine geregelte Zuwanderung vermitteln und die möglichen Konzepte erklären müssen. Damit kann den Menschen die Angst vor einem unkontrollierten Zustrom nichteuropäischer Migranten genommen werden, die auch ein Befragter in Marokko mit der Einwanderung in die EU assoziiert: *la peur infustifiée des européens*.

Einwanderung Hoch- und Geringqualifizierter
Eine einfache Mehrheit von 42% in Frankreich und 31% in Marokko spricht sich für die Begrenzung der Einwanderung Hochqualifizierter aus, so dass nur diejenigen das Recht zu immigrieren haben sollten, deren Arbeitskraft im Herkunftsland nicht benötigt wird, während eine Mehrheit von 42% der Jugendlichen in Deutschland für einen unbeschränkten Zugang dieser Gruppe plädiert. Über ein Fünftel der Befragten aller drei Länder ist in dieser Frage unentschieden (vgl. Abb. 60-63).

Die Einwanderung Hochqualifizierter aus Nicht-EU-Staaten sollte... (Marokko)

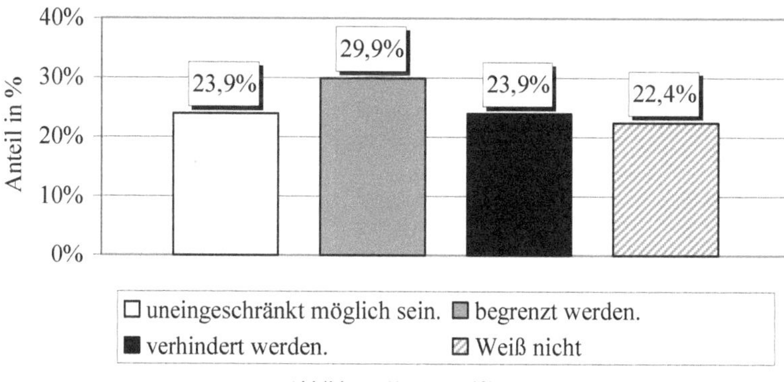

Abbildung 60 (Frage 43)

Die Einwanderung Hochqualifizierter aus Nicht-EU-Staaten sollte... (Frankreich)

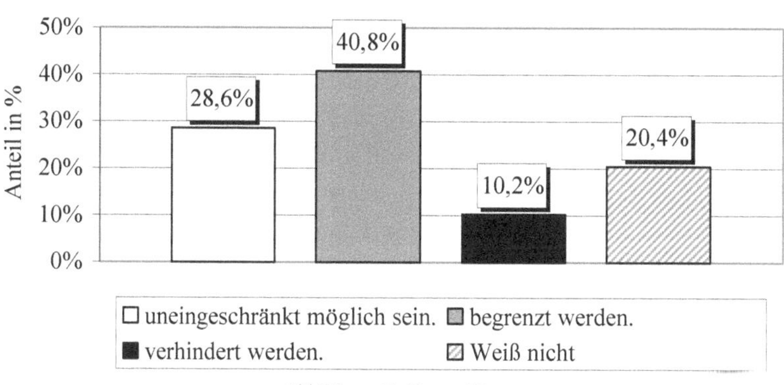

Abbildung 61 (Frage 43)

Die Einwanderung Hochqualifizierter aus Nicht-EU-Staaten sollte... (Deutschland)

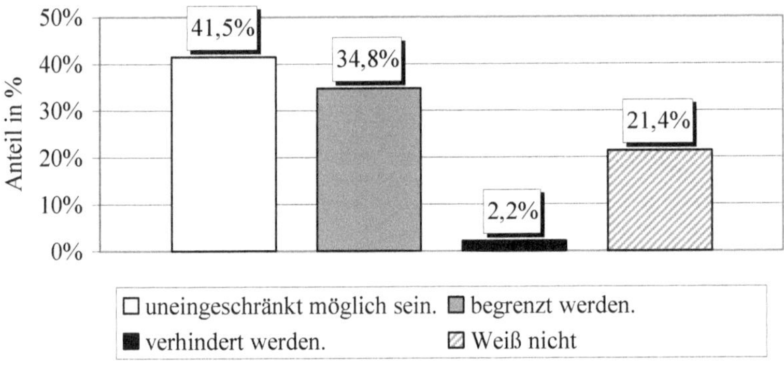

Abbildung 62 (Frage 43)

Fünf Jugendliche aus Marokko und vier aus Deutschland machen hierzu genauere Angaben.

Jugendliche in Marokko sind der Meinung, dass man emigrieren müsse, wenn man im Aufnahmeland eine gute Arbeit fände, z.B. *si qu'il qu'un trouver un bon travail il doit immigrer.*

Außerdem betonen sie den durch Migration entstehenden Erfahrungsaustausch, z.B. *échange d'expérience,* oder sind der Auffassung, dass Menschen zum Zweck einer besseren Ausbildung auswandern können, aber dann wieder ins Heimatland zurückkehren sollen, z.B. *Les gens peuvent immigrer dans les autres pays, pour mieux former, mais à la fin il faut retourner à leur pays d'origine.*

Des Weiteren wird kritisiert, dass die EU nur die hochqualifizierten Migranten aufnehmen wolle, z.B. *l'emigration mondiale se complique de plus en plus a cause des nombreux raison et les européenne ne veulent que la crème des emigrants c'est-à-dire les gens diplôme, éduqués,* und vorgeschlagen, die Einwanderung nicht nur auf Reiche und Hochqualifizierte zu beschränken, da die Akzeptanz legaler Immigranten ein Zeichen der Entwicklung und der Toleranz sei, z.B. *Accepter les immigres legaux est un signe de developpement et de tolerence, car le monde ns appartient tous et ns somme que passageres dans cette vie. Il ne faut pas reduire l'hospitalite des pays aux personnes qui ont de l'argent et des competences.*

Die Beschränkung der Einwanderung Hochqualifizierter wird von den Befragten in Deutschland mit dem Vorrang der Ausbildung von Inländern begründet, z.B. *Beschränkung der Einwanderung ja, jedoch nicht wegen Bedarf im Herkunftsland, sondern nach Bedarf im Zielland. Statt Einwanderung der Arbeitskräfte zu fördern, sollte im Zielland Qualifikation der „Einheimischen" gefördert werden.* Es sei unnötig, hochqualifizierte Einwanderer einzustellen, wenn im eigenen Land Hochqualifizierte (z.B. Ingenieure) vorhanden seien. Außerdem wird das Problem des „brain drains" (vgl. Gliederungspunkt 3.4) für Europa angesprochen, z.B. *Hochqualifizierter Arbeitnehmer wandern in die USA aus.*

Eine Mehrheit von 37% der Befragten in Marokko ist der Ansicht, dass die Einwanderung Geringqualifizierter aus Nicht-EU-Staaten uneingeschränkt möglich sein sollte.

Eine knappe Mehrheit von 38% der Jugendlichen in Frankreich plädiert für die Begrenzung der Zuwanderung dieser Gruppe, so dass nur diejenigen das Recht haben sollten, zu immigrieren, deren Arbeitskraft im Herkunftsland nicht benötigt wird, während eine Mehrheit von 39% der Jugendlichen in Deutschland in dieser Frage unentschlossen ist, wobei die Prozentzahl der Unentschlossenen auch in den anderen beiden Gruppen mindestens ein Viertel beträgt (vgl. Abb. 63-65).

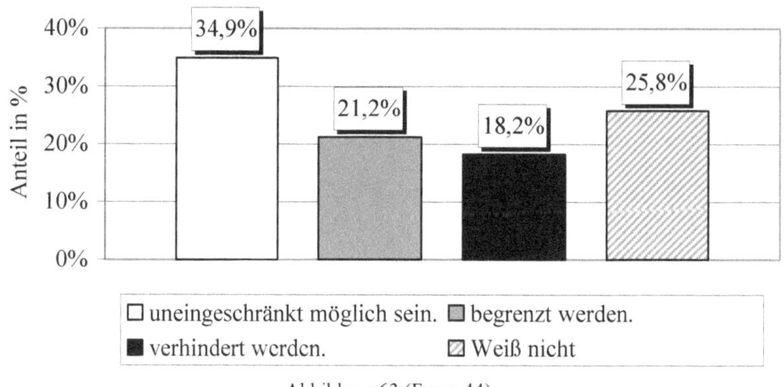

Abbildung 63 (Frage 44)

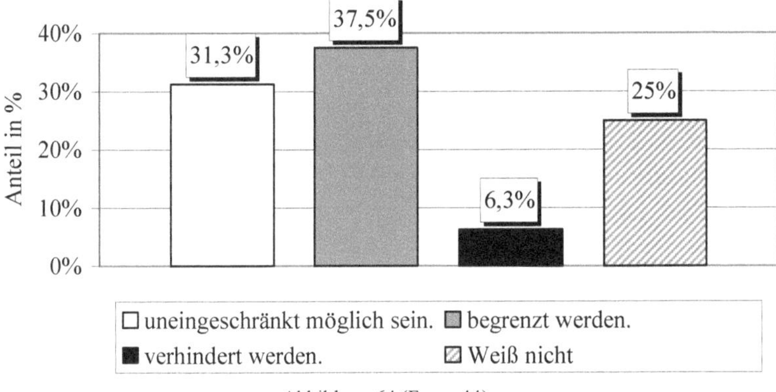

Abbildung 64 (Frage 44)

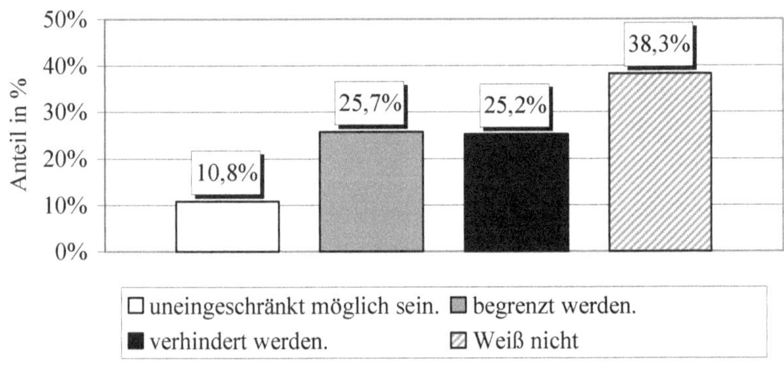

Abbildung 65 (Frage 44)

Vier Jugendliche aus Deutschland und einer aus Marokko geben in dieser Frage einen Kommentar ab. Während die Person aus Marokko vorschlägt, als Alternative zur Migration Geringqualifizierter bessere Ausbildungsmöglichkeiten im Herkunftsland einzurichten, z.B. *les former chez eux*, plädieren die Jugendlichen aus Deutschland für eine Begrenzung der Einwanderung dieser Gruppe, z.B. *Migration ist ein großes Problem: immer mehr geringqualifizierte Arbeitnehmer wandern in die EU-Staaten ein / Es sollten nur diejenigen kommen, die vom Aufenthalt selbst profitieren können & bereit sind für Entwicklung der Heimat & des EU-Land einen Beitrag zu leisten / Bei nicht qualifizierten Arbeitskräften aus dem Ausland lautet auch die Frage: Werden sie in ihrem Zielland gebraucht?*

Zusammenfassend lässt sich sagen, dass es bei den Fragen zur Einwanderung hoch- und geringqualifizierter Arbeitnehmer in keinem Land eine absolute Mehrheit für eine der Antwortoptionen gibt und in jedem Land eine große Anzahl der Befragten unentschlossen sind.

Die Mehrheit der Befragten in Frankreich votiert für die Begrenzung der Einwanderung beider Gruppen. Während sich die Mehrheit der Jugendlichen in Marokko für die Begrenzung der Einwanderung Hochqualifizierter und die uneingeschränkte Zuwanderung Geringqualifizierter ausspricht, plädiert die Mehrheit der Befragten in Deutschland für die uneingeschränkte Zuwanderung Hochqualifizierter und ist bei der Zuwanderung Geringqualifizierter unentschlossen.

Die Ergebnisse der Fragen zur Einwanderung Hochqualifizierter lassen sich durch die Folgen der Einwanderung dieser Gruppe auf die Herkunfts- und Aufnahmeländer erklären. Während hauptsächlich die Befragten in Marokko den „brain drain" fürchten, wünschen sich die Befragten in Deutschland mehr qualifizierte Einwanderung.

Die hohe Unentschlossenheit der Befragten in Deutschland ist ein möglicher Indikator für die unzureichende Thematisierung des Zusammenhangs zwischen der demografischen Situation Europas und der Rolle der Zuwanderung in der Öffentlichkeit.

Zuwanderungsgesetz

Mehr als die Hälfte der Jugendlichen in Deutschland befürwortet ein einheitliches Zuwanderungsgesetz auf EU-Ebene, anstatt die Zuwanderungspolitik, wie bisher, überwiegend auf nationaler Ebene zu regeln. Eine knappe Mehrheit von 44% der Jugendlichen in Frankreich ist gegen ein solches Gesetz, wobei fast genausoviele ein solches befürworten (42%), während eine knappe Mehrheit von 43% der Jugendlichen in Marokko in dieser Frage unentschieden ist und etwas weniger (40%) ein solches befürworten (vgl. Abb. 66-68).

"Verabschiedung eines einheitlichen EU-Zuwanderungsgesetzes?"
(Marokko)

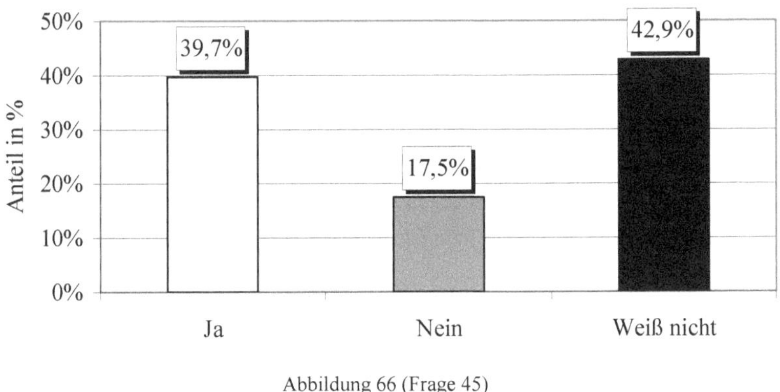

Abbildung 66 (Frage 45)

"Verabschiedung eines einheitlichen EU-Zuwanderungsgesetzes?"
(Frankreich)

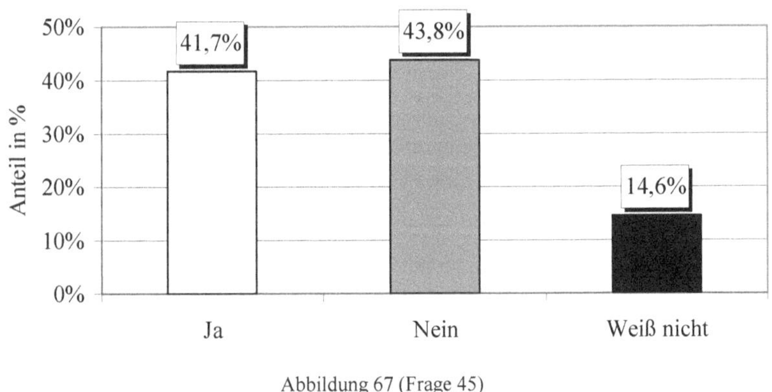

Abbildung 67 (Frage 45)

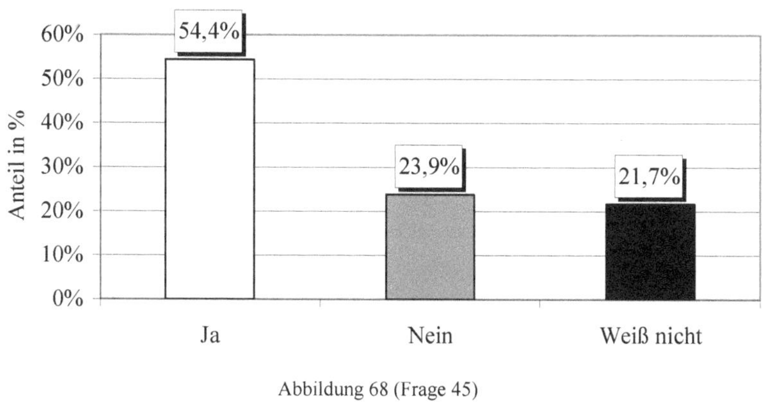

Abbildung 68 (Frage 45)

Sechs Jugendliche aus Deutschland begründen ihre Zu- bzw. Ablehnung zu einem einheitlichen Zuwanderungsgesetz: vier Personen, die dem Gesetz zustimmen, geben folgende Gründe an, z.B. *In der Zuwanderungspolitik ist es sehr schwer Entscheidungen zu treffen, da hier über Menschenleben entschieden wird. Vielleicht öffnet ein einheitliches Zuwanderungsgesetz auf EU-Ebene neue Möglichkeiten mit diesem Problem umzugehen / Ja, da so alle 'Aufnahme'-Staaten dieselben Chancen, Risiken, Kosten etc. tragen. Die EU müsste Gesetze verabschieden die die Migration erlauben von der sie selbst wirtschaftlich und allgemein ökonomisch profitiert / Es sollte zwar ein EU-Zuwanderungsgesetz geben, aber darüber hinaus sollte jede Nation einen gewissen Spielraum haben diese Gesetze zu erweitern.*

Ein Gegner eines solchen Gesetzes gibt den *unterschiedlichen Entwicklungsstand in den EU-Ländern* und *Unterschiede in der Zuwanderungsgeschichte* zu bedenken.

Nur in Deutschland gibt es eine klare Zustimmung zu einem einheitlichen Zuwanderungsgesetz auf europäischer Ebene, während in Marokko die Gruppe der Unentschlossenen am größten ist.

Dies hängt möglicherweise damit zusammen, dass ein solches Gesetz, das Kennzeichen einer gemeinschaftlichen EU-Einwanderungspolitik wäre, nicht auf euromediterraner, sondern auf europäischer Ebene gemacht würde, weshalb ein Befragter aus Marokko kommentiert: *Cela concerne les Européens.*

Die Zahlen lassen darauf schließen, dass am ehesten den Befragten in Deutschland bewusst ist, dass Zuwanderungspolitik in der globalisierten Welt nicht mehr ausschließlich auf der Ebene der Nationalstaaten gemacht werden kann.

Euro-mediterrane Zusammenarbeit

In allen drei Ländern spricht sich eine qualifizierte Mehrheit der Befragten für eine stärkere Zusammenarbeit der Europäischen Union und der afrikanischen Mittelmeeranrainerstaaten, z.B. Marokkos, auf (sicherheits-)politischer, wirtschaftlicher und kultureller Ebene aus.

94% der Jugendlichen in Frankreich, 92% in Deutschland und 78% in Marokko plädieren für eine stärkere Zusammenarbeit auf (sicherheits-)politischer Ebene.

83% der Jugendlichen in Deutschland und je 81% in Marokko und Frankreich sprechen sich für eine stärkere Zusammenarbeit auf wirtschaftlicher Ebene aus und 88% der Jugendlichen in Frankreich, 85% in Deutschland und 83% in Marokko befürworten eine stärkere Zusammenarbeit auf kultureller Ebene.

Vorschläge für eine stärkere Zusammenarbeit auf politischer und wirtschaftlicher Ebene kommen fast ausschließlich von Jugendlichen in Marokko (19 Kommentare im Vergleich zu je einem aus Frankreich und Deutschland).

Zur <u>politischen Zusammenarbeit</u> machen die Jugendlichen aus Marokko folgende Angaben: Eine Person plädiert für die gleichberechtigte Zusammenarbeit zwischen der Europäischen Union und den Emigrationsländern, da sich deren Verhältnis seit Kolonialzeiten nicht gebessert habe und die EU die Herkunftsstaaten immer noch ausbeute: *L'UE doit collaborer avec les pays du sud sur le même pieds d'égalité et non en tant qu'ancien colonisateur! Respect et valorisation réciproque et non l'exploitation totale.*

Eine andere Person hält es für notwendig, die Migrantenrechte besser zu schützen: *A mon avis, le UE a joué un role important dans les pays de tiers de monde en niveau de develp de securité malgré ca, il faut créer des choses pour proteger les migrants.*

Vier Personen weisen auf das Problem der irregulären Migration hin, z.B. *Je suis contre l'immigration illégale, car elle créée des problèmes au pays d'accueil et aux emigrants / Je suis contre l'imigration illègale comme des personnes qui jettent leur vies à la mort.*

Drei weitere Personen sprechen sich dafür aus, die irreguläre Migration zu bekämpfen und die legale Migration auszuweiten, da letztere entscheidend für Entwicklung sei (vgl. Gliederungspunkt 2.5.3): z.B. *On doit interdire carement l'immigration illegale et ouvrir les portes à l'immigration légale / L'immigration est quelque chose de base dans le developpement des pays, au lieu de faire un libre echange des marchandise il faux faire un libre echange des personnes*. Eine dieser drei Personen illustriert am Beispiel eines marokkanischen Immigranten, dass die EU die zirkuläre Migration (vgl. Gliederungspunkt 2.3) ermöglichen sollte, da dann Migranten, die im Aufnahmeland keine Arbeit fänden, wieder in ihre Heimatländer zurückkehren würden: *Je pense que le probleme de l'immigration en general, reside dans la maniere a travers laquele les pays de l'UE, c a dire qu'lieu de fermer les frontière, il faut les ouvrir, parce que lorsqu'on ouvre les frontire, un marocain va aller en France par exemple mais lorsqu'il va arriver meme sans emploi, il va reste la bas car il pouvais pas retourner chez lui. Si non, il va etre considerer comme un petit enfant qui ne peut rien faire. C'est la fin pour lui. Alors, il prefre restre dans le pays d accuyiel que de renterer chez lui.*

Zur wirtschaftlichen Zusammenarbeit schreiben sechs Personen aus Marokko und je eine aus Frankreich und Deutschland, dass die sozialen und wirtschaftlichen Bedingungen im Herkunftsland, auch mit Entwicklungshilfe, verbessert werden müssten, um die Migration zu begrenzen (Jugendliche aus Marokko: *donner des aides aux pays pour developer pour aider à limiter cette immigration / Il faut créer quelques choses pour les migrants dans leur pays d'origine pour qu'il ne sacrificent pas pour leur corps et le jeter dans la mer*, Jugendlicher aus Frankreich: *Les pays Européens sont tenus à aider les pays en voie de développement dans leurs efforts dans cette vie. C'est la seule manière pour à la fois, sauver des gens de la misère et arrêter les flux migratoires*).
Ein Befragter aus Deutschland zweifelt außerdem die Vorteile einer euro-mediterranen Freihandelszone für die breite Bevölkerung an: *bringt Freihandelszone Verbesserung für breite Bevölkerungsschichten? Umstritten Die wirtschaftliche und politische Unterstützung der Hauptemigrationsländer sollte ein Hauptanliegen der EU sein!*

Aus den Kommentaren der Jugendlichen geht hervor, dass sie eine wirtschaftliche und politische Unterstützung der Emigrationsländer befürworten. Abzulesen ist aber auch, dass die Mehrheit der Meinung ist, durch eine Entwicklung der Herkunftsländer die Migration stoppen zu können.
Die Vorstellung, dass die vorhandenen Migrationsströme zwar zu verringern aber nicht zu stoppen sind, dafür aber besser gesteuert werden sollten, wird im Ansatz nur von einigen Befragten aus Marokko geäußert, die vorschlagen, die legale Migration nach Europa auszuweiten, um die irreguläre Migration zu verringern.
Letztere weisen damit auf die Vorteile einer geregelten Öffnung der EU-Grenzen für die Arbeitsmigration und die Ermöglichung der zirkulären Migration sowohl für die Herkunftsländer (Schlüsselrolle der Migranten bei der Entwicklung der Länder) als auch für die Aufnahmeländer (Verringerung der irregulären Migration, Schließung von Arbeitsmarktlücken, Reduzierung des Bevölkerungs-Wirtschaftsproblems, vgl. Gliederungspunkt 3.3) hin.

Acht Personen aus Deutschland halten es aufgrund eines fehlenden fundierten Wissenstandes für schwierig, Fragen über die Einwanderungspolitik zu beantworten, und für zwei Personen ist der Fragebogen Anlass, sich näher mit dem Thema zu beschäftigen.

IV. Schluss

6 Vergleich der Umfrageergebnisse mit der Resolution des Euro-Mediterranen Jugendparlaments

Nach Vergleich und Interpretation der Umfrageergebnisse werden diese abschließend mit der Resolution des Euro-Mediterranen Jugendparlaments verglichen. Aufgrund der Auswahlkriterien (vgl. Gliederungspunkt 1) ist zu erwarten, dass das Politikinteresse der Parlamentsteilnehmer durchschnittlich höher ist als das der Umfrageteilnehmer. Unterscheiden sich die Vorstellungen zu Migration und europäischer Zuwanderungspolitik der politisch interessierteren Parlamentsteilnehmer von denen der Befragten?

Da die Resolution keine Angaben zu allen in der Umfrage gestellten Themen macht, können nur folgende Themenbereiche verglichen werden: ***Meinung zur Situation der Migranten*** (*Integration*), ***Wissen zu Migration und (europäischer) Zuwanderungspolitik*** (*Hauptgrund für die weltweiten Migrationsbewegungen; Rücküberweisungen; Einfluss der Entwicklungshilfe und besserer Handelsbedingungen auf die Zahl der weltweiten Migranten*) und ***Meinung zu Migration und (europäischer) Zuwanderungspolitik*** (*Einwanderung in die EU, Einwanderung Hoch- und Geringqualifizierter, Euro-mediterrane Zusammenarbeit*).

Die Parlamentsteilnehmer weisen darauf hin, dass der Mangel an *Integration* zu sozialen Problemen führt, woraus zu schließen ist, dass sie, wie die Befragten, Integration für absolut notwendig erachten. Dabei heben erstere die politische Integration hervor, welche auch von der Mehrheit der Befragten als Mindestkriterium für Integration betrachtet wird.

Den Befragten zufolge ist die Arbeitsmigration (bessere Ausbildungs- und Arbeitsmöglichkeiten, materielle Sicherheit) der *Hauptgrund für die weltweiten Migrationsbewegungen*. Die Parlamentsteilnehmer nennen keinen Hauptmigrationsgrund, sondern geben unterschiedliche Migrationsursachen an.

Die Parlamentsmitglieder betonen die positiven Effekte der *Rücküberweisungen* auf die Wirtschaft der Herkunftsländer und stimmen damit mit den befragten Jugendlichen überein, die in Deutschland zur Hälfte und in den beiden anderen Ländern mehr als zur Hälfte der Meinung sind, dass Rücküberweisungen einen beträchtlichen Beitrag zur Entwicklung der Herkunftsländer leisten.
Die Mehrzahl der Befragten ist der Meinung, dass sich die *Zahl der weltweiten Migranten* mit verstärkter *Entwicklungshilfe und besseren Handelsbedingungen* für die Herkunftsländer deutlich verringern wird. Entsprechend glauben die Parlamentsteilnehmer, dass Migration mit Entwicklungshilfe einzudämmen sei. Beide Gruppen sind folglich der Ansicht, dass Entwicklung in den Herkunftsländern Migration verringere. Ihnen ist nicht bewusst, dass Entwicklung auf kurze und mittlere Sicht zu mehr Migration führt.

Bei der *Einwanderung in die EU* äußern sich die Parlamentsteilnehmer nicht explizit zu einem generellen Einwanderungsrecht (in die EU), weisen jedoch auf den positiven Einfluss der Migration auf die Bevölkerungsstruktur der Aufnahmeländer hin. Darüber hinaus fordern sie, dass Aufenthaltsgenehmigungen für Drittstaatsangehörige leichter erteilt werden und hoffen, dass auf lange Sicht die zirkuläre Migration Realität wird. Dies impliziert, dass sie für die Ausweitung der Einwanderung in die EU plädieren würden. Sie sind der Auffassung, die EU brauche Einwanderung, um ihren wirtschaftlichen und sozialen Standard zu halten. Damit stimmen sie mit der Mehrheit der Befragten aus Marokko und Frankreich überein. Dies zeigt, dass die Mehrheit der Befragten in Marokko und Frankreich sowie die Parlamentsteilnehmer, im Gegensatz zur Mehrheit der Befragten in Deutschland, einen Zusammenhang zwischen Zuwanderung und wirtschaftlicher Prosperität bzw. Lösung des Bevölkerungsproblems sehen.

Bei der *Einwanderung Hoch- und Geringqualifizierter* betrachten die Parlamentsteilnehmer den „brain drain“ sowohl als Problem für die Herkunfts- als auch für die Aufnahmestaaten und stimmen damit mit der Mehrheit der Befragten in Marokko und Frankreich überein, die sich für die Begrenzung der Einwanderung Hochqualifizierter dergestalt ausspricht, dass nur diejenigen das Recht haben sollten, in die EU einzuwandern, deren Arbeitskraft im Herkunftsland nicht benötigt wird. Da die Mehrheit der Befragten in Deutschland für einen unbeschränkten Zugang Hochqualifizierter

plädiert, ist darauf zu schließen, dass ihnen das Problem des „brain drains“ für die Herkunftsstaaten entweder nicht bewusst ist oder sie die Vorteile für die Aufnahmestaaten als wichtiger erachten.
Da sich die Parlamentsteilnehmer für die zirkuläre Migration aussprechen, ist davon auszugehen, dass sie in der Frage der Zuwanderung Geringqualifizierter mit den Befragten in Marokko übereinstimmen, die für die uneingeschränkte Einwanderung dieser Gruppe plädieren.

Die Mehrheit der Befragten in Deutschland befürwortet ein einheitliches europäisches *Zuwanderungsgesetz*. Zumindest für den Bereich der irregulären Einwanderung sind die Parlamentsmitglieder mit den Befragten in Deutschland einer Meinung, da sie der Auffassung sind, dass auf EU-Ebene einheitliche Richtlinien zur irregulären Einwanderung existieren sollten.

Bei der *Euro-mediterranen Zusammenarbeit* gehen die Parlamentsmitglieder davon aus, dass Aufnahme- und Herkunftsländer die Verantwortung in der Migrationsfrage teilen sollten. Diese Ansicht vertreten auch die Befragten, da sich eine qualifizierte Mehrheit aller drei Länder für eine stärkere Zusammenarbeit auf (sicherheits-)politischer, wirtschaftlicher und kultureller Ebene ausspricht. Sowohl die Parlamentsmitglieder als auch die Befragten befürworten die wirtschaftliche und politische Unterstützung der Emigrationsländer, sind aber auch der Meinung, die Migrationsströme durch Entwicklung der Herkunftsländer verringern zu können.

Auffallend ist, dass, insgesamt betrachtet, die Meinung der Parlamentsteilnehmer am stärksten der der Befragten aus Marokko und am wenigsten der der Befragten aus Deutschland entspricht.
Festgestellt werden kann außerdem, dass das Wissen zu Migration und europäischer Zuwanderungspolitik und die Meinung der Parlamentsteilnehmer und der Befragten aus Marokko zu diesem Thema in fast allen Punkten mit den in der Migrationsforschung vertretenen Ansichten übereinstimmen.
Deutlich wird auch, dass die Antworten der Befragten aus Deutschland (weniger die aus Frankreich, was mit dem hohen Anteil der marokkanischen Migranten unter den Befragten zusammenhängen könnte) zum einen eine große Unentschlossenheit bei Fragen zur EU-Zuwanderungspolitik erkennen lassen und zum anderen auf das man-

gelnde Bewusstsein der Mehrheit darüber schließen lassen, dass Europa aus eigenem Interesse auf Zuwanderung angewiesen ist.

Die Ergebnisse der Umfrage bestätigen, dass der europäischen Bevölkerung die Notwendigkeit von Zuwanderung nicht ausreichend vermittelt wird, obwohl die Fakten den meisten Entscheidungsträgern in Politik und Wirtschaft bekannt sind.

Es ist deshalb notwendig, den Menschen in Europa die Angst vor einem unkontrollierten Zustrom von Migranten zu nehmen und die Konzepte einer kontrollierten Zuwanderung zu vermitteln. Aus diesem Grund muss das Thema Migration viel stärker als bisher sowohl in der Öffentlichkeit thematisiert als auch verstärkt im Schulunterricht behandelt werden.
Dabei dürfen die gegenwärtig die Diskussion bestimmenden vorhandenen Integrationsprobleme und die irreguläre Migration nicht ausgeklammert werden. Es muss aber auch vermittelt werden, dass eine kontrollierte temporäre Arbeitsmigration positive Auswirkungen auf Herkunfts- und Aufnahmestaaten hat und viele der bestehenden Probleme lösen kann und dass speziell Europa auf Zuwanderung angewiesen ist, will es seinen jetzigen wirtschaftlichen und sozialen Standard halten.

In diesem Sinne sagte Kofi Annan in einer Rede vor dem Europaparlament (Annan 2004, 5): „Migrants need Europe. But Europe also needs migrants. A closed Europe would be a meaner, poorer, weaker, older Europe. An open Europe will be a fairer, richer, stronger, younger Europe – provided you manage migration well… Migrants are part of the solution, not part of the problem."

Anhang I: Resolution Migration

„Goethe-Institut Euro-Mediterranes Jugendparlament – die Resolutionen

Resolution by the Committee on Development and Co-operation I
Increased migration flows and their effects on the countries involved: How can the co-operation between receiving countries and countries of origin be improved in order to address arising issues and find effective solutions?

The Euro-Mediterranean Youth Parliament,

A. Aware of the influence the economic gap between North and South as well as the phenomenon of globalisation have on migration,

B. Observing that unemployment in countries of origin as well as the rapidly growing population are major push factors for immigrants,

C. Recognising that political oppression, long term political instability and violent conflicts are constant reasons for migration,

D. Alarmed by the media's central role in perpetuating misunderstandings regarding both the image of immigrants in their host countries as well as living conditions in the host countries,

E. Noting that the lack of opportunities in the fields of education and social mobility contribute to increased migration flows,

F. Deeply convinced that literacy and civic education are determinants for potential immigrants as well as for the effective integration in host countries,

G. Observing that immigrant communities established as cultural, economic and social self-sustaining structures in host countries are a major pull factor for immigrants of the same background,

H. Highlighting the beneficial influence of migration with regard to the ageing population of host countries,

I. Stressing the positive effects of migration on the economies of host countries as well as countries of origin in the form of remittances,

J. Noting with regret that lacking integration of immigrants in their host countries causes social problems,

K. Deeply conscious of the historical and present-day contribution of immigrants in the political, social and economic realities as well as the arts and culture of their host countries,

L. Believing that successful integration of immigrants leads to a reduction of related crime and violence,

M. Taking into account that migration can provide the basis for religious clashes as well as an opportunity for interreligious dialogue,

N. Bearing in mind that the brain drain is a phenomenon taking place both in Europe and the MEDA countries,

O. Convinced that both host countries and countries of origin should share responsibility for taking action in the issue of migration;

1. Strongly calls upon European governments to reduce the need for migration by providing adequate assistance to countries of origin in the form of financial development aid and humanitarian aid urging MEDA governments to enhance their efforts for future development;

2. Reaffirms the need to improve development aid to MEDA countries by ensuring that the existing budget is used efficiently;

3. Supports the implementation of common guidelines for the handling of illegal immigrants, covered by a common EU budget;

4. Encourages governments in the Euro-Med region to examine the possibility of legalising illegal immigrants in their territories and to be inspired by successful precedents in this field;

5. Endorses tackling cultural disintegration by familiarising citizens of the host countries with immigrants' cultures through education, in the form of:
a) Formal education, the guidelines of which will be set by the European Commission and administered on a national and local level,
b) Non-formal education, to be decided on and administrated by municipalities and local governments;

6. Strongly recommends the promotion of cultural exchanges, in the form of "MEDA-Erasmus" for university students, junior exchanges for high school students, professional exchanges and social projects;

7. Proposes the establishment of Euro-MedPol, a network of legal enforcement institutions in the region in order to effectively fight transnational crime and human trafficking;

8. Calls for the establishment of an Integration Bureau in each host country to be funded by host countries and to be co-administered by countries of origin;

9. Further requests that the Integration Bureau provide support to immigrants in the form of legal counselling, translation services, social services etc;

10. Stresses the important role the media plays in the integration process and calls upon it to act more responsibly towards shaping perceptions in host countries as well as countries of origin by representing immigrants more accurately and introducing multilingual programmes;

11. Demands that governments in the Euro-Med region address integration issues by using public media to introduce intercultural programmes, supporting immigrants' media and holding workshops and seminars for people working in the media;

12. Further endorses raising public awareness in order to create a realistic view of the current situation in both receiving countries and countries of origin through artistic activities;

13. Urges governments to consider effective and innovative solutions to the brain drain phenomenon by supporting research and cooperation in the EU to prevent an EU brain drain while helping improve the working conditions of skilled people in the MEDA countries to tackle this issue there;

14. Calls for the introduction or reinforcement of minimum wage control in host countries as well as countries of origin;

15. Further calls for an increased focus on tackling illegal employment in host countries in order to fight exploitation;

17. Supports the awarding of citizenship based on more criteria than just the duration of stay, such as knowledge of the language and culture of the host country;

18. Stresses the importance of language training for immigrants in host countries and proposes the introduction of attendance incentives;

19. Draws attention to the need for assistance for immigrants in public offices;

20. Recommends that authorities allow immigrants with a permit of stay to participate in political activities on a local level in order to promote political integration;

21. Emphasises the importance of promoting mutual respect between cultural communities through dialogue between religious leaders, politicians and civic societies;

22. Supports the promotion of immigrant entrepreneurship as a form of affirmative action;

23. Expresses its hope that, in the long run, free circulation of people will provide a fair and sustainable solution." (GI 2007)

Anhang II: **Notationssystem** (vgl. Reinders 2005, 256)

Die folgenden Interviews wurden im Oktober 2007 transkribiert, wobei die „Literarische Umschrift“ (Reinders 2005, 254) gewählt wurde, um den „Besonderheiten der gesprochenen Sprache“ (Reinders 2005, 254) gerecht zu werden.

Notation	**Bedeutung**
:	Darstellung einer die Länge des Vokals überdauernden Vokaldehnung
'	Darstellung eines nicht beendeten Wortes
<p> <p>	Kennzeichnung einer leisen Äußerung
[unverständl., 2 Sek.]	Kennzeichnung der Länge eines nicht verständlichen Interviewteils
(lacht)	Darstellung eines parasprachlichen Vorgangs
*(lachen bis *)*	Darstellung eines parasprachlichen Vorgangs, der bis zur Kennzeichnung (*) an der entsprechenden Stelle im Transkriptionstext andauert
(-)	Sprechpause, geschätzt, zwischen 1-2 Sekunden
(3)	Spechpause, geschätzt in Sekunden ab einer Pausendauer ab drei Sekunden
[Unterbrechung]	von der Transkribierenden eingefügter, interpretierender Zusatz

Anhang III: Transkript 1

Problemzentriertes Interview:
„Fallbeispiel 1: Einwanderung in die EU"

Zeit: 06.09.2007, 23:00-23:38

Ort: Reims, Gemeinschaftsraum Studentenwohnheim

Gesprächspartner: 21-jähriger marokkanischer Student

Inhalt: persönliche Migrationsgeschichte, Meinung zu Migration (aus Marokko) und europäischer Zuwanderungspolitik

S: = Student und Informant

I: = Interviewerin

I: Alors je vais essayer de le faire en français bien sûr.

S: Ça sonne bien.

I: Mhm peut-être tu as déjà regardé un peu sur les questions.

S: Oui bien sûr.

I: Il s'agit d'abord mhm ce que tu as fait au Maroc, après les débuts en France, et si on a encore le temps, on peut encore parler mhm de de la situation politique si ça t'intéresse, en Europe en France. On va voir. Tu me dis ce que tu veux faire à la fin. Ehm bien mhm. Au début, mhm à quel âge est-ce que tu as songé pour la première fois à émigrer et pourquoi?

S: Donc, eh enfin moi au début c'était pas l'émigration en faite c'était faire mes études à l'étranger. C'est ça ce qui m'intéressait. Ce n'était pas émigrer. Enfin, en quelque sorte c'est une émigration.

I: Oui, parce que émigrer c'est.

S: Mais ce qui m'intéresse c'est pas travailler à l'étranger, c'est faire mes études à l'étranger.

I: Mhm.

S: Donc, voilà, j'avais le choix entre la France, un petit peu le Canada.

I: Mhm.

S: Et j'ai choisi la France parce que c'était le plus facile y aller.

I: Mhm.

S: Et puis parce que je parle français. Je maîtrise la langue française. Donc, je pouvais pas aller en Angleterre. Parce que j'aurais du mal. Je parle l'anglais, mais j'aurais du mal quand-même.

I: D'accord.

S: C'est pour ça.

I: C'est-à-dire, tu voulais faire tes études en France.

S: Oui.

I: Et après, est-ce que tu envisages peut-être de rester ici ou est ce que tu sais: «Non, je veux aller au Maroc après, après mes études c'est fini et».

S: Ça reste à voir en faite. C'est par rapport le diplôme je l'aurai ici. Donc, après il faut chercher un travail. C'est vrai que je vais chercher dans les deux pays, Maroc et la France.

I: Pas d'autres pays, a priori.

S: Maintenant, je ne pense pas. Mais s' il y a un moyen de chercher un travail ailleurs, par exemple en Angleterre ou peut-être un petit peut loin, au Canada, aux Etats-Unis, je vais le chercher. Et après, le pays où je vais m'installer, ça dépend du travail, là où je vais trouver le meilleur boulot.

I: Mhm.

S: Ça soit au Maroc, si ça soit en France. Maroc, France ça ne me dérange pas, en faite.

I: Donc, tu resteras mobile pour.

S: Pour le travail. C'est normal parce qu'on cherche toujours un meilleur travail.

I: Oui, oui, bien sûr, d'accord. Alors, je vais regarder, si ça enregistre, et après on peut continuer. (5) Et on a parlé des début de ton immigration. Je l'appelle comme ça. Ehm et à quel âge est-ce que tu as pris la décision définitive? C'était déjà au lycée où après?

S: C'était au lycée, non c'était au terminale.

I: Terminale mhm. Ehm et les raisons pour lesquelles pour toi, c'étaient les études pour trouver un travail après tu m'a dit. Mhm et quelles démarches est-ce que tu as effectuées au Maroc, les étapes qu'il faut faire pour préparer?

S: D'abord il faut trouver une inscription, avant d'avoir le bac, pendant l'année.

I: Mhm.

S: Donc, il faut chercher sur l'internet. Il faut chercher aussi sur l'ambassade de France et cetera. Une fois on a l'inscription, il faut passer un test, un test de français, puis après le test on attend d'avoir le bac. Après, on demande le visa.

I: Et le test, ça coûte combien? Ça coûte quelque chose?

S: Ça coûte, ça coûtait avant, avant ça coûtait 20 euros, à mon époque ça coûtait 50 euros. Maintenant, il coûte presque 200 euros. Et puis maintenant, il n'a pas que le test de français, il y a un entretien, il y a plusieurs démarches, en faite. Je ne connaîs pas bien les démarches parce que moi je n'en ai pas fait.

I: Aussi sur la civilisation ou seulement la langue?

S: Maintenant, c'est sur tout. Sur la motivation, sur ce que tu veux faire là-bas et cetera. Pour moi, j' avais fait le test de français, inscription et puis le visa, alors que maintenant, c'est beaucoup plus difficile ça a changé.

S: Non, je ne crois pas qu'ils s'intéressent à ça parce qu'ils savent qu'on est les étudiants. Donc, on n'a pas le droit de voter et cetera. Ça sert à rien [unverständl., 2 Sek.]. Il faut respecter le mode du pays, et puis voilà.

I: Ok, et est-ce qu'il y avaient des personnes qui t'ont influencé, peut-être tes profs, ta famille ou est-ce que tu connaissais déjà quelqu'un qui avait émigré.

S: Oui (-) beaucoup, il y a beaucoup qui sont partis à l'étranger. Pour moi personnellement ce n'était pas une influence. C'est pas pour ça que je suis parti. Mais il y en il y en a qui sont influencés et il y en a les gens qui connaissent mal l'Europe. Ils regardent leur frères ou leurs voisins qui arrivent au Maroc avec de belles voitures et cetera. Donc, ce qu'il font, ils ont envie d'en avoir aussi. Ils ne savent pas que c'est difficile et cetera. Moi, je n'étais pas influencé.

I: Mhm et ça a peut-être aidé un peu de pouvoir se renseigner pour la préparation, comment ça marche.

S: Maintenant, avec le moyen d'internet, je pense c'est facile, je crois.

I: Ok.

S: Je savais où je vais résider et cetera.

I: Et est-ce qu'il avait des problèmes spécifiques qui se sont posés avant le départ?

S: Des problèmes spécifiques? Eh beh, le visa parce que enfin il y a trop de papiers.

I: Là, il faut attendre longtemps?

S: Non, il ne faut pas attendre longtemps, mais il y a trop de papiers. Et il faut un petit coup de chance parce que une chance sur deux de l'avoir. Il y a des gens qui ont les mêmes dossiers. Puis, il y a un qui est accepté.

I: Et sur quels critères? On ne sais pas?

S: C'est presque le critère de l'argent, si les parents touchent bien. Donc, ils permettent.

I: Mais ça je ne comprends pas. C'est l'État français qui décide sur ça, n'est-ce pas? Et là ils regardent ceux qui ont plus d'argent?

S: Ça c'est le critère le plus important.

I: Ok, je ne savais pas.

S: Ah, c'est le critère le plus important parce que on donne le [unverständl., 1Sek.] de leurs parents et cetera pour justifier les moyens.

I: D'accord. Et pour le test du français, c'est une organisation qui le fait ou il y en a plusieurs?

S: C'est c'est c'est l'école française de Maroc qui le fait.

I: Ok. Est-ce qu'il existe d'autres organisations mhm au Maroc qui donnent des conseils? Je ne sais pas, des organisations officielles. Si on veut émigrer, est ce qu'on peut s'adresser à une organisation?

S: Ça dépend, mais justement je reviens le même mot, c'est tu parles de l'immigration. En faite, immigration, il doit y avoir des organisations pour ça. Mais pas pour la France. Il y en a pour le Canada, je crois parce que le Canada, ils demandent beaucoup d'immigrés par année, les Etats-Unis je crois pareille. Donc, il y a la loterie je crois pour les Etats-Unis. Tu connais la loterie?

I: Non.

S: Le tirage au sort, en faite.

I: Ah oui, la loterie.

S: Et des organisation qui font ça. La France, c'est pas pareille parce que la France, c'est des étudiants, en faite.

I: Mhm.

S: Ça n'a presque rien à voir en faite. On fait la démarche en étant étudiant, on n'est pas immigré, en faite.

I: Et pour le Canada et les Etats-Unis, des organisations de ces pays-là qui se sont installées au Maroc?

S: Et parfois des organisations nationales, en faite.

I: Aussi marocaines, les deux?

S: Des avocats et tout, moi je n'en connais pas trop, mais c'est entre parenthèses.

I: Pour toi c'était une autre démarche. Come étudiant en France.

S: Voilà, j'ai jamais, comme étudiant tu n'en a rien à voir. Tu cherches l'inscription et voilà le visa tu pars.

I: Ok. Et cette préparation-là a duré combien de temps? A peu près une année? Tu as déjà commencé à avoir le bac.

S: C'était pendant l'année, il y avait les premières démarches comme je l'ai dit. C'était l'inscription. Donc, tu remplis des dossiers sur l'internet. Puis, on tente la chance un peu partout et puis enfin [unverständl., 1 Sek.].

I: A peu près quelques mois, douze mois peut-être?

S: Non pas douze mois. Si tu fais le dossier au mois de décembre, tu reçois la réponse au mois de février, deux mois un peu. Et si tu attends le bac, tu auras le diplôme en mois de juin [unverständl., 1 Sek.], mais il y en a ceux qui partent après un bac plus deux, après un bac plus quatre, il y a ceux qui attendent d'avoir une licence, puis.

I: Et toi, tu voulais commencer tes études ici juste après le bac.

S: Oui, c'est mieux.

I: Et il n'a pas de service militaire chez vous?

S: Non.

I: Très bien (*lacht*).

S: Tant mieux.

I: Tant mieux. Ehm et est-ce qu'il avait une chose duquel tu avais le plus peur avant d'arriver ici?

S: Le racisme, la discrimination, le racisme, la discrimination voilà. Enfin, ça parle tout le temps sur ça à la télé.

I: Au Maroc?

S: Sur les médias internationales que ce soit du Maroc ou des médias arabes ou européens, mais bon.

I: Et ces craintes se sont avérées justifiées quelquefois? Parce que tu m'en as déjà parlé hier.

S: Enfin, le racisme c'est vrai. Ça existe, mais on ne le voit pas beaucoup, en faite. Ça existe si tu cherches un travail, quand on pose un CV visuel: "Bonjour la la la", et après, ça se trouve qu'ils le déchirent.

I: Le CV anonyme, ça serait la solution, mais en réalité on ne sait pas toujours si c'est possible peut-être.

S: Ça c'est la discrimination, tu vois.

I: Mhm et pourquoi tu as choisi l'Europe? À cause, pour la langue? Tu as dit peut-être le Canada aussi c'était une option.

S: Québec. La langue. Mais c'était juste pour la langue, en faite. Parce que je pouvais pas aller en Allemagne. Et puis, pour aller en Allemagne il faut que je fasse deux années de la langue avant de commencer. Donc, alors, il y avaient deux raisons de rater. Bon je n'en avais pas envie.

I: Alors, l'Europe parce que c'était plus proche et l'autre option aurait été le Canada, la partie où on parle le français. Pourquoi l'Europe à la fin parce que et pas le Canada?

S: Le Canada je crois qu'ils demandent que les parents touchent plus d'argent.

I: Ah ok.

S: Donc voilà, c'était pas la peine. Puis en plus c'était long. La France trois heures moins quart d'avion, c'est pas, c'est moins long.

I: Et qu'est-ce que tu savais de la France? Quelle était ton image avant de partir et comment est-ce que cette image-là a changé, peut-être? (*rire*)

S: Moi, enfin j'ai déjà eu l'occasion de venir en France pendant les vacances pendant deux semaines. Donc, j'ai un peu visité Paris et cetera. Donc, je connais un peu enfin le pays en général avant ma première fois, [unverständl., 1 Sek.] c'était un bon pays, voilà. Mais maintenant, quand, c'est vrai, faire du tourisme en France ce n'est pas la même chose. Quand tu y vis, tu commences à avoir des problèmes, le logement, il faut travailler, l'école et tout. Donc, ça a changé un petit peu, mais bon.

I: Mais tu le ferais encore une fois, choisir la France et faire tes études ici, ou peut-être pas?

S: Si c'était à refaire?

I: Oui.

S: Si c'était à refaire, j'aurais peut-être, j'aurais quand-même venu en France, mais j'aurais peut-être essayé de tenter la chance ailleurs.

I: Peut-être au Canada?

S: Canada, Angleterre, mais bon c'est enfin maintenant je suis en France, il faut que j'assume.

I: Pourquoi? Qu'est-ce que tu crois? Qu' est-ce qu' il y a de mieux au Canada, en Angleterre?

S: Au Canada c'est plus facile de travailler et cetera.

I: Mhm.

S: Et cetera. Puis, en France en ce moment, si tu vois il y a des problèmes politiques et cetera.

I: Mhm.

S: On évite un petit peu, mais c'est pas que je suis mal en France. Je suis bien quand-même.

I: Oui d'accord. Et ta famille et tes amis, est-ce qu' ils ont compris que tu veux venir en France ou est-ce que quelqu'un a dit: "Non, reste ici, c'est pas bien."?.

S: Non beh, enfin, comme tu sais déjà, en Europe il ya beaucoup d'étudiants qui passent un an à l'étranger avec le programme Erasmus et cetera. Donc, c'est à peu près la même chose, mais c'est plus long. En faite, j'ai mon bac, j'ai décidé je vais aller à l'étranger pour faire mes études. Puis ma famille l'a accepté parce que c'est c'est, enfin partout au monde on part à l'étranger. Il n' y a pas que nous oui.

I: Donc, ils le trouvent plutôt positif et peut-être admirent aussi ton courage parce que c'est, il faut être courageux.

S: Ils trouvent que c'est positif parce que j'apprends à vivre tout seul parce que avant je ne savais même pas préparer quelque chose a manger.

I: (*lachen bis* *)

S: C'est vrai. Ma mère faisait tout. Le jour où je suis arrivé je ne savais même pas faire du thé et du café. Je mettais n'importe quoi dedans (*).

I: Donc, tu as déjà appris beaucoup.

S: Je suis obligé, sinon.

I: Mais c'est pas facile, je comprends.

S: Au début oui.

I: Et de quel titre de séjour, et tu as quel titre de séjour?

S: C'est le séjour des étudiants, comme tous les étudiants. Il expire chaque année. Il faut le renouveler.

I: Chaque année. Et après tes études, si tu trouves du travail ici, ce qui n'est pas trop probable, tu peux rester , sinon c'est pas prolongé?

S: Non, comme je t'avais expliqué, il faut faire un dossier de changement de statut. On passe du statut d'étudiant au statut de salarié. Ça prend du temps je crois, mais je n'ai pas encore d'information sur ça parce que je ne suis pas encore arrivé.

I: Oui parce que oui ce sont tes études d'abord et après tu vas voir si tu peux rester.

S: Après, ça reste à voir.

I: Et pour les bourses d'études tu m'as déjà dit que tu n'a pas la possibilité comme les Français aux mêmes bourses qui existent ici en France.

S: Oui, parce que les Français ont une bourse de l'Etat français. Ils touchent en moyenne 400 euros, 450 par mois. Nous on n'en a pas droit parce qu' on est étudiant étranger. Et puis voilà, on n'a pas le droit.

I: Et pour les Allemands, et pour les étudiants des autres pays en Europe?

S: Ils touchent des bourses de leurs pays, en faite, je crois. Ça dépend du pays d'en viennent en général. Mais il y en a un que la France leur donne des bourses, même s' ils ne sont pas français. Quelques-uns, je ne connais pas trop bien le système, parce que je n'ai pas eu le droit, donc.

I: Peut-être il y a aussi des bourses de l'Etat marocain pour les étudiants marocains qui sont a l'étranger.

S: Ça existe, mais ce sont des bourses qui sont données a des étudiants qui sont envoyés par l'Etat marocain, qui n'ont pas fait les démarches comme moi, comme la plupart. Ils sont quelques-uns qui ont un peu de la chance, les élites, les meilleurs.

I: Oui, oh, peut-être pas les meilleurs. Je ne sais pas forcement.

S: [unverständl., 2 Sek.]

I: D'accord. Et tu as déjà parlé un peu des difficultés qui se sont posées au début. Eh c'était quoi principalement, le logement où?

S: Au début, à l'arrivée en France, c'était, oui c'était le logement. Puis, déjà connaître le système.

I: Mhm universitaire?

S: Universitaire, tout, même les petits détails, en faite. Déjà ne pas avoir habitude de parler le français tous les jours et voilà, mais bon. Après, c'est facile de l'apprendre, en faite. C'est peut-être plus difficile pour un Américain qui vient par exemple vivre en Colombie, au Sénégal. Ça va être plus difficile pour lui de s'adapter que pour nous de s'adapter en Europe.

I: Quand-même c'est pas facile probablement. Et en ce qui concerne la langue, ehm ici est-ce que tu as des amis plutôt marocains ou aussi français? Et si ce sont des amis marocains, probablement tu parles en arabe avec eux, n'est-ce pas?

S: (*lachen*) Qu' en arabe. Enfin, au début, je connaissais plus de Marocains parce que je suis arrivé. Donc, on s'aide entre nous. On voit il y a un nouveau copain, il faut l'aider et tout. On parle arabe. On parle jamais Français.

I: Mhm.

S: Puis après, quand je suis entré à la fac, j'ai commencé à avoir des amis français. Maintenant, j'ai autant d'amis français que marocains que sénégalais qu'allemands et cetera.

I: (*lachen*) Ehm et quelles sont les attentes de ta famille? Mhm c'est peut-être une question bête, mais (*lachen*), bien sûr que ta famille serait heureuse si tu réussis et finis tes études ici. Mais est-ce qu'ils, parce que comme les relations familiales au Maroc sont un peu différentes. Et est-ce qu' on attend de toi que tu envoies par exemple de l'argent, si tu trouves un travail en Europe?

S: Ma famille, non. Ils s'attendent pas que je leur envoie de l'argent. Ils touchent bien, entre parenthèses. Ils n'ont pas besoin de moi, en faite. Tu vois, plus intéressant pour eux, c'est avoir mon diplôme, et le plus intéressant c'est pas vivre en Europe. Ils veulent plus que, moi je serais plus content d' être à côté de ma famille. C'est plus facile.

I: C'est vraiment pour le travail que tu es venu ici.

A: C'est pas pour le travail, c'est pour les études. Et après le travail, si je trouve un travail bien là-bas en France, je vais rester, mais c'est pas une condition. Si je trouve un travail au Maroc, maintenant dans le domaine l'électronique ça se développe. Il y a des réseaux de travail. Moi, ça m'intéresse moi de vivre au Maroc. Moi, je vais chercher d'abord au Maroc et après en France.

I: Mhm parce que tu préférerais de vivre près de ta famille, là où tu as grandi.

S: Mhm c'est vrai. C'est clair et net.

I: Oui. Est-ce que tu peux nommer une chose qui est mieux au Maroc et une chose qui est mieux en France, spontanément?

S: Qui est mieux au Maroc, pour moi ma famille.

I: Mhm les relations familiales.

S: Ma famille (*lacht*). Et mieux en France (-) c'est mieux en France d'accord (3) difficile de trouver un truc mieux en France (4) eh.

I: (*lacht*)

S: Eh je trouve pas.

I: D'accord. C'est pas grave (*lacht*).

S: Désolé. Ça veut pas dire qu'il n'a pas de belles choses, mais j'arrive pas à trouver.

I: Oui, oui, spontanément c'est pas toujours facile. Et pour la naturalisation est-ce que c'est quelque chose que tu envisages? Probablement pas parce que tu va retourner au premier lieu. Mais si tu trouves un travail ici. Ehm est-ce que ça serait une option? Parce qu'il faut se décider, n'est ce pas? Il n' y a pas le double.

S: Si, si, il y a le double.

I: Ça existe.

S: Ça existe pour tout le monde. Les Marocains qui sont nés en France et qu'ils ont la nationalité française, ils ont la double nationalité. Ils ont le passeport marocain, passeport français.

I: C'est-à-dire, si tu veux être naturalisé, de devenir français, tu peux garder ton nationalité.

S: La nationalité marocaine [unverständl., 1 Sek.], la nationalité marocaine, il tombe jamais en faite. Comme si tu étais un Marocain et tu demandes d'être japonais tu reste un Marocain. C'est un avantage, en faite [unverständl., 1 Sek.].

I: Et quelles sont les démarches? Comment est-ce qu'on peut le faire?

S: Je ne sais pas.

I: D'accord.

S: Mais ça doit être une procédure assez longue.

I: Mhm on a dit ça voilà mmh oui (-) alors pour dire encore quelque chose sur l'image des immigrés, je dis encore immigré, au Maroc en général. Est-ce que c'est vu plutôt positivement de la société, des gens, qu'on immigre en Europe?

S: Tu parles des Marocain qui sont au Maroc?

I: Oui.

S: Et leur image sur les immigrés?

I: Leur image sur les Marocains qui quittent leur pays natal peut-être seulement comme toi pour cinq ans, mais peut-être pour plus longtemps.

S: Beh, je crois que l'image n'est ni positive ni négative. Beh, ça se comprend, les gens qui, enfin les gens qui, il faut toujours mettre étudiants à part, et puis ceux qui partent travailler, c'est à part. Alors ceux qui partent travailler, enfin s'ils ne trouvent pas un travail au Maroc et qu'ils veulent vraiment un bon avenir, qu'ils sont obligés de partir à l'étranger. Je crois que c'est naturel.

I: Oui.

S: C'est normal.

I: Et c'est plus facile pour les, parce que tu dis toujours tu mets à part les étudiants, c'est-à-dire c'est plus facile pour eux d'aller en Europe, d'obtenir le visa, que quelqu'un qui veut travailler en Europe?

S: Travailler, c'est autre chose, mais étudiant ça reste un étudiant. Ça reste quelqu'un qui va venir de passer ses études en France. Il ne va pas rester plus longtemps. Je dirais qu'il n'y pas beaucoup qui restent en France après leur études. C'est je crois que 80% reviennent. Je crois c'est pas un chiffre exact. Mais déjà les amis que je connais, la plupart ils vont revenir.

I: Et est-ce que tu as l'impression que le pourcentage des femmes marocaines qui font leurs études en Europe en général a augmenté?

S: Eh je crois qu' enfin, les femmes marocaines en général elles avaient toujours le droit d'aller à l'étranger. Enfin, ma sœur, si elle voulait partir à l'étranger, elle serait partie , mais elle n'a pas voulu. Mes parents, ils ne leur auraient rien dit. Mais comme tu vois, tu connais des filles marocaines, moi j'en connais pleins.

I: Moi aussi.

S: A la cité je connais beaucoup de Marocaines, il n'y a pas de problème, non.

I: Mais j'ai simplement cru que, je peux pas estimer le pourcentage, si ce sont 20:80 ou 50:50. Je crois peut-être il y a encore plus de garçons qui le font, mais.

S: Oui, mais, franchement, je ne sais pas, il y a peut-être plus d'hommes, mais c'est pas parce que ce sont des femmes qui sont pas venues ici, c'est au Maroc elles en ont droit, voilà.

I: Oui peut-être quelques-unes ne veulent pas. Elles veulent simplement rester au Maroc, ok mhm oui. Est-ce qu'on peut dire, les étudiants marocains, ceux qui viennent en Europe, est-ce qu'ils, est-ce qu'ils viennent de la plupart d'un milieu aisé, plutôt aisé parce qu'il faut payer pour voilà le test et cetera.

S: Ça c'est sûr. Enfin, il faut payer ça. Mais après on peut dire que ce n'est pas grave de payer, mais il y a justifier les moyens pour le visa. Donc, ça il faut que les parents ils touchent bien. Mais ils sont assez aisés, oui. C'est pas des pauvres. Mais c'est pas les riches non plus.

I: La classe moyenne.

S: La classe moyenne, voilà, la plupart c'est la classe moyenne. [unverständl., 1 Sek.] Des riches, il y en a beaucoup aussi.

I: Mais peut-être les riches vont plutôt aux Etats-Unis?

S: Les riches vont là où ils veulent.

I: (*lachen*) Ehm et maintenant avec la situation politique en France, avec Sarkozy, l'UMP et cetera, ehm selon toi, qu'est ce qu'il va changer dans la politique de l'immigration, qui est encore plus nationale que sur l'échelle européenne? On décide encore la plupart de ces choses-là dans les pays, en France et en Allemagne.

S: Je crois avec l'arrivée de Sarkozy, ça va être dur pour en ce qui concerne le regroupement familiale et cetera, mais je ne crois pas entre les étudiants. Ça ne va pas toucher trop les étudiants, normalement. Sinon, s'il le rend plus difficile aux étudiants, cela serait une erreur parce que ça arrête des étudiants. Si [unverständl., 2 Sek.] ils veulent qu'on parle le français à l'arrive en France [unverständl., 3 Sek.]. Il y a des lois qui sont exactes, mais il y en a beaucoup aussi qui sont inexactes.

I: D'accord, mais est-ce que tu crois qu'il est devenu plus difficile de, ehm jusqu'à maintenant, pour les étudiants de venir ou ça est resté depuis les année quatre-vingts à peu près la même chose?

S: Ça devient de plus en plus difficile, rien contre mon arrivée et maintenant, ça a changé complètement.

I: Déjà.

S: Oui, déjà.

I: Et ça va encore déterioriser, c'est quoi?

S: Devenir plus difficile, déjà dans trois ans cela est devenu de plus en plus difficile. Dans les années quatre-vingts il n'y avait pas de visa pour la France, pas pour l'Europe. Les Marocains, ils pouvaient entrer avec un passeport, comme maintenant, quand tu passes de l'Allemagne à la France ou de la France en Allemagne.

I: Et même chose pour les travailleurs qui ne veulent pas faire des études mais travailler en France. Je crois que c'est presque impossible parce que jusqu'en 74, je crois, jusque-là l'immigration était encore possible, plus facile. Et après on a stoppé et c'était surtout le regroupement familial qui qui a augmenté le nombre des immigrés.

S: En France ils ne demandent pas de travailleurs, je crois, mais après l' Espagne et l'Italie il augmente.

I: D'autres pays. Donc, les Marocains sont venus surtout en France et après peut-être plus en Espagne, en Italie, là c'est plus facile.

S: La première génération. Ils sont venus en France pour travailler. Et puis maintenant, il y a de plus en plus qui partent en Espagne, et puis un peu en Italie. Mais ce ne sont pas des gens qui partent travailler. Ils n'ont pas de bonnes postes, tu vois, ce sont des personnes qui travaillent un peu le travail dur, le travail que les Espagnols, par exemple, refusent de faire.

I: Oui. Pendant l'été peut-être aussi seulement. Ce sont des contrats pendant des mois, et après il faut retourner.

S: Voilà. Il font des contrats. Ça leur permet de gagner un peu d'argent, puis de revenir faire déjà une maison, [unverständl., 1Sek.], après faire du commerce.

I: Mhm et si tu es d'accord, j'aimerais bien encore aborder un dernier sujet qui est très actuel et très triste. C'est l'immigration clandestine.

S: Clandestine.

I: Et je sais pas si tu le sais. Il y a ehm une agence de garde frontière qui s'appelle Frontex, et là les Etats européens cherchent à mhm oui construire des murs vraiment, pour que les personnes ne puissent plus entrer. J'en ai déjà réfléchi, mais non plus, mais ce problème de l'immigration clandestine, ce qui est tragique parce il y a des personnes qui sont morts dans les, au méditerranée.

S: Et des murs, c'est impossible de construire des murs.

I: Et je me suis demandée: "Quelle pourrait être une solution? Est-ce qu'il faut que les Etats européens trouvent une solution commune, mais laquelle?" Mhm qu'est-ce que tu en penses?

S: Oui, l'immigration clandestine, c'est vrai que c'est un problème très grave. Il y a des gens qui meurent, à cause de ça. Ils passent par le Maroc, mais c'est pas des Marocains.

I: Oui, à l'origine.

S: C'est des Subsahariens, des Africains subsahariens qui arrivent. Déjà ils arrivent clandestinement au Maroc. Il en montent jusqu'au Nord. Ils essaient de traverser la frontière, de passer la mer, en faite. C'est l'Atlantique. C'est 14 kilomètres, je crois, de différence. Donc, ils essaient de faire ça. [Unterbrechung durch den Eintritt eines Studenten, 2Sek.]

I: Oui, on continue, bonsoir.

S: J'interromps, c'est vite fait. [Unterbrechung durch Gespräch mit eingetretenem Studenten, 24 Sek.] Excuse moi.

I: Pas de problème, pas du tout.

S: C'est la question des clandestins. Je disais la meilleure solution c'est le développement de ces pays.

I: Mhm le développement, si les conditions changent.

S: C'est impossible d'empêcher des gens. Dèjà ils viennent des pays ou ils ne trouvent pas à manger, tu vois. Imagine leur façon de réfléchir. Ils cherchent déjà à manger, tu vois. Pour eux, l'Europe, c'est le paradis. Ils essaient de n'importe quel moyen [unverständl., 2 Sek.]. Je vais mourir ou rester dans mon pays où il y a la famine, la guerre et cetera.

I: Mais est-ce que vraiment la plupart d'eux est si pauvre? Parce que j'ai aussi lu qu'une grande partie qui essaie d'émigrer clandestinement en Europe n'est pas si pauvre.

S: Pourquoi ils veulent émigrer à ton avis?

I: Pardon?

S: Pourquoi ils veulent émigrer à ton avis?

I: Pour, par exemple un membre de famille émigre pour aider la famille. Ils cherchent à gagner de l'argent en Europe. Et comme les lois européennes sont devenues si strictes pour l'immigration qui est permis. Bien sûr que ces personnes-là font aussi partie de l'immigration clandestine.

S: Mais s'il n'est pas pauvre, donc il peut aider sa famille. S'il n'est pas pauvre, donc s'il vit bien. Donc, il peut aider sa famille. Pourquoi par exemple au Maroc il n' y a pas beaucoup qui viennent en Europe clandestinement. Il y en a, je veux pas dire le contraire. Mais il y en a pas beaucoup. Et ceux, cette petite partie qui partent en Europe clandestinement, c'est des pauvres. Il n'en a pas un qui trouvera, qui va bien, qui travaille. Il va chercher [unverständl., 1 Sek.] en Europe. Ça sert à rien, tu vois. L'immigration clandestine, c'est une catastrophe qui est partout, si tu regardes les Etats-Unis, le Mexique, si tu regardes combien de Mexicains passent par jour c'est.

I: Oui.

S: Tu sais combien de clandestins aux Etats-Unis?

I: C'est difficile de l' estimer parce que il n' y pas de chiffres.

S: Douze millions, douze millions, c'est presque un quart à la France. Tu vois, ça fait beaucoup.

I: Oui. Et à part cela il y a aussi les problèmes écologiques là, de la désertification et cetera qui poussent les gens à émigrer.

S: La désertification, je crois pas que, c'est pas un problème majeur.

I: Mais c'est un problème absolument majeure, ça va devenir.

S: Mais la pauvreté, c'est le majeur.

I: Parce que c'est ensemble, s'il y a trop de désert, on ne peut plus faire de l'agriculture.

S: Non, non. En Afrique il y a pleins de problèmes. Moi je connais l'Afrique grâce aux medias. J'ai jamais été dans un pays africain à part le Maroc. Donc, les guerres, tu t'imagines quand tu vis dans une guerre tous les jours. En plus il y a des gens entre,dans un seul pays il y a des gens qui se battent.

I: Le Soudan, par exemple.

S: Le Soudans, par exemple et cetera. Les gens qui sont menacés tous les jours, qui n'ont rien à manger. Donc, voilà.

I: Mhm ce sont des raisons.

S: Ils cherchent déjà la sécurité.

I: Oui.

S: Donc voilà. C'est ce qu'on comprend un petit peu.

I: Oui, d'accord. Je n'ai plus de questions. Mais si tu veux encore ajouter quelque chose en général, tu peux le faire (*lacht*).

S: Non beh, je veux rajouter que l'immigration, comme j'avais déjà marqué sur le formulaire, que c'est un problème qui était et qui restera pendant longtemps au fond. Pour moi, c'est pas un problème. C'est que les gens, enfin quelques Européens, les médias ils essaient de faire, par exemple en France les médias ils cherchent toujours. Une fois il y a un problème, ce sont les immigrées, le chômage, les immigrés.

I: Mhm parce que c'est facile de le dire comme ça.

S: Parce que c'est facile de dire, parce qu'il y a personne qui proteste après. Ce sont ces gens-là qui ont fait cela. Ils disent les immigrés, mais enfin les immigrés ils n'ont pas le temps de protester.

I: Et l'Europe a besoin de l'immigration parce qu'on a une population qui vieillie, mais pas encore tout le monde l'a compris.

S: Il y a une population qui vieillie et en plus de ça, il y a des travaux que les Européens refusent de les faire. Si tu vas à Paris, regarde, si tu vas à Paris demain, regarde les gens qui travaillent dans enfin l'arrangement des poubelles et cetera. C'est rare que tu vois un vrai Européen, c'est en gros.

I: C'est la même chose en Allemagne. Mais pas seulement les peu qualifiés, aussi les personnes très qualifiées, même dans ce domaine-là il y a quelquefois pas assez de personnes. Et aussi pour cette raison-là on a besoin de l'immigration. C'est évident, mais.

S: Oui, l'immigration, c'est un besoin, oui, c'est un besoin.

I: Ce n'est pas encore arrivé chez tout le monde. Mais c'est un sujet aussi très vaste avec l'immigration, voilà le regroupement familial, le travail. Il y a tant de raisons de quitter son pays. Et voilà je vais essayer de voir un peu ce que les jeunes en pensent.

S: C'est un sujet très compliqué. C'est un sujet vaste, oui. Et je crois que tu arriveras à une bonne conclusion.

I: On va voir. J'espère d'avoir encore assez de temps. Donc, merci beaucoup.

S: De rien.

Anhang IV: Transkript 2

Problemzentriertes Interview:

„Fallbeispiel 2: Einwanderung in die EU"

Zeit:	14.08.2007, 11:00-11:45
Ort:	Heidelberg, Gemeinschafsraum Studentenwohnheim
Gesprächspartner:	25-jähriger marokkanischer Student
Inhalte:	persönliche Migrationsgeschichte, Meinung zu Migration (aus Marokko)

S: = Student und Informant

I: = Interviewerin

I: Gut dann können wir anfangen. Wie alt warst du ähm als du zum ersten Mal überlegt hast, auszuwandern, also der erste Gedanke für die Auswanderung?

S: Äh das war so genau vor drei Jahren.

I: Mhm.

S: Da war ich also 23 ja.

I: Ok und was warn die Gründe, dass du daran gedacht hast?

S: Ja, also als ich studiert also als ich noch im Gymnasium war, da hatte ich keine Gedanke also nach Deutschland zu kommen.

I: Mhm.

S: Erst als ich mein Abitur gemacht habe, da hat mich eigentlich mein Bruder motiviert, weil er studiert auch hier in Heidelberg. Der promoviert jetzt. Und eigentlich habe ich ein Jahr Englisch studiert, aber das hat mir nicht super gefallen eigentlich, und dann

I: In Casablanca?

S: In Casablanca, genau da wo woher ich komme eigentlich.

I: Ja.

S: Ja und dann habe ich mein Studium gewechselt, also zu Deutsch als Fremdsprachenphilologie, und dann habe ich also erstes Jahr bestanden, das warn zwei Semester, dann aber musste ich auch Goethe-Institut machen, und als ich fertig bin, da, ja, ich wollte eigentlich nach Deutschland kommen also.

I: Das heißt, du hast das Goethe-Institut in Rabat, ne quatsch in

S: Casablanca genau.

I: Casablanca gemacht, die Kurse und hast dich damit vorbereitet auf den

S: Vorbereitung ja.

I: Aufenthalt hier sprachlich gut. Das heißt, du hast dich in der Zeit dann definitiv dazu entschieden

S: Genau.

I: auszuwandern. Ähm wie waren denn dann die einzelnen Schritte, die du unternehmen musstest? Also bürokratische Sachen.

S: Ja vor allem muss man Visum beantragen auf jeden Fall.

I: Mhm.

S: Aber bei uns ist es ein bisschen komplizierter, weil äh man muss zuerst äh Zertifikat Deutsch als Fremdsprache

I: Ja.

S: ablegen.

I: Ja.

S: Und auch Mittelstufenprüfung. Und erst dann darf man also Visum beantragen. Ohne diese zwei Diplom darf man nicht. Ja ja wenn man zwei Diplom abgelegt hat, ja muss man halt muss man sich ein paar Papiere so besorgen Pass und so weiter.

I: Ja.

S: Und so und also wie heißt das also prise en charge?

I: Prise en charge ?

S: Ja prise en charge ja.

I: Prise en charge.

S: Ja.

I: Also finanziell muss man einen bestimmten Betrag vorlegen.

S: Entweder muss man ein Konto haben von 7000 oder muss man jemanden haben, der ihn also für ihn bürgt.

I: Und diese Person muss in Europa schon sein.

S: Genau.

I: Mhm ok.

S: Und für mich war ein Bekannter von mir. Der lebt in Germersheim. Der ist hier geboren.

I: Mhm.

S: Ist Marokkaner eigentlich. Und der hat für mich gebürgt eigentlich.

I: Hat er schon die deutsche Staatsbürgerschaft?

S: Genau ja, der ist hier geboren.

I: Das heißt, dein Bruder hätte das nich sein können.

S: Nee dass nicht, weil der ist einfach Student wie ich, darf nicht.

I: Ja, ja, ok, gut. Und wie war das hast du also du hattest einen Bruder, der hier schon war, von dem du einige Informationen bekommen hast.

S: Ja.

I: Hast du noch von anderen Leuten, wie hast du dich informiert? Hast du dich eher an offizielle Stellen gewandt, oder durch persönliche Kontakte in Marokko, oder vielleicht auch Leute, die schon hier sind?

S: Also beides würde ich meinen, ja.

I: Ja.

S: Also dort im Konsulat oder Freunde auch die schon hier in Deutschland studiert haben.

I: Mhm.

S: Die haben mich informiert. Aber vor allem durch meinen Bruder. Wir haben also regelmäßig telefoniert miteinander. Er hat für mich die Bewerbung gemacht hier, Zulassung Heidelberg, Karlsruhe, Mannheim.

I: Ja.

S: Ja, und hat geklappt eigentlich.

I: Das ist ja gut.

S: Ja.

I: Wenn der eigene Bruder schon im Land ist.

S: Ja, das ist gut, ja. Das ist auch gut fürs Visum. Man kriegt schnell Visum, also besser.

I: Mhm mhm. Und würdest du jetzt im Rückblick sagen, dass es ganz spezielle Probleme gab, die nich so einfach zu lösen waren?

S: Mhm, eigentlich schon, ja, also ich persönlich hatte Probleme, weil ich, als ich Zertifikat Deutsch abgelegt habe, da habe ich schon mein Visum beantragt.

I: Mhm.

S: Und äh ich habe damit gerechnet, dass ich mein Visum kriege, aber dann gab es ein Gesetz, dass man noch dazu diese Mittelstuf' Mittelstufenprüfung ablegen muss.

I: Ein Gesetz in Marokko?

S: Ja, in Marokko.

I: Mhm.

S: Und deshalb musste ich noch, das waren glaube ich acht Monate, noch Mittelstufenprüfung machen, noch Geld dazu bezahlen und so. Das war ein bisschen kompliziert mit dem Visum. Das Problem ich hatte schon die Zulassung von Heidelberg und ich musste das verlängern zum zweiten Mal. Das war das Problem.

I: Bevor du kommen konntest.

S: Ja, genau.

I: Ja.

S: Und sonst war eigentlich, bei uns dauert normalerweise zwei bis drei Monate bis man ein Visum kriegt, wenn man beantragt hat. Und wenn alle Papiere so ok sind, dann bekommt man das Visum auf jeden Fall.

I: Ok. Äh wie lang hat das Ganze dann gedauert? Also von dem Zeitpunkt an, wo du angefangen hast, was du alles machen musstest, Visum beantragen, Sprachkurs bis du dann wirklich ausreisen konntest.

S: Das war eigentlich so sagen wir eineinhalb Jahre

I: Ok, ja.

S: nach meinem Abitur.

I: Ähm und kannst du das vielleicht ungefähr sagen, du hast schon gesagt die Sprachkurse haben einiges gekostet, wahrscheinlich war das der größte Teil, finanziell, den du aufbringen musstest.

S: Genau.

I: Aber kannst du das so grob einschätzen, wie viel so was kostet?

S: Wie viel meinst du?

I: Ja.

S: So zirka 1000 Euro, so ungefähr. Bei uns kostet so ein also Mittelstufenprüfung muss man sechs Niveau haben, sechs Kurse sozusagen. Und jeder Kurs kostet 100 Euro.

I: Ok, also allein 1000 Euro für die Sprachkurse.

S: Für die Sprachkurse, ja.

I: Und dann kommt noch fürs Visum.

S: Fürs Visum ja, also weil ich gebürgt habe von meinem Bekannten, musste ich nichts bezahlen.

I: Ach so.

S: Aber dort muss man so Gebühren. Das sind vielleicht 50, vielleicht weniger, 30 Euro.

I: Das geht ja eigentlich.

S: Visumgebühren oder Visagebühren.

I: Das heißt, wenn man jetzt ein Visum bekommt, man hat das Glück, dann zahlt man diesen Betrag. Und wenn man.

S: Eigentlich zahlt man das vorher.

I: Ja.

S: Schon, wenn man das Visum beantragt. Und falls man kein Visum kriegt aus irgendwelchen Gründen, dann bekommt man das Geld nicht zurück dann ist Pech gehabt.

I: Und für Deutschland eben noch die Voraussetzung die Sprache durch den Sprachkurs

S: Auf jeden Fall.

I: Muss man nachweisen. Ok ähm gab es jetzt was Spezielles? Oder vor was hattest du denn am meisten Angst, bevor du nach Deutschland kamst? Weil du warst ja noch nie vorher in Europa und auch noch nicht.

S: Im Ausland eigentlich waren wir als ich noch in der Schule, Grundschule war.

I: Mhm.

S: Im vierten Jahr da waren wir 15 Tage in Frankreich. Das war vor, ich weiß nicht, vor zehn Jahren. Das war nix für mich. Nur für kurz Französisch und so.

J: Ja.

S: Aber es eigentlich, es war keine richtige Erfahrung. Da war ich noch jung, Kind. Aber Deu' Deutschland war meine erste Erfahrung im Ausland. Und wie gesagt, das war eigentlich kein. Ich würde das nicht Angst nennen, nur Aufregung und so.

I: Genau, vor was Neuem. Und dann ist dein Bruder ja auch der schon hier.

S: Das war auch schon ein bisschen beruhigend.

I: Mhm das heißt, war das vielleicht auch der Grund dass du gesagt hast, du kommst nach Deutschland? Also jetzt von der Ziel von der Wahl deines Landes wo möchtest du hin.

S: Dass mein Bruder hier ist?

I: Ja.

S: Eigentlich schon, ja genau.

I: Weil viele Marokkaner ja eher nach Frankreich gehen wegen der Sprache auch.

S: Frankreich, Spanien, Italien. Aber ich wollte nach Deutschland. Und vielleicht habe ich das nicht erwähnt. Mein ältester Bruder eigentlich hat auch hier studiert in Heidelberg, hat promoviert. Und jetzt ist er Dozent der Uni Casablanca. Und der hat mich auch immer motiviert: „Bessere Chancen, besseres Studium, wenn du dort gehst." „Ja", ich habe gesagt: „Ja, warum nicht?"

I: Genau, also durch die Familie primär, die da schon Erfahrung hatte, ja gut. Ähm das heißt, dass auch deine Familie dich eigentlich immer unterstützt hat in dem Vorhaben so wie dus selbst geschildert hast.

S: Genau ja, also mein Bruder, meine Eltern. Meine Mutter hat sich, ja wollte besser dass ich zuhause bleibe und dort studiere, aber nur aus, also sie macht sich Sorgen um mich. Und sie hat mich immer auch motiviert, ja.

I: Und du bist jetzt ja auch ein Mal im Jahr fährst du zumindest zurück oder?

Y: Äh also vor zwei Jahren. Also ich bin da seit drei Jahren. Ich war vorher zwei Jahre nicht mehr zu Hause, erst im August. Und jetzt ist schon ein Jahr. Und jetzt geh ich noch im September.

I: Ja, zumindest den Kontakt halten.

S: Ja genau.

I: Wie sah es denn in der Schule aus? Haben die Lehrer darüber geredet, das Thema auszuwandern oder eher weniger, und wenn ja eher positiv oder negativ?

S: Äh (-) also im Gymnasium würde ich das nicht sagen, weil ich hatte kein Deutsch in der Schule. Erst als ich Abitur abgelegt habe, dann bin ich zum Goethe-Institut. Da gabs also Deutschlehrer und so.

J: Hast du von Anfang von null angefangen.

S: Ja genau von null. Also ich du er sie.

I: Mhm.

S: Aber es war ok. Ich hatte guten also Anfang im Deutschen eigentlich. Also Deutsch hat mir super gefallen, von Anfang an.

I: Mhm.

S: Nicht so wie Englisch und so.

I: Aha.

S: Und so deshalb war ich auch gut. Ich hatte auch gute Noten und so.

I: Ja, musst du jetzt auch sein, wenn dus studierst, toll.

S: Und wir haben auch darüber gesprochen mit Lehrer dort, Lehrer im Goetheinstitut.

I: Mhm.

S: Sie haben auch Erfahrung gehabt. Haben ja auch studiert und so. Und sie haben uns immer zu uns gemeint, dass warum nicht man kann auch studieren. Aber wenn man nach Deutschland kommt zum Studium, muss man auch studieren. Nicht einfach äh wie viele andere machen, zum Beispiel wie meine Freunde auch. Sie wollten auch studieren, aber hat nicht geklappt. Entweder sie haben geheiratet, oder sie leben nicht mehr in Deutschland. Ja so was, aber wenn man Ziel hat, dann ist viel besser.

I: Genau.

S: Mhm.

I: Ja, gut. Ähm jetzt hast du schon angesprochen mit dem Visum. Wie sieht es denn aus mit deiner Aufenthaltsgenehmigung? Darfst du für die gesamte Dauer des Studiums hier bleiben, oder kannst du auch noch länger bleiben, wenn dein Studium jetzt fertig ist?

S: Ne für die Dauer des Studiums eigentlich ja.

I: Ok.

S: Aber es ist auch Problem, wenn man nicht, zum Beispiel wir in unserem Institut muss man bis zum sechsten Semester Zwischenprüfung machen.

I: Mhm.

S: Wenn man bis sechsten, siebten Semester kein Zwischenprüfung dann gemacht hat, dann kriegt man Probleme mit dem Visum eigentlich also. Das heißt nicht Visum fürs Dauer des Studiums. Das heißt nicht, dass ok mein Studium dauert acht Semester sozusagen oder zehn. Dann ok i' ich darf zehn Semester hier bleiben. Das geht nicht.

I: Ist das schon zu lang.

S: Es gibt bestimmte eigentlich acht Semester dauert das Studium.

I: Ja, ok.

S: Aber man darf bis zehn, ja. Also Zwischenprüfung soll man eigentlich im fünften Semester also ablegen. Aber nur wenige schaffen das.

I: Ja.

S: Aber wenn man im neunten, zehnten Semester noch keine Zwischenprüfung, dann kriegt man kein Visum.

I: Mhm das heißt du hast schon bisschen den Druck, dass du halt in der Regelstudienzeit fertig wirst. Und Studiengebühren gilt für dich genauso wahrscheinlich.

S: Ja genau auch. Also ich hatte Pech. Eigentlich für diejenigen, die vor Wintersemester 2005 angefangen haben, die durften eigentlich vier Semester keine Studiengebühren bezahlen. Aber bei mir das hat das war genau auch ich habe im Wintersemester 2005 angefangen, aber Pech gehabt. Ich habe mein zweites Nebenfach gewechselt. Ich hatte Islamwissenschaft und dann habe ich zu Pädagogik gewechselt. Deshalb musste ich das bezahlen schon vor zwei Semester jetzt.

I: Und gibt es ne Möglichkeit für dich. Also kannst du genau wie deutsche Studenten versuchen, bei ner Stiftung ein Stipendium zu kriegen, oder gibt es vielleicht sogar speziell für Marokkaner oder ausländische Studenten ne Stiftung wo man sich bewerben könnte?

S: So viel ich weiß, äh für uns also Marokkaner oder Nordafrikaner, da haben wir kein Recht auf Stipendium. Nee, ich glaube nicht.

I: Muss man dazu deutscher Staatsbürger sein?

S: Da gibts ein paar Ausnahmen, die man erfüllen muss, um das zu bekommen.

I: Weil ich weiß von Frankreich, da gibt es spezielle Stiftungen, die gerade die ausländischen Studierende unterstützen. Aber die Bedingung ist, dass sie dann nach dem Studium erstmal wieder weggehen ins Heimatland.

S: Ah ja mhm.

I: Ich schau jetzt doch mal obs auch funktioniert. Nicht dass wir hier (*lacht*) umsonst weitermachen. (5) Ja wunderbar so. Mhm wie war das am Anfang? Gabs bestimmte Sachen, die dich hier gestört haben oder die schwierig waren zum Einleben?

S: Ich will jetzt nichts sagen. Weil ich betrachte mich immer als Ausnahme, als Ausnahmefall, weil ich meinen Bruder hier habe.

I: Ja, ja.

S: Als ich gekommen bin, da habe ich auch bei meinem Bruder gewohnt. Das war für mich super. So drei Monate habe ich bei ihm gewohnt. Ja und dann habe ich mein Zimmer hier gekriegt. Und von Anfang an, ja vielleicht mit dem Geld. Musste ich Geld von meinem Bruder ausleihen, für alles, für Gebühren, für Versicherung und so. Und das Problem auch, das war mit dem Studienkolleg. Da war ich ein bisschen enttäuscht.

I: Hier in Heidelberg ist das nochmal um Deutsch noch besser zu lernen.

S: Genau. Eigentlich, da brauchte ich das gar nicht, weil ich schon also zwei Diplom hab mit guten Noten mit sehr guten Noten.

I: Ja.

S: Und dazu habe ich auch zwei Jahre studiert. Ich habe das erste Jahr bestanden, eigentlich mit auch guten Noten. Ich hab in Literatur, Linguistik, alles. Ich war gut in der Sprache, deshalb brauchte ich kein Studienkolleg. Aber als ich gekommen bin hier, da habe ich die Aufnahmeprüfung geschrieben, bestanden. Und ich dachte: „Ok, jetzt bin ich nächstes Semester in der Uni.“ Aber dann war ich überrascht, dass ich auf Studienkolleg, nicht nicht mal auf Studienkolleg, sondern auf M‘ Max Weberhaus. Kennst du das?

I: Ja, kenn ich.

S: Ich war überrascht. Ich muss zu Max Weber Haus? Da sind noch Studenten, die noch keine Sprache kennen.

I: Moment! Du hast äh in Casablanca im Institut Goethe zwei Zertifikate hattest du schon. Dann bist du hierher gekommen.

S: Mhm.

I: Und dann musstest du zum Studienkolleg, nachdem du so nen Test nochmal in Deutschland gemacht hast zur Sprache. Ham die dich da hin geschickt.

S: Nicht mal Studienkolleg, sondern Max-Weber-Haus.

I: Ist das nochmal was anderes?

S: Das ist noch viel, also Studienkolleg ist hohes Niveau sozusagen. Also Max-Weber-Haus, da sind Studenten, die grade anfangen von Anfang an.

I: Und da solltest du dann auch mitmachen.

S: Ja das sind verschiedene Kurse, a, b, c und so. Und ich bin auf c. Also, das ist ein bisschen fortgeschrittener, aber für mich das war.

I: Das musstest du also den Sommer über noch machen, bevor du anfangen konntest zu studieren.

S: Aber dann habe ich mich beschwert im Akademischen Auslandsamt, im Studienkolleg, überall, dass ich das nicht, dass ich das gar nicht brauche. Und der Grund eigentlich, der richtige Grund ist ist nur einfach, weil es kein Platz gibt im Studienkolleg. Deshalb müssen

I: Deshalb schicken sie die Leute dahin.

S: Egal was. Und ich hab einfach gesagt: „Ich gehe nicht auf Max-Weber-Haus, auf keinen Fall.“

I: Ja, kann man verstehen. Ich mein du sprichst ja schon.

S: „Ja, ich werde jetzt Zeit verlieren, ich will mit meinem Studium anfangen.“ Ja, sie haben gemeint: „Ok, warte, wir werden gucken, ob wir Platz haben.“ und so. Und nach einer Woche, da habe ich Bescheid bekommen, dass ich auf Studienkolleg gehen kann darf. Aber trotzdem, ich war also nicht zufrieden damit. Ich wollte eigentlich in die Uni, eigentlich.

I: Ja, das heißt, es ging den Sommer über musstest du das noch.

S: Zwei Semester noch, also ein Jahr.

I: Ach so! Ok, jetzt habe ich es verstanden, ja.

S: Also nochmal nochmal feststellen Prüfung Literatur und Geschichte. Ja, also zwei Jahre war ok das hat mir auch geholfen in der Sprache, weil ist ziemlich auch anders als zuhause.

I: Aber du hättest trotzdem lieber gleich im ersten Semester angefangen hier Deutsch als Fremdsprache.

S: Ja, auf jeden Fall.

I: Ja.

S: Aber trotzdem habe ich auch ein paar Scheine anerkannt bekommen, so ungefähr sechs Scheine.

I: Mhm das ist ja schon Einiges.

S: Schon, ja.

I: Ja gut mhm.

S: Das war eigentlich mein einzige Problem, Hauptproblem.

I: Mit der Sprache, dass du das machen musstest und wahrscheinlich am Anfang finanziell dann noch, ok. Du hast jetzt gesagt, du bist vielleicht ein Mal im Jahr zuhause. Geht das dann ganz einfach? Also du hast jetzt dein Visum. Dann kannst du ganz einfach nach Marokko einreisen und auch wieder zurückkommen?

S: Ja, wir bekommen zwei Jahre Visum und ja, wenn man zeit hat, wenn man Alles also im Griff hat, dann kann man auch nach Hause.

I: Das heißt, du kriegst das Visum immer nur für zwei Jahre und musst dann verlängern.

S: Genau.

I: Wie machst du das? Gehst du dann nach Frankfurt zum marokkanischen Konsulat?

S: Ne, ne, einfach hier im Bürgeramt, hier bei uns, Bürgerstrasse.

I: Ok mhm ach so das geht ja dann relativ einfach mhm. Jetzt bist du ja schon ne Weile hier. Ähm kannst du irgendwas sagen zum Vergleich Marokko - Deutschland? Gibt es was, das dir hier besser gefällt oder zu Hause?

S: Oh viel! Also auf jeden Fall, also Ordnung, auf jeden Fall, ja, vor allem Ordnung. Bei uns, ich muss zugeben, das ist wie ein Fremdwort bei uns.

I: (*lacht*)

S: Also hier ist super, super eigentlich. Studium kann man besser Studium machen. Ja, hier gibts alles, eigentlich.

I: Und was gefällt dir in Marokko besser?

S: Mhm vielleicht das ja Familienleben, da ich hier alleine wohne, durch meinen Bruder, ja, aber allein. Familie die vermisse ich auf jeden Fall, Freunde. Ja, das ist mein Land, weißt du?

I: Hast du jetzt hier in Deutschland ähm auch mehr Kontakt zu anderen Marokkanern, oder wars ist es schwer deutsche Leute kennenzulernen?

S: Ist schon schwer ein bisschen, obwohl ich hab schon deutsche Freunde, aber nur von der Arbeit her meine Kollegen, ja.

I: Also hast du hauptsächlich schon marokkanische Freunde hier?

S: Ja, ich kenne da ziemlich viele, aber so richtige Kontakt äh habe ich nicht, nur zu drei Freunden von mir.

I: Zu Marokkanern?

S: Zu Marokkanern. Also ich kenne viele. Wenn wir uns auf der Straße begegnen: „Ja hallo“ und so. Das ist alles.

I: Hast du dann noch in Marokko einige feste (-) gute Freunde?

S: Ja, in Marokko hab ich also meine zwei besten Freunde. Die studieren jetzt in Dortmund Informatik und wir haben jetzt jede Woche Kontakt, SMS, E-Mail und so. Und wir sehen uns auch zu Hause. Wir werden uns auch nächsten also nächsten September zu Hause treffen.

I: Jetzt im September.

S: September, ja.

I: Jetzt noch mal bisschen zu der rechtlichen Seite. Du hast ja gesagt, du hast das Visum, kannst hier bleiben bis Ende des Studiums. Ähm, wie sieht es denn danach aus? Hast du vor, oder könntest du dir vorstellen, hier zu bleiben, hier zu arbeiten oder hast du vor, nach Marokko zu gehen und da zu arbeiten? Hast du das schon geplant?

S: Ähm ich glaube ähm also ich werde nach zu hause kehren. Weil es wenn ich wenn ich einen Job, vor allem wenn ich einen Job zu hause also haben will, dann muss ich zuerst also mindestens Magister machen, als Dozent oder Lehrer, vor allem Lehrer und so. Und ich glaube nicht, dass ich je einen Job bekomme.

I: Deutsch als Fremdsprache macht ja auch Sinn wenn in Marokko.

S: In Marokko. Also ich glaube, ein Deutscher hier hat mehr Chance, auf jeden Fall, nicht wie ein ausländischer Student, also ich glaube nicht. Also wenn ich jetzt Studium mache, ich will gern nach Hause zurück.

I: Also glaubst du schon, dass es teilweise Benachteiligungen gibt bei der Jobeinstellung für ausländische Studenten?

S: Ja, glaube ich schon.

I: Mhm.

S: Und was gut zu hause ist, jetzt Deutsch als Sprache, es hat mehr Wert jetzt. Man hat mehr Chance.

I: Mhm hat sich das geändert.

S: Jetzt wird auch ein Uni glaub ich in Marrakesch. Kennst du Marrakesch?

I: Ich kenn Marrakesch.

S: Da wird eine Abteilung für Deutsch in der Uni.

I: Kennst du Professor Ait el Ferrane?

S: El Fer‘

I: Er unterrichtet in Marrakesch so weit ich weiß Deutsch. Er war schon mal hier in Heidelberg. Ich hab ihn kennengelernt. Ist sehr nett.

S: Ich glaube ja. Ist der so, hat er vielleicht grüne Haare?

I: Grüne?

S: Ne nicht grüne. El Ferrane?

I: Ich glaube er macht dort Deutsch an der Uni.

S: Äh also der Name ist mir gar nicht fremd, weil äh, wenn er den Typ den ich meine, der war bei uns zu hause, weil er auch hat beim Doktortitel meines Bruders äh also wie heißt das?

I: Mitgeholfen, oder Doktorvater?

S: Mitgeholfen.

I: Ja vielleicht ist es sogar er.

S: Der ist auch aus Marrakesch.

I: Ja, musst du mal fragen, würde mich interessieren, ob es der ist den ich auch kenn.

S: Ja, ich werde meinen Bruder fragen.

I: Gut ja.

S: Noch zu Thema, wenn ich zum Beispiel jetzt Diplom habe dann hab ich mehr Chance zu Hause einen Job zu bekommen, wenn ich ja gute Noten habe. Ja, also auf jeden Fall viel besser als hier.

I: Das heißt, du siehst klar vor, Studium hier fertig machen und dann nach Marokko gehen.

S: Ja, auf jeden Fall.

I: Mhm ja, ich muss dich ja auch nicht alles fragen was ich da noch stehn hab.

S: Ne ich hab Zeit.

I: Muss ich mal schauen, was noch wichtig ist. Mhm wenn du jetzt die Zeit zurückdrehen würdest, würdest du es dann nochmal so machen, wieder nach Deutschland kommen, oder würdest du vielleicht ein anderes Land auswählen, oder gar nich auswandern?

S: Mhm doch ich würde, also hier gefällt mir eigentlich schon.

I: War es für dich in Marokko schon klar dass du nur fürs Studium weggehst, als du die ganzen Vorbereitungen getroffen hast? Wusstest du: „Ok ich gehe jetzt eben für fünf vielleicht für sechs Jahre weg und dann bin ich aber wieder zu hause?“

S: Genau ja.

I: Ok, dann war es vielleicht auch nicht so schwierig, weil du wusstest: „Ich habe schon mein Ziel wieder in meine Heimat zurückzukommen.“

S: Ja das ist gut, ja.

I: Mhm, mhm und wenn du jetzt vielleicht irgendwann mal vorhast, mhm Kinder zu bekommen, wie sieht es denn aus mit der Sprache? Du sprichst jetzt ganz gut deutsch, aber dadurch dass du dann wahrscheinlich wieder in Marokko bist, würdest du die schon in Arabisch wahrscheinlich erziehen.

S: Ja, auf jeden Fall.

I: Gut, dann würde ich gerne noch was wissen zu dem Bild der Migranten in Marokko generell.

S: Mhm.

I: Also wie wird es denn dort angesehen? Finden die Leute das generell gut, dass viele Marokkaner nach Europa gehen für ne Zeit oder auch für immer, oder sagen die vielleicht äh was soll das, und bleibt lieber hier im Land, und schaut dass ihr hier durch eure Arbeitskraft uns unterstützt?

S: Du meinst die Marokkaner, die selber, die auswandern, oder da andere Leute was die von Auswanderern denken, oder was?

I: Die Marokkaner, die nicht auswandern, sondern in Marokko bleiben, was denken die so über die Marokkaner, die eben auswandern für ne gewisse Zeit, oder für immer, also ihr Land verlassen?

S: Ja, das kann ich leider, also was heißt leider, ich kann das nicht genauso beantworten. Ja äh für die meisten Marokkaner, also ich wills ehrlich sagen, die nach Ausland gehen, das vor allem aus finanziellen Gründen. Ja, sie suchen besseres Leben, vor allem die die nach Italien oder Frankreich, Spanien auswandern. Ja, und für diejenigen, die zu hause bleiben. Ja, manche denken: „Ja, warum nicht?“. Wenn man keinen Job hat zu hause, wenn man vielleicht eine Chance hat im Ausland, ja kann man auch auswandern, aber für diejenigen, die zum Beispiel. Du hörst bestimmt von diese also schwarzen Migranten nach Spanien und so.

I: Ja also die sogenannte irregulare Einwanderung.

S: Ja genau. Viele Leute sterben dabei.

I: Ja.

S: Das ich schon schlimm, ja. Also ich selber, ich als Migrant, ich würde sagen, ja sollte man das nicht machen eigentlich.

I: Das heißt, man sollte es nicht probieren.

S: Probieren, ja.

I: Ja also, die Leute, die das machen, sind ja wirklich verzweifelt und ham wahrscheinlich nicht mehr viel zu verlieren und probieren es halt immer immer wieder.

S: Mhm ja, und was mich so traurig macht, es gibt manche, die also ok, sie haben nix gemacht in ihrem Leben. Sie haben gar nicht studiert, aber sie wollen auch, sie wollen nur einen Job haben. Aber gibts nix. Dann sie denken: ‚Ja ok, ich werde nach Spanien oder Italien.‘ Ja, das vielleicht. Ich kann das schon verstehen, aber für diejenigen, die schon studiert haben, ich kenne viele zu hause. Sie haben Diplom Physik und Informatik, aber die haben keinen Job. Und die probieren auch diese. Und viele sind gestorben. Das ist schon

I: Die hochqualifizierten Leute

S: Das ist

I: Die machen dann auch den Weg der sogenannten illegalen Migration.

S: Genau.

I: Weil sie keine andere Chance haben nach Marokko äh nach Europa einzuwandern. Glaubst du denn, dass es Sinn machen würde, dann in der europäischen Politik das zu ändern und zu sagen, dass man die Hochqualifizierten, jetzt nehmen wir nur mal die Gruppe raus, dass man da die Türen aufmachen sollte und die wirklich reinlassen sollte, um bestimmte Jobs zu besetzen?

S: Auf jeden Fall ja, auf jeden Fall. Obwohl ich denke, eigentlich es wäre besser, wenn diese Jobs selber also in Marokko kriegen, weil es gibt bei uns gibt es schon äh es gibt schon viele Plätze, aber die bekommen nur die Reichen. Das ist immer so hierarchisch und so. Die bekommen nur die Reichen. Und viele Armen, die kein Geld haben, keine Beziehung haben, die bleiben einfach so vernachlässigt und so.

I: Das heißt, auch wenn man sehr gut studiert hat, sehr guten Abschluss hat, aber finanziell nicht so den Background hat, hat man in gewissen Jobs immer noch keine Chance.

S: Genau, oder man bekommt einen Job, dem man, von dem man nicht geträumt hat. Ich kenne viele, zum Beispiel die ein Freund von mir. Der hat äh Physik studiert. Der war auch gut in der Uni. Der hat fünf Jahre. Und dann hat war er zwei Jahre arbeitslos. Und dann hat er nen Job für Versicherung bekommen.

I: Mhm mhm was anderes im Vergleich.

S: Total was anders, nur um Geld zu verdienen, weil es gibt keine andere Wahl. Das ist schon also traurig eigentlich.

I: Dann kann man verstehen, dass man eben sich anderswo umschaut und hofft woanders hinzukommen.

S: Ja und für diejenigen, die nach Spanien äh sie wollen einfach Job und so. Sollte man auch verstehen, wenn man in ihr Leben also versetzten und so. Dann merkt man auch, sie haben nix. Sie suchen überall, also zu Hause Job, aber sie finden nix, gar nix. Und man bleibt verzweifelt, man nimmt Drogen und so. Lieber, ok, ich gehe, wenn ich sterbe, lieber sterbe ich als so.

I: Ja, die sind wirklich verzweifelt, als letzter Weg und wenns nicht geht dann immer wieder. Ja, das ist schon ein großes Problem. Mhm also es gibt ja ganz viele Arten von Migration. Wir ham jetzt gerade über die Hochqualifizierten gesprochen, dann über die sogenannten boatpeople. Ist es denn in Marokko für Studenten relativ einfach, das Visum zu bekommen, wenn man mhm die Sprache halt kann und das Geld aufbringen kann? Ist es einfacher als für andere Gruppen?

S: Auf jeden Fall einfacher?

I: Für Arbeiter für (*klatscht in Hände*)

S: Äh Arbeiter ist auch einfach. Also eigentlich für die Arbeiter, also viele Marokkaner, die gehen nach Spanien eigentlich, wenn man ein Handwerker ist oder ein spezielles Gebiet also kann. Dann, viele gehen nach Spanien. Und die bekommen ganz leicht das Visum für ein Monat. Sie beantragen das Visum und für einen Monat kriegen das. Die kriegen das Visum.

I: Wie lange ist das dann gültig?

S: Äh ich glaube für 10 Jahre oder so.

I: Das hätt ich jetzt nicht gedacht dass

S: Doch.

I: das so einfach ist.

S: Also für Spanien schon, ja.

I: Aha.

S: Ok. Ich war vor ein paar Monaten in Spanien bei meinem Bruder, der lebt dort. Ja, es hat sich ein bisschen geändert. Es gibt jetzt ein bisschen Schwierigkeiten, weil einfach viele Marokkaner nach Spanien gegangen sind, und sie machen jetzt sozusagen die das Leben schwieriger für die Marokkaner, nicht nur Marokkaner, Tunesier, Algerier und so.

I: Das heißt, es kommt wahrscheinlich auch immer auf das europäische Land an wie viel Leute sie reinlassen wollen und wie das Visum dann vergeben wird.

S: Ja genau.

I: Aber generell würdest du sagen zwischen Studenten und Arbeitern, ist es vielleicht nicht einfacher für Studenten? Jetzt in Deutschland.

S: Ja also doch, für Studenten, wenn man Diplom hat, wenn man auch die Sprache kennt. Ich glaube schon, weil meine Freunde auch fast alle meine Freunde sind jetzt entweder in Deutschland oder Frankreich. Und die studieren dort. Frankreich was jetzt schwieriger in Frankreich. Es war immer so, dass man das Visum beantragt, und am selben Tag kriegt man das Visum, entweder ja oder nein am selben Tag. Das ist immer so jetzt. Aber da gibts auch ein bisschen Schwierigkeiten mit der Bewerbung und so ja, aber es kommt immer drauf an welche Stadt welches Land.

I: Ja also ein bisschen habe ich mich ja auch informiert. Und ähm das was du jetzt gesagt hast, dass die Marokkaner, die in Spanien arbeiten wollen, dass die so einfach ein Visum kriegen, das wusst ich gar nicht. Das überrascht mich jetzt. Ich dachte.

S: Wenn man einen Beruf hat, also Handwerker oder so.

I: Ausgebildet.

S: Für diejenigen, die also schon doch.

I: Ok, muss ich mich nochmal schlau machen.

S: Und auch für ihre Frauen, das kenn ich auch.

I: Für die Familie.

S: Ja, für die Familie. Wenn zum Beispiel ein Mann nach Spanien geht, arbeitet dort. Und will er, dass seine Familie seine Frau oder seine Kinder zu ihm kommt. Das ist auch, das geht auch also leicht. Drei Monate dauert das.

I: Familiennachzug, ja. Bei uns, bei vielen Türken sind ja dann auch die Familien nachgekommen. Wie meinst du denn sieht das aus? Gibts en Unterschied zwischen Frauen, die einwandern und Männern, die einwandern? Also hast du das Gefühl, dass dass mehr Marokkaner nach Deutschland kommen, oder ist das so 50:50?

S: Du meinst also Männer oder Frauen bei Studenten?

I: Ja jetzt bei Studenten.

S: Auf jeden Fall viel Männer, zum Beispiel hier in Heidelberg ich kenne nur zwei Mädchen, nur zwei die meisten sind äh.

I: Und im Gymnasium, als du in Marokko Abitur gemacht hast, sind da gemischte Klassen, oder?

S: Gemischt, ja wir waren gemischt.

I: Sind es dann auch im Durchschnitt immer noch mehr Männer?

S: Nee, normal, also gemischt.

I: Ja nur eben die Auswanderung betrifft. Mhm ja, vorhin hast du schon angesprochen von wegen Jobsuche in Marokko, dass es da oft auch ums um den finanziellen Hintergrund geht, selbst wenn man die gleiche Qualifikation hat. Ähm wenn man jetzt so die marokkanischen Studenten anschaut, die hier in Deutschland sind, kann man von denen sagen, ja sie kommen eher aus so nem wohlhabenderen Milieu, oder kann man das nicht sagen?

S: Ich will jetzt nicht so sagen, ne im Gegenteil. Ich würd sagen, also die meisten Studenten, Marokkaner, die nach Deutschland kommen, sind einfach so aus ja normal also wie sagt man das? Also kein hohes Niveau, sondern auch einfach mittleres Niveau.

I: Mittelschicht oder.

S: Genau Mittelschicht, ja ganz einfach ja.

I: Ok.

S: Und für diejenigen, die Marokkaner, also das ist ganz typisch, die Studenten, die studentischen Marokkaner, die reich sind, die kommen nicht nach Deutschland eigentlich. Also vor allem die gehen nach Amerika, England, Frankreich, würd ich auch sagen, ja das kenn ich, ja vor allem Amerika und England. Die studieren Wirtschaft, Informatik und so.

I: Und von deinen marokkanischen Bekannten, die auch emigriert sind nach Europa, sind die meisten so eher nach Frankreich gegangen, oder ist die, meinst du dass die Mehrzahl von Marokkanern eher nach Frankreich geht?

S: Studenten meinst du?

I: Ja Studenten, weil den Eindruck hatte ich jetzt.

S: Ja, auf jeden Fall, ja, also ich würd sagen Frankreich.

I: Wegen der Sprache wahrscheinlich. Ist halt schon einfacher als Deutsch.

S: Genau, auch wegen Beziehungen Frankreich Marokko.

I: Ja, ja die Vergangenheit.

S: Auf jeden Fall. Ne also viel viel im Vergleich zu Deutschland.

I: Ist es dann auch einfacher da das Visum zu kriegen vielleicht?

S: In Frankreich. Das hab ich auch gesagt. Also für Studenten ich würd sagen auch, das ist schon einfach.

I: Mhm allein wegen der Sprache. Ihr habt ja immer Französisch, schon in der Schule, auch schon andere Fächer bis zum Abitur. Wie war das jetzt nochmal in Marokko auf Lycée? Ist da alles auf Französisch, oder ?

S: Also Lycée wir haben verschiedene Fächer, also Französisch auf jeden Fall. Also ich hatte immer sieben Stunden Französisch in der Woche, aber hab ich auch sieben Stunden Arabisch und noch zweite fremde Sprache. Man darf auch zwischen Deutsch, Englisch und Spanisch, Italienisch gibts auch. Nur Deutsch ist zu wenig wie gesagt gibts nicht in allen Gymnasien, nur in wenigen. Und in Gymnasium, da wo ich war, da gabs kein Deutsch.

I: Du hast es später ja noch (*klatscht in Hände*) perfekt. Ja gut im Grunde habe ich dich glaub ich das gefragt was ich wissen wollte. Zum Abschluss mhm kannst du den Satz vervollständigen, was für dich eine gelungene Einwanderung bedeutet?

S: Mhm eine gelungene Einwanderung, eine gute Einwanderung meinst du?

I: Genau, dass es gelungen ist, dass es gut ist.

S: Also das kommt auch drauf an, also warum man einwandert, eigentlich wegen Studium. Also ich würde sagen, eine gelungene Einwanderung ist, ja wenn man studiert hat, also mit dem Studieren fertig ist, und zurück <p> nach Hause </p> . Das ist das Beste für mich.

I: Du hast ja dein klares Ziel, hier dein Studium gut zu machen in der Zeit.

S: Ich habe auch gut‘ zwei gute Beispiele, mein ältester Bruder hat hier 15 Jahre studiert .

I: 15 Jahre.

S: Anglistik und Germanistik, hat promoviert, und der ist zurück nach Hause. Jetzt hat er nen Job nen sehr guten Job. Ja wenn man Dozent in der Uni Casablanca ist, dann ja besser gibts nicht, ja man verdient sehr gut, ja viele Vorteile. Und mein zweites Beispiel ist mein Bruder. Der ist älter als ich, fünf Jahre älter, der promoviert jetzt.

I: Mhm.

S: Vielleicht noch zwei Semester ist der fertig, Sprachwissenschaft. Und der hat auch also gute Perspektive für zu Hause, ja auf jeden Fall.

I: Genau.

S: Und ich hoffe dass ich wenn ich ja vier Jahre, drei, vier Jahre fertig bin, dann hab ich auch.

I: Bessere Chancen zu Hause mit deinem Deutsch und der Ausbildung. Ja, jetzt wollte ich dich noch eine Sache fragen, die mir leider entfallen ist (*lacht*) warte mal.

S: Und hab ich die Frage gut beantwortet oder soll ich noch.

I: Nein das war wunderbar. Ich habe die auch nur als Leitfragen gehabt. Ich wollte dich da gar nich alles von fragen. Jetzt schau ich nochmal auf den Fragebogen, weil den hast du glaub ich noch nicht.

S: Doch, ich hab das, aber ich hab noch nicht alles ausgefüllt. Da gibt es noch ein paar Fragen, die

I: Also du hast den noch bei dir. Ja, weil da war nämlich die eine Sache, die ich noch fragen wollte (-) schau ich grad mal hier (-). Ah ja, da ham wirs ähm. Nachdem was du jetzt so erzählt hast, bin ich der Meinung, dass es schon so ist, dass Migranten, egal aus welchen Gründen sie jetzt ihr Land verlassen, ähm schon ne besondere Willenskraft brauchen. Und ich mein da gibts viel zu organisieren. Man verlässt sein Land, man verlässt seine Familie äh geht in ne fremde Umgebung. Also ich finde schon, dass das ne besondere Art von Kraft erfordert.

S: Ja

I: Siehst du das auch so?

S: Ja auf jeden Fall, also auf jeden Fall, weil man also das ganze Leben, also nicht das ganze Leben, aber ein anderes Leben. Man fängt ein anderes Leben an. Deshalb muss man schon ein gewisse Wille haben.

I: Ja.

S: Und vor allem Ziel. Das ist auch wichtig. Wenn man Ziel hat dann gehts leichter, aber wenn man kein Ziel hat, dass kenn ich auch also leider. Also viele Studenten kommen her. Ja ok, sie wollen studieren, aber wollen auch nicht. Das gibts auch. Dann bleibt man verwirrt und das Leben wird immer schwieriger, weil man kriegt Probleme mit dem Visum. Ich kenne auch viele. Sie sind vor paar Jahren gekommen, haben nicht studiert und haben kein Visum bekommen. Sie haben immer Studium gewechselt und dann sind sie einfach abgeschoben worden. Ja, das kenn ich.

I: Das heißt also, wenn man da nicht diese klare Linie fährt als Student und vielleicht zu lange braucht oder mehrmals wechselt, dann wird da nicht lange gefackelt und man wird abgeschoben.

S: Ja, oder sie heiraten. Das ist auch das Beste.

I: Noch eine Möglichkeit.

S: Der kürzeste Weg, sie heiraten ja und bleiben hier. Mhm aber das will ich nicht für mich ne.

I: Du hast, also so wie ichs jetzt verstanden habe

S: Ich will einfach fertig mit Studium ich finds auch nicht so wahnsinnig schwer, eigentlich. Deutsch als Fremdsprachenphilologie das geht, ja es geht eigentlich.

I: Du hast die Sprachkenntnisse ja auch schon.

S: Ja so gehts eigentlich.

I: Mhm.

S: Man muss nur Interesse haben. Man muss schon Studienfähigkeit, wie man sagt, haben, aber auch Interesse.

I: Ja, für das Fach.

S: Und ich glaube Interesse ist viel wichtiger für mich, ja.

I: Ja dann ist man auch motiviert und steht dahinter. Ja gut also von meiner Seite habe ich jetzt keine Fragen mehr an dich.

S: Keine Fragen mehr?

I: (*lacht*) Wenn du noch was sagen möchtest?

S: Ja also ja, zum Beispiel für meine Freunde, die jetzt auch planen, sie wollen auch nach Deutschland kommen, ich kann nicht sagen: „Nein, ihr sollt nicht kommen, weil das Leben ist schwieriger. Jetzt man muss Studiengebühren bezahlen.“ Als Beispiel, mein bester Freund von mir der hat auch Deutsch studiert.

I: Mhm, in Marokko.

S: Der ist auch sehr gut. Die ist Nummer eins, also in Marokko. Sie war in Germersheim. Sie hat auch äh, ich weiß nicht wie die Prüfung heißt.

I: Also sie hat, es ist eine Marokkanerin, die erst in Marokko Deutsch studiert hat und dann noch in Germersheim am Übersetzungsinstitut.

S: Ja genau Übersetzung. Also bei uns, unsere Uni Casablanca und Marakesch und Fes, das sind die zwei Uni für Deutsch. Die schicken jedes Jahr, also jedes Semester äh die besten Studenten, um einfach so für zwei, drei Monate hier für Austauschstudenten, als Austauschstudenten. Nur um die Erfahrung zu haben um so Eindruck, Überblick zu haben, wie es geht. Und mein Freund, der war auch hier, Germersheim. Und eigentlich ist der schon fertig mit dem Studium, und der hat auch gute Chance zu Hause.

I: Mhm.

S: Aber der wollte auch hier studieren auf jeden Fall. Und der hat mich auch immer gefragt: „Was meinst du? Soll ich, soll ich nicht?" und ich habe ihm ehrlich gesagt: „Ja, wenn du ein Ziel hast, wenn du bereit wieder von Anfang an.".

I: Mhm.

S: „Ok, das wird lange dauern. Aber dann am Ende bist du fertig. Und dann viel besser, wenn du ein Doktortitel von Deutschland hast, dann gehst du nach Marokko zurück. Dann hast du also gute gute Chancen, als wenn du nur ein Abschluss in Casablanca hast." Aber es kommt auch darauf an, ob man bereit ist, also alles aufzugeben und hier wieder vom Anfang anzufangen, ja und ja im Ausland zu leben ohne seine Eltern.

I: Genau.

S: Und ich habe ihm das alles erzählt. Und er hat gemeint: „Ja, ok. Ich werds mir überlegen." Und vor ein paar Monaten. Er hat mich angerufen. Er hat gemeint: „Ne, ich habe es mir jetzt anders überlegt. Und ich werde zu Hause bleiben." Und jetzt hat er auch. Der arbeitet jetzt im Gymnasium als Lehrer für Deutsch, ja. Und ich finde es auch gut.

I: Mhm, ja man muss sich wahrscheinlich schon gut überlegen.

S: Ja, auf jeden Fall.

I: Ob man den Schritt macht und wenn man ihn macht, ein Ziel vor Augen haben.

S: Bei mir war anders, weil ich hab nicht lange studiert zu Hause.

I: Ja.

S: Es hat sich gelohnt, dass ich hier komm.

I: Du bist ja auch jünger als er.

S: Der ist vielleicht ein Jahr älter als ich.

I: Ok, das ist auch nich der Unterschied.

S: Der hat Deutsch auch im Gymnasium gehabt für drei Jahre. Der war auch sehr gut.

I: Und du hast jetzt, du bist ja hier schon angekommen, bist ja ne Zeit schon hier und hast ja den Kontakt zu deiner Familie.

S: Auf jeden Fall, ja ich ruf jede zwei Wochen. Ja ich auf jeden Fall immer Kontakt.

I: Und jetzt im September bist du ja dann zu Hause. Wie lange bist du zu Hause?

S: Vier äh drei Wochen.

I: Hast du was Bestimmtes vor oder einfach nur so Familie und Freunde sehen?

S: Äh also ich werde zuerst nach Casablanca fliegen. Und vielleicht nach einer Woche fliege ich, also fahre ich mit meinen Eltern und meinem Bruder nach Marrakesch.

I: Ah schön!

S: Ich hab auch Familie dort.

I: Mhm.

S: Und ich mag die Stadt vor allem sehr schön.

I: Ich auch. Ich war nur kurz da.

S: Wars heiß?

I: Wir warn da im Februar, Februar also es ging eigentlich.

S: Mhm. Februar ist ziemlich kalt.

I: Für mich wars immer noch schön, schöner als in Deutschland zu der Zeit.

S: Mhm.

I: Ja gut. Dann danke ich dir herzlich für deine ganzen Auskünfte.

S: Oh, bitte schön. Ich bedanke mich.

Questionnaire sur les idées des élèves et des étudiants sur la migration mondiale et la politique européenne de l'immigration

Université de Pédagogie Heidelberg
Faculté des langues étrangères et leur didactique - français
Prof. Dr. Christian Minuth
Etudiante: Judith Schicklinski (judith@schicklinski.de)
Heidelberg, le 23 mai 2007

Cher/Chère élève, cher/chère étudiant(e),

nous vous prions de nous prêter à peu près vingt minutes de votre temps pour prendre part à un sondage sur vos idées à propos des sujets de la migration et de la politique européenne de l'immigration.
Le sondage anonyme a lieu au Maroc, en France et en Allemagne et est réalisé dans la cadre de la rédaction d'un mémoire à l'Université de Pédagogie Heidelberg. Aucune déduction sur la personne interrogée n'est possible. Nous vous prions de répondre sincèrement aux questions.
Note: Comme suit, la notion "Immigration dans l'Union Européenne" designe non seulement l'immigration légale mais encore "illégale".

---

1. A quel groupe d'âge appartenez-vous?
   A ☐ 15-17   B ☐ 17-20   C ☐ 20-25   D ☐ 25-30

2. Sexe:
   A ☐ féminin   B ☐ masculin

3. Nationalité:
   A ☐ marocaine   B ☐ française   C ☐ allemande   D ☐ autre (à spécifier)

4. Pays natal
   A ☐ Maroc   B ☐ France   C ☐ Allemagne   D ☐ autre (à spécifier)

5. Pays de séjour actuel:
   A ☐ depuis moins d'un an   B ☐ entre 1-5 ans   C ☐ entre 5-10 ans   D ☐ depuis plus de 10 ans

6. Je suis...
   A ☐ élève   B ☐ étudiant(e)

7. A quelle religion appartenez-vous?
   A ☐ christianisme   B ☐ islam   C ☐ judaïsme   D ☐ autre (à spécifier)   E ☐ aucune

8. La foi est-elle importante dans votre vie?
   A ☐ très importante   B ☐ importante   C ☐ pas si importante   D ☐ pas du tout importante

9. Quelle langue parlez-vous en famille?
   A ☐ français   B ☐ arabe   C ☐ berbère   D ☐ allemand   E ☐ autre (à spécifier)

10. Maîtriser-vous bien d'autres langues?
    A ☐ Oui   B ☐ Non

11. Si oui, lesquelles?
    ____

12. Vous considérez-vous plus...
    A ☐ Marocain(e)?   B ☐ Française?   C ☐ Allemand(e)?   D ☐ Européen(ne)?   E ☐ autre (à spécifier)

13. Pouvez-vous vous imaginer de vivre pendant plus d'un an à l'étranger?
    A ☐ Oui   B ☐ Non

14. raison(s):

15. Si oui, dans quel pays?

16. raison(s):

17. Vous intéressez-vous à la politique...
A ☐ énormément B ☐ beaucoup C ☐ moyennement D ☐ peu E ☐ pas du tout

18. Qu'associez-vous spontanément à la notion de "migration"?

19. Qu'associez-vous spontanément à la notion d' "immigration dans l'Union Européenne"?

20. Avez-vous déjà entendu parler du programme de La Haye?
A ☐ Oui B ☐ Non

21. Si oui, que savez-vous à ce sujet?

22. Avez-vous déjà entendu parler du procès de Barcelone?
A ☐ Oui B ☐ Non

23. Si oui, que savez-vous à ce sujet?

24. Avez-vous déjà entendu parler du parlement euro-méditerranéen?
A ☐ Oui B ☐ Non

25. Si oui, que savez-vous à ce sujet?

26. Quelle est, selon vous, la raison principale pour les flux de migration mondiaux?
A ☐ de meilleures possibilités de formation et de travail, sécurité matérielle
B ☐ une protection devant la poursuite politique, les guerres et les conflits
C ☐ une protection devant les catastrophes écologiques
D ☐ la sécurité de l'existence et une protection devant la pauvreté extrême

27. Quelle est, selon vous, la raison principale pour l'immigration du Maroc dans l'UE?
A ☐ de meilleures possibilités de formation et de travail, sécurité matérielle
B ☐ une protection devant la poursuite politique, les guerres et les conflits
C ☐ une protection devant les catastrophes écologiques
D ☐ la sécurité de l'existence et une protection devant la pauvreté extrême

Selon l'article 13, paragraphe 2 de la convention des droits de l'homme des Nations Unies, chaque homme a le droit d'émigrer de son pays de résidence et d'y retourner.

28. Selon vous, est-ce que chacun, par ailleurs, devrait avoir le droit d'immigrer dans un autre pays, indépendamment de ses moyens financiers et de sa formation?

A ☐ Oui B ☐ Non

29. Si oui, est-ce qu'il faudrait changer la politique de l'immigration de l'UE de telle manière que chaque citoyen d'un Etat n'appartenant pas à l'UE, puisse immigrer dans l'UE, indépendamment de ses moyens financiers et de sa formation?

A ☐ Oui B ☐ Non

30. L'immigration dans l'Union Européenne doit...

A ☐ être réduite. B ☐ être élargie. C ☐ rester telle qu'elle est.

31. L'Union Européenne a besoin de l'immigration parce que c'est sa seule chance de maintenir son standard économique et social.

A ☐ Oui B ☐ Non C ☐ Je ne sais pas.

32. Les immigrants dans l'UE, par exemple en France ou en Allemagne, devraient-ils s'intégrer dans la société du pays d'accueil?

A ☐ Oui B ☐ Non

33. Qu'est-ce que vous comprenez par "l'immigration dans la société du pays d'accueil"?

plusieurs réponses possibles

A ☐ l'identification avec la nation (c'est-à-dire le sentiment d'être par exemple Français(e) ou Allemand(e))
B ☐ la maîtrise de la langue nationale
C ☐ le renoncement à la langue maternelle, l'usage exclusif de la langue nationale
D ☐ le renoncement à sa propre culture, l'assimilation totale des pratiques culturelles du pays d'accueil
E ☐ un emploi prospère
F ☐ la participation politique (par exemple le droit de vote, l'éligibilité, devenir membre d'un parti politique)
G ☐ la participation sociale (par exemple dans une association, un syndicat, comme parent à l'école)

34. Selon vous, quels sont les points mentionnés ci-dessus qui doivent être au moins accomplis, pour que l'intégration soit réussie?

A ☐ l'identification avec la nation (c'est-à-dire le sentiment d'être par exemple Français(e) ou Allemand(e))
B ☐ la maîtrise de la langue nationale
C ☐ le renoncement à la langue maternelle, l'usage exclusif de la langue nationale
D ☐ le renoncement à sa propre culture, l'assimilation totale des pratiques culturelles du pays d'accueil
E ☐ un emploi prospère
F ☐ la participation politique (par exemple le droit de vote, l'éligibilité, devenir membre d'un parti politique)
G ☐ la participation sociale (par exemple dans une association, un syndicat, comme parent à l'école)

35. Des migrants ont besoin d'une plus grande volonté, plus d'endurance, de courage et de détermination que des personnes qui ne migrent pas.

A ☐ Oui B ☐ Non

36. De quoi est-ce que les immigrants dans l'UE ont-ils le plus peur?

Choisissez s'il vous plaît les 2 points dont ils ont le plus peur, selon vous.

A ☐ la perte de leur pays natal
B ☐ la perte de leur culture
C ☐ la perte de leurs relations sociales (par exemple avec la famille)
D ☐ le racisme
E ☐ la non-garantie de l'autorisation de séjour

Croyez-vous que l'affirmation suivante est juste?

37. Le pourcentage de migrants dans le monde n'a jamais été aussi élevé que de nos jours.

A ☐ Oui B ☐ Non

38. Grâce aux virements bancaires effectués à leur famille dans les pays d'origines, les migrants apportent une contribution considérable au développement de ces pays (par exemple aux mesures de précautions sanitaires ou à l'éducation des enfants).
Croyez-vous que cette affirmation est juste?
A ☐ Oui B ☐ Non

---

39. Grâce à une aide au développement renforcée et de meilleures conditions marchandes pour les pays d'origine, le nombre des migrants mondiaux diminuera sensiblement.
A ☐ Oui B ☐ Non

L'Union Européenne et les pays riverains de la Méditerranée en Afrique, par exemple le Maroc, devraient collaborer plus...

40. ...sur le plan de la politique de sécurité (par exemple la lutte commune contre le terrorisme et la criminalité organisée).
A ☐ Oui B ☐ Non

L'Union Européenne et les pays riverains de la Méditerranée en Afrique, par exemple le Maroc, devraient collaborer plus...

41. ...sur le plan économique (par exemple la création d'une zone de libre-échange).
A ☐ Oui B ☐ Non

L'Union Européenne et les pays riverains de la Méditerranée en Afrique, par exemple le Maroc, devraient collaborer plus...

42. ...sur le plan culturel (par exemple la promotion des échanges des jeunes)
A ☐ Oui B ☐ Non

---

43. L'immigration des salariés hautement qualifiés des Etats non-européens devrait être...
A ☐ possible sans réserve.
B ☐ limitée. Seulement ceux dont la main-d'oeuvre n'est pas nécessaire dans leur pays d'origine devraient avoir le droit de venir.
C ☐ empêchée.
D ☐ Je ne sais pas.

---

44. L'immigration des salariés peu/pas du tout qualifiés des Etats non-européens devrait être...
A ☐ possible sans réserve.
B ☐ limitée. Seulement ceux dont la main-d'oeuvre n'est pas nécessaire dans leur pays d'origine devraient avoir le droit de venir.
C ☐ empêchée.
D ☐ Je ne sais pas.

---

45. Au lieu de régler la politique de l'immigration comme cela l'a été fait jusqu'à présent, c'est-à-dire la plupart du temps à l'échelon national, il devrait exister une loi sur l'immigration uniforme à l'échelon européen.
Etes-vous d'accord avec cette affirmation?
A ☐ Oui B ☐ Non C ☐ Je ne sais pas.

---

46. Espace pour vos commentaires:

Merci beaucoup pour votre coopération!

Fragebogen zu den Vorstellungen von Schüler(innen) und Student(inn)en zur weltweiten Migration und zur europäischen Zuwanderungspolitik

Pädagogische Hochschule Heidelberg
Fakultät für Fremdsprachen und ihre Didaktik - Fach Französisch
Leiter: Prof. Dr. Christian Minuth
Studentin: Judith Schicklinski (judith@schicklinski.de)
Heidelberg, den 23. Mai 2007

Liebe Schülerin/ liebe Studentin, lieber Schüler/ lieber Student,

wir möchten Sie bitten, ca. 20 Minuten Ihrer Zeit zu erübrigen, um sich an einer Umfrage über Ihre Vorstellungen zum Thema Migration und zur europäischen Zuwanderungspolitik zu beteiligen.
Die Fragebogen-Erhebung findet in Marokko, Frankreich und Deutschland statt und ist Teil einer Examensarbeit an der Pädagogischen Hochschule Heidelberg. Die Umfrage ist anonym, so dass keine Rückschlüsse auf die befragte Person möglich sind. Wir bitten Sie, die Fragen möglichst ehrlich und offen zu beantworten.
Anmerkung: Im Folgenden bezeichnet der Begriff "Einwanderung in die EU" sowohl die legale wie auch die "illegale" Form der Einwanderung.

---

1. Zu welcher Altersgruppe gehören Sie?

A ☐ 15-17 B ☐ 17-20 C ☐ 20-25 D ☐ 25-30

---

2. Geschlecht:

A ☐ weiblich B ☐ männlich

---

3. Nationalität:

A ☐ marokkanisch B ☐ französisch C ☐ deutsch D ☐ andere (bitte angeben)

---

4. Geburtsland:

A ☐ Marokko B ☐ Frankreich C ☐ Deutschland D ☐ anderes (bitte angeben)

---

5. Aktuelles Aufenthaltsland:

A ☐ seit weniger als einem Jahr C ☐ seit 5-10 Jahren
B ☐ seit 1-5 Jahren D ☐ seit mehr als 10 Jahren

---

6. Ich bin...

A ☐ Schüler(in). B ☐ Student(in).

---

7. Welcher Religionsgemeinschaft gehören Sie an?

A ☐ Christentum C ☐ Judentum E ☐ keiner
B ☐ Islam D ☐ andere (bitte angeben)

---

8. Spielt der Glaube in Ihrem Leben eine Rolle?

A ☐ eine sehr wichtige B ☐ eine wichtige C ☐ eine nicht so wichtige D ☐ gar keine

---

9. Welche Sprache sprechen Sie in Ihrer Familie?

A ☐ Französisch C ☐ Berberisch E ☐ andere (bitte angeben)
B ☐ Arabisch D ☐ Deutsch

---

10. Beherrschen Sie weitere Sprachen gut?

A ☐ Ja B ☐ Nein

---

11. Wenn ja, welche?

Fragebogen zu den Vorstellungen von Schüler(innen) und Student(inn)en zur weltweiten Migration und zur europäischen Zuwanderungspolitik Seite 2

12. Fühlen Sie sich am ehesten als...

A ☐ Marokkaner(in)? C ☐ Deutsche(r)? E ☐ andere Nationalität (bitte angeben)
B ☐ Franzose/Französin? D ☐ Europäer(in)?

13. Können Sie sich vorstellen, für länger als ein Jahr im Ausland zu leben?

A ☐ Ja B ☐ Nein

14. Begründung:

15. Wenn ja, in welchem Land?

16. Begründung:

17. Wie stark interessieren Sie sich für Politik?

A ☐ sehr stark B ☐ stark C ☐ mittel D ☐ wenig E ☐ überhaupt nicht

18. Was verbinden Sie spontan mit dem Begriff "Migration"?

19. Was verbinden Sie spontan mit dem Begriff "Einwanderung in die Europäische Union"?

20. Haben Sie vom Haager Programm gehört?

A ☐ Ja B ☐ Nein

21. Wenn ja, was wissen Sie darüber?

22. Haben Sie vom Barcelona-Prozess gehört?

A ☐ Ja B ☐ Nein

23. Wenn ja, was wissen Sie darüber?

24. Haben Sie vom Euro- Mediterranen Jugendparlament gehört?

A ☐ Ja B ☐ Nein

25. Wenn ja, was wissen sie darüber?

26. Welcher ist, Ihrer Meinung nach, der Hauptgrund für die weltweiten Migrationsbewegungen?

A ☐ bessere Ausbildungs- und Arbeitsmöglichkeiten, materielle Sicherheit
B ☐ Schutz vor politischer Verfolgung, vor Kriegen und Konflikten
C ☐ Schutz vor Umweltkatastrophen
D ☐ Sicherung der Existenz und Schutz vor extremer Armut

27. Welcher ist, Ihrer Meinung nach, der Hauptgrund für die Einwanderung in die EU aus Marokko?

A □ bessere Ausbildungs- und Arbeitsmöglichkeiten, materielle Sicherheit
B □ Schutz vor politischer Verfolgung, vor Kriegen und Konflikten
C □ Schutz vor Umweltkatastrophen
D □ Sicherung der Existenz und Schutz vor extremer Armut

Artikel 13, Absatz 2 der Menschenrechtskonvention der Vereinten Nationen besagt, dass jeder Mensch das Recht hat, aus dem Land, in dem er lebt auszuwandern und in dieses wieder zurückzukehren.

28. Sollte darüber hinaus, Ihrer Meinung nach, jeder, egal wie wohlhabend oder ausgebildet, das Recht haben, in ein anderes Land einzuwandern?

A □ Ja B □ Nein

---

29. Wenn ja, sollte die EU- Zuwanderungspolitik so geändert werden, dass jeder Bürger aus einem Nicht- EU-Staat, egal wie wohlhabend oder ausgebildet, in die EU einwandern kann?

A □ Ja B □ Nein

---

30. Die Einwanderung in die EU muss...

A □ verringert werden. B □ ausgeweitet werden. C □ so bleiben wie sie ist.

---

31. Die Europäische Union braucht Einwanderung, weil sie nur so ihren wirtschaftlichen und sozialen Standard halten kann.

A □ Ja B □ Nein C □ Weiß nicht

---

32. Sollten Einwanderer in die EU sich in die Gesellschaft des Aufnahmelandes, z.B. Frankreichs oder Deutschlands, integrieren?

A □ Ja B □ Nein

---

33. Was verstehen Sie unter "Integration in die Gesellschaft des Aufnahmelandes"?
Mehrfachnennungen möglich

A □ Identifikation mit der Nation (d.h. das Gefühl z.B. Franzose/Französin oder Deutsche(r) zu sein)
B □ Beherrschung der Landessprache
C □ Abkehr von der Muttersprache, ausschließlicher Gebrauch der Landessprache
D □ Aufgabe der eigenen Kultur, vollständige Anpassung an kulturelle Praktiken des Aufnahmelandes
E □ fester Arbeitsplatz
F □ politische Teilhabe (aktives und passives Wahlrecht, Parteimitgliedschaft)
G □ Beteiligung am Gemeinleben (z.B. in Vereinen, Gewerkschaften, als Elternteil in der Schule)

---

34. Welche der soeben genannten Punkte müssen, Ihrer Meinung nach, mindestens erfüllt sein, damit die Integration geglückt ist?

A □ Identifikation mit der Nation (d.h. das Gefühl z.B. Franzose/Französin oder Deutsche(r) zu sein)
B □ Beherrschung der Landessprache
C □ Abkehr von der Muttersprache, ausschließlicher Gebrauch der Landessprache
D □ Aufgabe der eigenen Kultur, vollständige Anpassung an kulturelle Praktiken des Aufnahmelandes
E □ fester Arbeitsplatz
F □ politische Teilhabe (aktives und passives Wahlrecht, Parteimitgliedschaft)
G □ Beteiligung am Gemeinleben (z.B. in Vereinen, Gewerkschaften, als Elternteil in der Schule)

---

35. Migrant(inn)en brauchen eine größere Willenskraft, mehr Durchhaltevermögen, Mut und Entschlossenheit als Menschen, die nicht migrieren.

A □ Ja B □ Nein

---

36. Vor was haben Einwanderer in die EU am meisten Angst?
Bitte wählen Sie die 2 Punkte aus, vor denen die Einwanderer, Ihrer Meinung nach, am meisten Angst haben.

A □ Verlust ihrer Heimat
B □ Verlust ihrer Kultur
C □ Verlust ihrer sozialen Bindungen (z.B. zur Familie)
D □ Rassismus
E □ Ungesicherter Aufenthaltsstatus

Fragebogen zu den Vorstellungen von Schüler(innen) und Student(inn)en zur weltweiten Migration und zur europäischen Zuwanderungspolitik **Seite 4**

Glauben Sie, dass folgende Aussage wahr ist?

37. Der prozentuale Anteil der Migranten an der Weltbevölkerung war noch nie so hoch wie in unserer Zeit.

A ☐ Ja B ☐ Nein

38. Migranten leisten durch Rücküberweisungen an ihre Familien in den Herkunftsländern einen beträchtlichen Beitrag zur Entwicklung dieser Länder (z.B. zu Maßnahmen der Gesundheitsvorsorge oder zur Bildung der Kinder).

Glauben Sie, dass diese Aussage wahr ist?

A ☐ Ja B ☐ Nein

39. Mit verstärkter Entwicklungshilfe und besseren Handelsbedingungen für die Herkunftsländer wird sich die Zahl der weltweiten Migranten deutlich verringern.

Glauben Sie, dass diese Aussage wahr ist?

A ☐ Ja B ☐ Nein

Die Europäische Union und die afrikanischen Mittelmeeranrainerstaaten, z.B. Marokko, sollten auf..

40. ...sicherheitspolitischer Ebene stärker zusammenarbeiten (z.B. gemeinsame Bekämpfung des Terrorismus und der organisierten Kriminalität).

A ☐ Ja B ☐ Nein

Die Europäische Union und die afrikanischen Mittelmeeranrainerstaaten, z.B. Marokko, sollten auf..

41. ...wirtschaftlicher Ebene stärker zusammenarbeiten (z.B. Errichtung einer Freihandelszone).

A ☐ Ja B ☐ Nein

Die Europäische Union und die afrikanischen Mittelmeeranrainerstaaten, z.B. Marokko, sollten auf..

42. ... kultureller Ebene stärker zusammenarbeiten (z.B. Förderung des Jugendaustauschs).

A ☐ Ja B ☐ Nein

43. Die Einwanderung hochqualifizierter Arbeitnehmer aus Nicht- EU- Staaten sollte...

A ☐ uneingeschränkt möglich sein.
B ☐ begrenzt werden. Es sollten nur diejenigen das Recht haben zu kommen, deren Arbeitskraft im Herkunftsland nicht benötigt wird.
C ☐ verhindert werden.
D ☐ Weiß nicht

44. Die Einwanderung gering- /überhaupt nicht qualifizierter Arbeitnehmer aus Nicht- EU- Staaten sollte...

A ☐ uneingeschränkt möglich sein.
B ☐ begrenzt werden. Es sollten nur diejenigen das Recht haben zu kommen, deren Arbeitskraft im Herkunftsland nicht benötigt wird.
C ☐ verhindert werden.
D ☐ Weiß nicht

45. Anstatt die Zuwanderungspolitik, wie bisher, überwiegend auf nationaler Ebene zu regeln, sollte ein einheitliches Zuwanderungsgesetz auf EU-Ebene existieren.

Stimmes Sie dieser Aussage zu?

A ☐ Ja B ☐ Nein C ☐ Weiß nicht

46. Platz für Ihre Anmerkungen:

____
____
____

Vielen Dank für Ihre Mitarbeit!

Literatur- und Quellenverzeichnis

Adepoju, Aderanti (2006): Echanges internes. In: *Courrier de la Planète*, H. 81-82, 54-58.

Ait El Ferrane, Mohamed (2003): Das Bild von Deutschland bei den Marokkanern. In: Minuth, Christian/Wölfing, Willi (Hg.): *Dialog der Kulturen Deutschland - Marokko. Dialogue des Cultures Allemagne - Maroc.* Schriftenreihe des Instituts für Weiterbildung, Band 18. Nördlingen: Steinmeier, 95-97.

Andersen, Uwe (2005): Entwicklungsdefizite und mögliche Ursachen. In: *Informationen zur politischen Bildung*, H. 286, 7-21.

Angenendt, Steffen (2006): Die europäische Migrations- und Asylpolitik. In: Weidenfels, Werner (Hg.): *Die EU. Politisches System und Politikbereiche.* Schriftenreihe, Band 442. Bonn: Bundeszentrale für politische Bildung, 359-379.

Annan, Kofi (2004): Rede des damaligen Generalsekretärs der Vereinten Nationen anlässlich des Erhalts des „Andrej Sacharow-Preises für geistige Freiheit" vor dem Europaparlament in Brüssel am 29.01.2004.
URL: http://www.un.org/apps/sg/sgstats.asp?nid=757 [25.01.2008].

Auswärtiges Amt (AA) (Hg.) (2005): 12. Forum Globale Fragen. Welt ohne Grenzen? - Globalisierung und Migration. Berlin, 2.-3. Juni 2005 Auswärtiges Amt.

Bade, Klaus J. (o.J.): *Migration. Migrationsforschung. Migrationspolitik.* Bericht für das Goethe-Institut / München.
URL: http://www.kjbade.de/bilder/goethe.pdf [25.01.2008].

Bade, Klaus J./Oltmer, Jochen (2004): *Normalfall Migration.* Bonn: Bundeszentrale für politische Bildung.

Baratta, Mario von (Hg.) (2002): *Der Fischer Weltalmanach 2003.* Frankfurt/Main: Fischer Taschenbuch.

Bevölkerungsfonds der Vereinten Nationen (UNFPA) (2007): *State of world population 2007. Unleashing the potential of urban growth.*
URL: http://www.unfpa.org/swp [25.01.2008].

Blanc-Chaléard, Marie-Claude (2006): Des départs aux arrivées. In: *Courrier de la Planète*, H. 81-82, 46-50.

Böhmer, Maria (2006): Integration als Schlüsselaufgabe. Integrationspolitik aus bundespolitischer Sicht: Herausforderungen und Leitlinien. In: *Der Bürger im Staat*, 56. Jg., H. 4, 210-214.

Boswell, Christina/Straubhaar, Thomas (2004): The Illegal Employment of Foreign Workers: an Overview. In: *Intereconomics*, H. 1, 4-7.

Brücker, Herbert (2006): Kann Zuwanderung den demographischen Wandel aufhalten? Wirtschaftliche Effekte der Migration in alternden Gesellschaften. In: *Der Bürger im Staat*, 56. Jg., H. 4, 240-245.

Bundesamt für Migration und Flüchtlinge (BAMF) (Hg.) (2007a): *Migrationsbericht des Bundesamtes für Migration und Flüchtlinge im Auftrag der Bundesregierung (Migrationsbericht 2006).*
URL: http://www.bamf.de/cln_011/nn_442522/SharedDocs/Anlagen/DE/Migration/Publikationen/Forschung/Migrationsberichte/migrationsbericht-2006,templateId=raw,property=publicationFile.pdf/migrationsbericht-2006.pdf [25.01.2008].

Bundesamt für Migration und Flüchtlinge (BAMF) (Hg.) (2007b): *EU-Ius-News*, Nr. 8.
URL: http://www.bamf.de/cln_011/nn_443874/SharedDocs/Anlagen/DE/Migration/Downloads/EU-Ius-News/2007/eu-ius-news-08-2007.html [25.01.2008].

Bundesamt für Migration und Flüchtlinge (BAMF) (Hg.) (2007c): *EU-Ius-News*, Nr. 10.
URL: http://www.bamf.de/cln_011/nn_443874/SharedDocs/Anlagen/DE/Migration/Downloads/EU-Ius-News/2007/eu-ius-news-10-2007.html [25.01.2008].

Bundesamt für Migration und Flüchtlinge (BAMF) (Hg.) (2007d): *EU-Ius-News*, Nr. 12.
URL: http://www.bamf.de/cln_011/nn_443874/SharedDocs/Anlagen/DE/Migration/Downloads/EU-Ius-News/2007/eu-ius-news-12-2007.html [25.01.2008].

Bundesamt für Migration und Flüchtlinge (BAMF) (Hg.) (2008): *Statistische Angaben zum Herkunftsland Marokko für den Zeitraum 1984 – 2007.*

Bundeszentrale für politische Bildung (BPB) (Hg.) (1997): *Grundwissen Politik.* Schriftenreihe Band 345, 3., völlig überarbeitete und erweiterte Auflage. Bonn: BPB.

Castles, Stephen (2007): Nécessaires migrations. Interview mit Stephen Castles. In: *Courrier de la Planète*, H. 81-82, 6-13.

Courrier de la Planète, H. 81-82, 2006.

Daum, Christophe (2007): Réelle opportunité? In: *Courrier de la Planète*, H. 81-82, 89-91.

De Guchteneire, Paul/Pecoud, Antoine (2006): Migrations internationales: une nouvelle ère commence. In: *SHS regards*, H. 14, 16-24.
URL: unesdoc.unesco.org/images/0014/001469/146990F.pdf [26.01.2008].

De Haas, Hein (2007): Des mythes tenaces. In: *Courrier de la Planète*, H. 81-82, 84-88.

Deutsche Gesellschaft für die Vereinten Nationen e.V. (DGVN) (2006): *Migration in einer interdependenten Welt: Neue Handlungsprinzipien. Bericht der Weltkommission für internationale Migration.* Aus dem Englischen vom Bundesamt für Migration und Flüchtlinge. Berlin: DGVN.
URL: www.gcim.org/mm/File/German%20report.pdf [25.01.2008].

Deutsche Stiftung Weltbevölkerung (DSW) (Hg.) (2006): *Weltbevölkerungsbericht 2006. Der Weg der Hoffnung: Frauen und internationale Migration. Zusammenfassung.*
URL: http://www.dsw-online.de/pdf/wbb_2006_zusammenfassung.pdf [25.01.2008].

Deutsch-Französisches Jugendwerk (DFJW) (Hg.) (2007): *Intégration et égalité des chances. Integration und Chancengleichheit. Integration and equal opportunities.* Paris/Berlin: DFJW.

Elwert, Georg (2002): Unternehmerische Illegale. Ziele und Organisationen eines unterschätzten Typs illegaler Einwanderer. In: *IMIS-Beiträge*, H. 19, 7-20.
URL: http://www.imis.uni-osnabrueck.de/pdffiles/imis19.pdf [25.01.2008].

Europäische Kommission (EK) (Hg.) (2004): *Ein globaler Akteur. Die Außenbeziehungen der Europäischen Union.* Reihe Europa in Bewegung. Luxemburg: Amt für amtliche Veröffentlichungen der Europäischen Gemeinschaften.

Europäische Kommission (EK) (Hg.) (2006): *Schlussfolgerung des Vorsitzes Europäischer Rat (Brüssel) vom 14. und 15. Dezember 2006, 16879/06.* Potsdam [Druckort]: Brandenburgische Universitätsdruckerei/Verlagsgesellschaft Potsdam. URL: http://www.eu2006.fi/news_and_documents/conclusions/vko50/en_GB/116 6190412454/_files/76427922258002313/default/92219.pdf [25.01.2008].

Europäische Kommission (EK)/Statistisches Amt der Europäischen Gemeinschaften (Eurostat) (Hg.) (2006): *Bevölkerungsstatistik 2006.* Luxemburg: Amt für amtliche Veröffentlichungen der Europäischen Gemeinschaften.

EU (EU) (Hg.) (2008): *In Vielfalt geeint.* Beitrag auf der Homepage der Europäischen Union.
URL: http://europa.eu/abc/panorama/index_de.htm [25.01.2008].

Frech, Siegfried (2006): Zuwanderung und Integration. In: *Der Bürger im Staat*, 56. Jg., H. 4, 202-203.

Frech, Siegfried (2007): Das größere Europa. In: *Der Bürger im Staat*. 57. Jg., H. 1/2, 2f.

Goethe-Institut (GI) (Hg.) (2007): Resolution by the Committee on Development and Co-operation I.
URL:http://www.goethe.de/ges/eur/prj/ejp/res/de2379900.htm [25.01.2008].

Gusy, Christoph/Schewe, Christoph S. (2006): Die Rechts- und Asylpolitik der Europäischen Union. In: Weidenfels, Werner (Hg.): *Die EU. Politisches System und Politikbereiche*. Schriftenreihe Band 442. Bonn: Bundeszentrale für politische Bildung, 342-358.

Haase, Marianne/Jugl, Jan C. (2007): *Irreguläre Migration.* Artikel auf der Homepage der Bundeszentrale für politische Bildung, 23.12.2007.
URL: http://www.bpb.de/themen/1QXIX7.htm [25.01.2008].

Han, Petrus (2005): *Soziologie der Migration. Erklärungsmodelle, Fakten, politische Konsequenzen, Perspektiven.* UTB 2118, 2. überarbeitete und erweiterte Auflage. Stuttgart: Lucius & Lucius.

Heinrich-Böll-Stiftung (HBS) (Hg.) (2007): *UN-Weltbevölkerungsbericht 2006. Mehr Migranten denn je.* Beitrag auf der Homepage der HBS. URL: online unter: http://www.migration-boell.de/web/migration/46_788.asp [25.01.2008].

Herbert, Ulrich (2003): *Geschichte der Ausländerpolitik in Deutschland. Saisonarbeiter, Zwangsarbeiter, Gastarbeiter, Flüchtlinge*. Schriftenreihe Band 410. München: C.H. Beck.

Hoppe, Thilo (2005): Podiumsbeitrag zum Thema „Diaspora – Insel in der Fremde oder Brücke in die Heimat? Migrantengemeinschaften und ihre kulturelle Bedeutung für Gast- und Herkunftsland. In: *Auswärtiges Amt* 2005, 44-46.

Institut National de la Statistique et des Études Économiques (INSEE) (Hg.) (2006): *Etrangers par région Enquêtes annuelles de recensement de 2004 à 2006.* URL: http://www.insee.fr/fr/recensement/nouv_recens/resultats/repartition/chiffres_cles/autres/donnees-socio-demo-etrangers-immigres.xls#Etrangers_Région!C9 [25.01.2008].

Kelly, Jaime (2005): Transnational NGO involvement in the new age of migration: building a framework for the protection of the human rights of undocumented economic migrants. In: *Michigan Journal of Public Affairs*, volume 2.
URL: http://www.mjpa.umich.edu/articles/2005-2-index.html [25.01.2008].

Kermani, Navid (2005): Nach Europa. Wer wissen will, wie viel dieses apathische Gebilde namens EU wert ist, muss dorthin fahren, wo es aufhört: nach Marokko. Festrede zum 50. Jahrestag der Wiedereröffnung des Wiener Burgtheaters. Gekürzte Fassung. In: *Süddeutsche Zeitung*, 15.10.2005.
URL: http://www.goethe.de/wis/bib/prj/hmb/hum/de1857798.htm [26.01.2008].

Knemeyer, Thomas (2004): Da drüben liegt meine Zukunft. In: Die Welt online, 27.08.2004.
URL: http://www.welt.de/print-welt/article336726/Da_drueben_liegt_meine_Zukunft.html [26.01.2008].

Lippert, Barbara (2007): Aktive Politik gegenüber neuen und alten Nachbarn. Perspektiven der EU-Nachbarschaftspolitik und neue Ideen. In: *Der Bürger im Staat*, 57. Jg, H. 1/2, 43-50.

Märker, Alfredo (2001): Zuwanderungspolitik in der Europäischen Union. Europäisierte Lösungen oder Politik des kleinsten gemeinsamen Nenners? In: *Aus Politik und Zeitgeschichte*, H.8, 3-10.
URL: http://www.bpb.de/publikationen/0Y0H6N,0,Zuwanderungspolitik_in_der_Europ%E4ischen_Union.html [25.01.2008].

Meier-Braun, Karl-Heinz (2006): Migration als globale Herausforderung. Weltweite Migration und die Rolle der Vereinten Nationen. In: *Der Bürger im Staat*, 56. Jg., H. 4, 260-264.

Nadif, Mohammed (2005): *Migration et développement au Maroc: Quelles perspectives?* Beitrag zu einer öffentlichen Anhörung des Europaparlaments am 14./15.3.2005 in Brüssel.
URL: http://www.europarl.eu.int/comparl/libe/elsj/events/hearings/20050314/communication_nadif_fr.pdf [25.01.2008].

Netzwerk Migration in Europa e.V. (NME) (Hg.) (2006): Europäisch-afrikanische Migrationskonferenz. In: *Migration und Bevölkerung*, Newsletter Ausgabe 6.
URL: http://www.migration-info.de/migration_und_bevoelkerung/archiv/ausgaben/ausgabe0606.htm [27.01.2008].

Oger, Helène (2006): Les États toujours souverains. In: *Courrier de la Planète*, H. 81-82, 21.

Ould-Aoudia, Jacques (2006): Participation locale. In: *Courrier de la Planète*, H. 81-82, 92-95.

Pécoud, Antoine/Guchteneire, Paul (2006): Vers un droit à la mobilité. In: *Courrier de la Planète*, H. 81-82, 16-20.

Presse- und Informationsamt der Bundesregierung (PIB) (Hg.) (2007): *Deutschland in Europa EU 2007.*

Reinders, Heinz (2005): *Qualitative Interviews mit Jugendlichen führen. Ein Leitfaden.* München/Wien: R. Oldenbourg.

Reniers, Georges (1999): On the History and Selectivity of Turkish and Moroccan Migration to Belgium. In: *International Migration*, H.4, 679-711.

Rhein, Eberhard (2006): Die EU und der Mittelmeerraum. In: Weidenfels, Werner (Hg.): *Die EU. Politisches System und Politikbereiche.* Schriftenreihe Band 442. Bonn: Bundeszentrale für politische Bildung, 521-538.

Riesch, Andrea (2007): *Migration von Marokko in die EU. Migrationsursachen und Reaktionen europäischer Migrationspolitik.* Münchner Beiträge zur europäischen Einigung, Band 15. Baden-Baden: Nomos. (zugl. Magisterarbeit Univ. München 2005).

Royaume du Maroc Haut Commissariat au plan (HCP) (Hg.) (2007): *Activité, emploi et chômage. Année 2006. Premiers resultants.* URL: http://www.hcp.ma/publication.aspx [25.01.2008].

Royaume du Maroc Haut Commissariat au Plan (HCP)/Programme des Nations Unies pour le Développement (PNUD) (Hg.) (2006): *Maroc. Rapport de développement humain 2005. Femmes et dynamiques du développement.* URL: http://www.pnud.org.ma/pdf/rapports/RAP_DEV_HUM_Fr_05.pdf [25.01.2008].

Sané, Pierre (2006): L'intelligence collective en action. In: *Courrier de la Planète*, H. 81-82, 2.

Schumacher, Tobias (2005): *Die EU als internationaler Akteur im südlichen Mittelmeerraum „Actor Capability" und EU-Mittelmeerpolitik.* Schriften des Zentrum für Europäische Integrationsforschung/Center for European Integration Studies der Rheinischen Friedrich-Wilhelms-Universität Bonn, Band 63. Baden-Baden: Nomos.

Statistisches Amt der Europäischen Gemeinschaften (Eurostat) (2008): *Anzahl der ausländischen Studierenden im Tertiärbereich (ISCED 5-6) nach* Nationalität. URL: http://epp.eurostat.ec.europa.eu/portal/page?_pageid=1996,45323734&_dad=portal&_schema=PORTAL&screen=welcomeref&open=/popul/edtr/educ/educ_isced97&language=de&product=EU_population_social_conditions&root=EU_population_social_conditions&scrollto=772 [25.1.2008].

Statistisches Bundesamt (SB) (Hg.) (2007): *Bevölkerung und Erwerbstätigkeit Bevölkerung mit Migrationshintergrund. Ergebnisse des Mikrozensus 2005.* Fachserie 1 Reihe 2.2. Wiesbaden: Statistisches Bundesamt. URL: https://www-ec.destatis.de/csp/shop/sfg/bpm.html.cms.cBroker.cls?cmspath=struktur,vollanzeige.csp&ID=1020313 [25.01.2008].

Süßmuth, Rita (2005): Impulsreferat. In: *Auswärtiges Amt* 2005, 10-13.

Süßmuth, Rita (2006): *Migration und Integration: Testfall für unsere Gesellschaft.* München: Deutscher Taschenbuch.

Tandonnet, Maxime (2007): *Géopolitique des migrations. La crise des frontières.* Paris: Ellipses.

Turek, Jürgen (2006): Standort Europa. In: Weidenfels, Werner (Hg.): *Die EU. Politisches System und Politikbereiche*. Bonn: Bundeszentrale für politische Bildung, 398-419.

Van der Erf, Rob/Heering, Liesbeth (2002): *Moroccan Migration Dynamics: Prospects for the Future*. International Organization for Migration research series, Nr.10. Genf: o.V.
URL: doc.abhatoo.net.ma/doc/IMG/pdf/mrs_5F10_5F2002.pdf [26.01.2008].

Van Eeckhout, Laetitia (2007): *Débat public. L'Immigration*. O.O.: La documentation Française.

Vereinte Nationen (VN) (Hg.) (2001): *Replacement Migration. Is it a solution to declining and ageing populations?*
URL: http://www.un.org/esa/population/publications/migration/migration.htm [25.01.2008].

Vereinte Nationen (VN) (Hg.) (2006): *International Migration 2006.*
URL: http://www.un.org/esa/population/publications/2006Migration_Chart/2006ItMig_chart.htm [25.01.2008].

Vereinte Nationen (VN) (Hg.) (2007a): *World population ageing. Executive Summary.*
URL: http://www.un.org/esa/population/publications/WPA2007/wpp2007.htm [25.01.2008].

Vereinte Nationen (VN) (Hg.) (2007b): *World population prospects: the 2006 revision population database.*
URL: http://esa.un.org/unpp/ [25.01.2008].

Weltbank (Hg.) (2008): Data & Statistics. Country groups. Low-income economies (53).
URL: http://web.worldbank.org/WBSITE/EXTERNAL/DATASTATISTICS/0,,contentMDK:20421402~pagePK:64133150~piPK:64133175~theSitePK:239419,00.html#Low_income [25.01.2008].

Woyke, Wichard (Hg.) (2007): *Handwörterbuch Internationale Politik*. Schriftenreihe Band 404, 10. durchgesehene Auflage. Opladen/Farmington Hills: Barbara Budrich.

***ibidem*-Verlag**
Melchiorstr. 15
D-70439 Stuttgart
info@ibidem-verlag.de

www.ibidem-verlag.de
www.ibidem.eu
www.edition-noema.de
www.autorenbetreuung.de

Zeitfracht Medien GmbH
Ferdinand-Jühlke-Straße 7
99095 Erfurt, Deutschland
produktsicherheit@kolibri360.de